Charles de Foucauld

COLEÇÃO TESTEMUNHOS DE SANTIDADE

Beato Mateus Moreira e seus companheiros mártires
Mons. Francisco de Assis Pereira

Bem-aventurado Luís Guanella
Mario Carrera (org.)

Catarina de Sena
Bernard Sesé

Charles de Foucauld
Antoine Chatelard

Faustina Kowalska
Elena Bergadano

Faustino Pérez-Manglano
José Maria Salaverri

João Maria Vianney, o Cura d'Ars
Marc Joulin

Padre Pio
Gianluigi Pasquale

Santa Gema Galgani
Pe. Fernando Piélagos

Santa Maria Goretti
Dino De Carolis

Santa Paula Frassinetti
Rosa Rossetto

Teresa de Calcutá
José Luis González-Balado

Antoine Chatelard

Charles de Foucauld

O caminho rumo a Tamanrasset

Dados Internacionais de Catalogação na Publicação (CIP)
(Câmara Brasileira do Livro, SP, Brasil)

Chatelard, Antoine
    Charles de Foucauld, o caminho rumo a Tamanrasset / Antoine Chatelard
; [tradução Marcelo Dias Almada]. – São Paulo : Paulinas, 2009. – (Coleção
testemunhos de santidade)

    Título original: Charles de Foucauld, le chemin vers Tamanrasset
    Bibliografia
    ISBN 978-85-356-2552-3
    ISBN 2-84586-244-X (ed. original)

    1. Eremitas - França - Biografia   2. Foucauld, Charles de, 1858-1916
3. Hoggar (Algéria) - Uso e costumes   4. Tuaregues - Uso e costumes   I.
Título. II. Série.

09-11861   CDD-271.79092

Índice para catálogo sistemático:
1. França : Eremitas : Biografia   271.79092

Título original da obra: *Charles de Foucauld – Le chemin vers Tamanrasset*
© Éditions Karthala, 2002.

Direção-geral: *Flávia Reginatto*
Editora responsável: *Luzia M. de Oliveira Sena*
Assistente de edição: *Andréia Schweitzer*
Tradução: *Marcelo Dias Almada*
Copidesque: *Denilson Luís dos Santos Moreira*
Coordenação de revisão: *Marina Mendonça*
Revisão: *Ana Cecilia Mari*
Direção de arte: *Irma Cipriani*
Gerente de produção: *Felício Calegaro Neto*
Capa e diagramação: *Manuel Rebelato Miramontes*

Nenhuma parte desta obra poderá ser reproduzida ou transmitida
por qualquer forma e/ou quaisquer meios (eletrônico ou mecânico,
incluindo fotocópia e gravação) ou arquivada em qualquer sistema ou
banco de dados sem permissão escrita da Editora. Direitos reservados.

Paulinas
Rua Dona Inácia Uchoa, 62
04110-020 – São Paulo – SP (Brasil)
Tel.: (11) 2125-3500
http://www.paulinas.org.br – editora@paulinas.com.br
Telemarketing e SAC: 0800-7010081
© Pia Sociedade Filhas de São Paulo – São Paulo, 2009

"Devido a seus instintos profundos,
monge é o que ele era ou, antes, eremita.
Ele nasceu assim.
Apenas levou algum tempo
para encontrar seu caminho.
Os instintos profundos do eremita
já apareciam no explorador."

E.-F. GAUTIER

"Ele é um desses grandes homens sobre os quais é difícil
escrever sem animosidade ou sem admiração, numa palavra:
sem paixão. Pois ele é muito grande e muito humano; ele
nos ultrapassa, seguidamente nos desconcerta, nos humilha,
nos reconforta e nos irrita. Amamos sabê-lo humano, muito
humano, mas sofremos ao vê-lo às vezes assim tão humano,
sendo tão santo em outras circunstâncias. Teria ele feito a sín-
tese dessas contradições; e nós, será que a podemos fazer?...
Tampouco se trata de violar... os segredos da História..., mas
de tentar reconhecer nele a verdadeira grandeza graças à qual
ele foi e continua sendo um guia."

DOM JEAN LECLERC

(Citado a respeito de São Bernardo,
em *Nova et Vetera*, junho de 1967, p. 159.)

INTRODUÇÃO

A origem deste livro pauta-se num encontro ocorrido em Lyon, de 26 de julho a 2 de agosto de 1998, em função da Fraternidade Charles de Foucauld. O texto gravado, transcrito e relido, mas mantido em estilo de linguagem falada, foi divulgado com o título *Un Regard neuf sur Charles de Foucauld* [Um olhar novo sobre Charles de Foucauld] e rapidamente se esgotou. O interesse despertado exigira uma publicação revista e aumentada.

Que novidade traz esse olhar novo para que se justifique mais um livro sobre um homem ao qual não faltam biógrafos? Essa novidade é certamente o resultado de uma abordagem da vida e dos escritos de Charles de Foucauld assinalada desde o começo pela vontade de se limitar a momentos precisos de sua vida, situando-se as circunstâncias por meio de acontecimentos detalhados e respeitando-se a cronologia para identificar as verdadeiras motivações. Foi preciso resistir à tentação de responder demasiado depressa àqueles que pediam primeiramente uma visão geral e queriam conhecer de imediato todo o seu itinerário. Ao contrário disso, nossa pesquisa seguiu por caminhos pouco percorridos, numa floresta onde havia o risco de se perder, mas onde também foram descobertos admiráveis recantos ocultos.

Essa abordagem encontra interesse hoje, mas já era desejada desde 1921, depois da leitura do livro de René Bazin. Um jornalista expressou isso claramente:

> Gostaria de saber que caminhos a graça percorreu nessa alma. A mim me mostram o ponto de partida e o ponto de chegada. Nada me dizem do que se passou durante o trajeto... Como seria interessante! Eis por que a história do Padre de Foucauld deve ser retomada. É preciso vasculhar indiscretamente, mas com a esperança de uma colheita admirável, os recônditos dessa alma![1]

Um contemporâneo que bem observou o monge de Tamanrasset, Doutor Dautheville, e lá viveu na intimidade de Charles de Foucauld, escreveria algo que aponta na mesma direção:

> Eu o vi e conheci bem mais humano, bem mais interessado nos acontecimentos terrenos do que o sr. Bazin afirma em seu livro, no qual faz dele um santo já pronto para a beatificação.[2]

Meio século depois, estando a personagem (não beatificado) aureolada e idealizada como modelo a ser imitado, querer "vasculhar os recônditos dessa alma", não apenas em seus escritos espirituais mas nos detalhes de sua vida, observar de perto os comportamentos e os aspectos menores de um grande homem, interessar-se pelos traços mais constantes de seu temperamento, parecia irreverência e indiscrição. Esse procedimento parecia próprio das campanhas periódicas de ataque empreendidas por certos iconoclastas. Era preciso, no entanto, livrar-se das ima-

---

[1] KEMP, Robert. *La Liberté*, 31.10.1921, citado por Jean-François Six na reedição do livro de René Bazin. *Charles de Foucauld, explorateur au Maroc, ermite au Sahara*. Paris: Plon, 1959, p. 7.

[2] GORRÉE, Georges. *Les Amitiés sahariennes du Père de Foucauld*. Paris: Arthaud, 1946, tomo I, p. 272.

gens de Épinal, de hagiografia devota, e remover o revestimento de gesso que ocultava o original, mesmo sob o risco de parecer destruir a imagem.

Ora, ao contrário, essa pesquisa, empreendida sem nenhuma pretensão, permitia descobrir a cada etapa uma nova dimensão de humanidade e de santidade. Essa longa proximidade concordava com a curta experiência do Doutor Hérisson, que escrevera a René Bazin, a título de conclusão de suas lembranças: "O padre de Foucauld, ao contrário do que se diz dos homens célebres, crescia desmedidamente quando visto todos os dias, e de perto".[3]

Neste livro nos limitamos a alguns momentos dessa vida sem omitir as evoluções e as mudanças de orientação. Essas mudanças têm sempre origem num "movimento interno" ou num "impulso profundo" que suscita um "desejo intenso" e se torna um "dever". Essas palavras, que encontraremos por intermédio da pena de Charles de Foucauld e ainda de modo mais frequente nos bilhetes do Padre Huvelin, a quem ele pedia conselhos e diretivas, convidam-nos a descobrir o que explica seu itinerário e o torna uno, em meio a experiências múltiplas, até a chegada a Tamanrasset. Essa "força que o move" permanece misteriosa. Não é somente a força de uma vontade fora do comum; e é por isso que não deixa de intrigar aqueles que se interessam por essa personalidade tão atraente, que confunde uns e fascina outros.

---

[3] BAZIN, René. *Charles de Foucauld, explorateur au Maroc, ermite au Sahara.* Paris: Plon, 1921, p. 387.

Carta de Charles de Foucauld

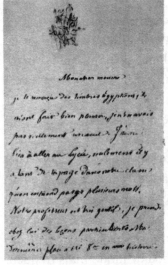

Carta n. 7 e desenho de Charles de Foucauld.

DADOS BIOGRÁFICOS

As páginas seguintes dividem em duas partes quase iguais os 58 anos da vida de Charles de Foucauld.

Cada página é também dividida em duas partes, colocando em evidência o período em que toda sua fé desaparecera (treze anos) e os dois últimos períodos de quinze anos que confrontamos ao primeiro, analisando alguns momentos significativos de sua evolução.

As quatro partes se articulam em torno dos acontecimentos que assinalam o abandono da prática religiosa, o retorno a Deus em outubro de 1886 e a ordenação sacerdotal em 1901.

1858	Estrasburgo	Nascimento em 15 de setembro	
1859	Wissemburgo		
1860	"		
1861	"	Nascimento de sua irmã Marie	
1862	"		
1863	Estrasburgo		
1864	"	Morte dos pais	6 anos
1865	"		

1866	"		
1867	"		
1868	"		
1869	"		
1870	Suíça	Guerra	12 anos
1871	Nancy		
1872	"	Primeira comunhão, em 28 de abril	14 anos
1873	"		
1874	Nancy		
1875	Paris	École Sainte-Geneviève (rue des Postes)	
1876	Paris – Nancy	Expulsão da escola em março Preparação em Saint-Cyr	
1877	St-Cyr		
1878	St-Cyr	Morte do avô, em 3 de fevereiro	20 anos
1879	Saumur		
1880	Pont-à-Mousson – Bône		
1881	Sétif – Evian – Mascara		
1882	Alger	Demissão do exército	
1883	Marrocos	Viagem de exploração ao Marrocos (junho/83 – maio/84)	25 anos
1884	Alger	Projeto de casamento	
1885	Alger – Saara argelino		
1886	Paris	Conversão no final de outubro	28 anos
1887	Paris		
1888	Terra Santa	Peregrinação	
1889	"		
1890	N. S. das Neves – Akbés	Partida para a Trapa	32 anos

DADOS BIOGRÁFICOS

1891	Akbés		
1892	"		
1893	"		
1894	"		
1895	"		
1896	Akbés – Alger – Roma	Saída da Trapa	
1897	Nazaré	Eremita em Nazaré	
1898	"		
1899	"		
1900	Nazaré – N. S. das Neves	Preparação para o sacerdócio	
1901	N. S. das Neves – Argélia	Volta à Argélia	43 anos
1902	Béni Abbès		
1903	"		
1904	Viagem pelo Sul		
1905	Béni Abbès – Hoggar – Tamanrasset	Instalação em Tamanrasset, em agosto	
1906	Tamanrasset – Viagem a Alger	Viagem de ida e volta a Alger via Béni Abbès	
1907	In-Salah – Adrar Tamanrasset	Viagem pelo Sul	
1908	Tamanrasset	Doença	50 anos
1909	"	1ª viagem à França (5 meses)	
1910	"		
1911	" (Asekrem)	2ª viagem à França (5 meses)	
1912	"		
1913	"	3ª viagem à França (7 meses)	
1914	"	Guerra	
1915	"	Construção do "castelo"	
1916	"	Mudança – Morte, em 1º de dezembro	58 anos

Carta de Charles de Foucauld

Mon cher Moue

je te souhaite une bonne année

j'ai été le dimanche après

Noël été à la préfecture

il y avait dans cette réu-

nion cent cinquante

enfants de toutes grandeurs

à cinq heures à peu près

on a élevé un arbre de Noël

qui allait jusqu'au plafond

je t'envoye ma photographie

moi je suis habillé en franc-

tireur et mimi en cantinière

Je t'embrasse de tout

mon cœur,

Ch. de Foucauld

O PERÍODO ABENÇOADO
DA INFÂNCIA

Os primeiros quinze anos de sua existência, tais como o próprio Charles de Foucault os via, transcorreram em uma família de fiéis praticantes. Esse período é em geral percebido como o de uma infância infeliz. Ora, não é essa absolutamente a lembrança que ele reteve desses anos. Ao contrário, esse lhe foi um período de felicidade. Com apenas seis anos, no entanto, perdeu os pais em um intervalo de poucos meses: primeiro a mãe, depois o pai, que ele praticamente não conheceu, pois a doença já o mantinha afastado da família. Quase nunca falava de si, mas guardava uma imagem muito viva da mãe, que considerava uma santa. Guardaria principalmente a lembrança do avô, o coronel de Morlet, que passaria a cuidar dele e da irmã mais jovem. Para nos convencer disso, iremos mais longe na leitura daquilo que Charles escreveu no momento da morte desse avô. Sem essa educação afetuosa, julgada demasiado frouxa, teria ele se tornado o homem livre que atraiu a admiração de uma geração toda?

Sua infância também foi marcada pela guerra de 1870. Assim como para muitos franceses, especialmente aqueles que moravam na Alsácia e na Lorena, esse foi um momento de exílio. A família precisou deixar Estrasburgo e se refugiar por algum tempo no oeste da França, depois na Suíça. Charles tinha então doze anos. As cartas que escreveu na época, endereçadas a um primo, demonstram o que podia significar para uma criança esse tempo de guerra e destruição. É preciso destacar isso, ainda que não fosse o mais importante naquele momento, pois sua vida iria se tumultuar com outra guerra.

Das lembranças felizes, evocamos aquela do dia em que se comemorou o aniversário de dezenove anos de uma prima querida; ele tinha então onze. Charles já a considerava sua confidente e uma segunda mãe; ele e a irmã iam, aliás, passar as férias com a família Moitessier, na Normandia, onde Charles reencontrou suas primas Marie e Catherine. A correspondência entre Maire e Charles começou nessa época.

Desse período registramos também, assim como ele próprio, a lembrança de sua Primeira Comunhão. Na ocasião, sua prima Marie Moitessier foi de Paris a Nancy para assistir à cerimônia e lhe deu de presente um livro de Bossuet: *Les élévations sur les Mystères*. Trata-se de um livro de reflexões sobre o Evangelho, no formato de um pequeno missal, que se costumava dar a quem fazia a Primeira Comunhão. A influência desse livro se estenderia para o resto de sua vida.

Mais tarde, ele diria ter perdido a fé aos quinze anos de idade, atribuindo tal infortúnio a leituras do momento e à falta de formação filosófica. Note-se que o casamento de Marie Moitessier com Olivier de Bondy deu-se na mesma época. Aquela que ele considera a pessoa mais próxima então se casava e, de certo modo, separava-se dele. Charles, porém, jamais faria alusão àquilo que muitas vezes foi considerado uma grande mágoa.

UMA JUVENTUDE TRESLOUCADA

O segundo período, o da descrença, durou treze anos. Charles de Foucault o caracterizou como "uma descida para a morte". Abandonou a prática e as referências religiosas. "Desaprendeu a rezar", sua vida não tinha sentido. O que buscava ele? Mais tarde, ele constataria que estava então num declive que o conduzia à morte, o afogava no mal. "Minha vida", ele escreveu, "começava a ser uma morte."[1] Somente a ternura de seu avô o impedia de cair em excessos extremos. Era a época de preparação para as Grandes Escolas em Paris, junto aos jesuítas. Foi então expulso por deixar de trabalhar e por conduta incorreta.

Nesse período, uma verdadeira ruptura marcou sua trajetória: a morte do avô, em 3 de fevereiro de 1878, quando Charles tinha apenas vinte anos e fazia o segundo ano da Escola de Oficiais de Saint-Cyr. Ele falaria sempre da imensa dor que, mesmo catorze anos depois, continuava muito viva, bem maior que a sentida quando da morte dos pais. A partir de então, a doçura da vida, a felicidade, as alegrias de família tornaram-se coisa do passado. Suas cartas a Gabriel Tourdes, um amigo de infância com quem ele se corresponderia até a morte, oferecem muitas

---

[1] FOUCAULT, Charles de. *La Dernière Place*. Paris: Nouvelle Cité, 1974, p. 101.

revelações sobre sua juventude. Em 5 de fevereiro de 1878, logo após a morte do avô, ele escreveu:

> Posso lhe falar sem pensar: entre nós, podemos dizer tudo o que nos passa pela cabeça; e é tão bom! Além disso, quando lhe escrevo, você me faz lembrar de toda uma época de minha vida que já pertence ao passado, mas da qual me resta uma bem doce lembrança: aquela vida tranquila em família – e a intimidade, os bons momentos que passamos juntos, nossas primeiras leituras, a felicidade e a calma que me cercavam junto de meu avô, tudo isso me vem ao espírito quando lhe escrevo, e essas lembranças têm para mim um encanto infinito. Eu me vejo novamente nessa época em que começávamos a pensar e a nos tornar homens, passeando com você na Pépinière, na primavera, conversando e lendo. Éramos tão felizes, tão tranquilos, tão despreocupados: tínhamos tanta confiança no futuro. Aliás, você ainda é feliz. Ainda passeia na Pépinière, quando faz tempo bom. Mas já não é a mesma coisa: já não vai só comigo, nas horas tranquilas, pelas áleas solitárias. Vai lá com bandos de amigos e mulheres, pelas grandes áleas, nas horas em que há música, em meio ao ruído e à alegria. Você também entrou em um novo período de vida; e lhe digo: você perdeu com a troca. Só que há algo a seu favor: é que, quando se cansar das diversões, você se verá, como antes, no meio da sua família, e poderá, como antes, viver feliz e tranquilo com seus pais e seus livros. Para mim não será desse jeito; perdi de uma vez só minha família, minha casa, minha tranquilidade e a despreocupação que me era tão doce. Nada disso eu terei de novo. Nunca mais serei feliz e tranquilo como fui em Nancy naquela boa época em que ficávamos tão juntos. Só tenho um consolo: é que desde essa época compreendi minha felicidade e tirei disso proveito. Cuide de fazer o mesmo.[2]

---

[2]   Id. *Lettres à un ami de lycée.* Correspondance inédite avec Gabriel Tourdes (1874-1915). Paris: Nouvelle Cité, 1982, pp. 72-73.

Outra carta, não datada, mas anterior à morte do avô, mostra-nos como seriam naquele momento os sentimentos de um jovem de vinte anos:

> Ah, se eu pudesse ter dez anos a mais! Não sei muito bem o que faria daqui a dez anos. Provavelmente já não estaria no serviço; começaria minha vida de solteirão, sozinho no campo, numa casinha qualquer. É bom ser livre e tranquilo; é duro ser só, mas estou necessariamente condenado a isso. Nesse meio tempo, você continuará a ser feliz e tranquilo com sua família... [...] eu, no entanto, não sou e provavelmente nunca serei. Mas quem sabe? Talvez ainda tenha alguns momentos agradáveis; em todo caso, imagino que não serão mais do que aqueles que passarei perto de você.[3]

A última sentença dá o tom de numerosas cartas escritas a Gabriel Tourdes e revela certo sentimento de posse, uma espécie de absoluto na amizade. Ele o quer só para si durante sua folga, e programa antecipadamente o que farão juntos todos os dias. Já era o organizador que encontraremos ao longo de sua vida. Tudo, imediatamente, o tempo todo.

Essas cartas nos mostram muito bem "o tédio" que nele habitava. Tudo o que ele fazia visava varrer esse tédio, dele se esquivar, visava à diversão. Num primeiro momento poderíamos caracterizar esse período com duas palavras familiares e bem significativas: a "comida" e o "livro". O livro não é apenas o conteúdo, ele sempre lia e leria muito, mas também o continente, a encadernação. Ele vivia cercado de milhares de livros, herdados do avô, livros que classificava, livros aos quais se apegava. Também se apegava a tudo o que é possível possuir. Detenhamo--nos um instante em suas compras; talvez já se encontre aí uma

---

[3] Op. cit., pp. 70-71.

manifestação de sua relação com o dinheiro. Aliás, ele precisava comprar tudo o que os outros ainda não tinham, o que ninguém ainda tinha usado. Foram encontradas notas fiscais de comerciantes de calçados, de alfaiates etc., e elas são bem significativas.

> Todo o bem, todo bom sentimento, toda aparência boa parecem ter radicalmente desaparecido de minha alma; resta só o egoísmo, a sensualidade, o orgulho e os vícios que lhes fazem séquito. [...] O amor por minha família foi muito ardente... [...] Vive ainda, embora tenha decrescido. Era meu farol, minha última luz nessa profunda escuridão. [...] Essa luz diminui, não se apaga, mas diminuiu muito. Desde logo se tornou noite para mim, nada me resta. Já não vejo Deus nem os homens. Há apenas eu, e eu sou [...] o egoísmo absoluto em meio à escuridão e à lama [...]. As pessoas mais mundanas, meus companheiros, não me estimavam, eu lhes desagradava, causava repugnância, eu era menos homem que um porco. Eis, meu Deus, em que lama eu me arrastava.[4]

Ao término de sua formação militar em Saint-Cyr, Charles entrou para a Escola de Cavalaria de Saumur. Embora praticamente não trabalhasse, conseguiria ainda assim se formar, mas em última colocação. Em vista do que ele escreveu a Gabriel Tourdes, parece que o treinamento de equitação bastava para preencher seus dias, embora antes fosse considerado mau cavaleiro, talvez por ser demasiado gordo (quando de sua chegada a Saint-Cyr, não encontraram farda para seu tamanho). Para espantar a solidão e o tédio, ele organizava festas, levava uma vida de luxo, visto que dispunha da herança do avô e já abusava da fortuna.

---

[4] Id. *La Dernière Place*. Paris: Nouvelle Cité, 1974, pp. 93-94.

UMA JUVENTUDE TRESLOUCADA

Ao sair da Escola de Cavalaria, foi designado ao 4º Regimento Hussardo, numa guarnição em Pont-à-Mousson. Levava ali a vida mais alegre possível, tendo encontrado alguns companheiros dignos de partilhar suas distrações.

Essa vida de prazeres só conseguiu, porém, trazer-lhe um vazio doloroso:

> [...] uma tristeza que só então conheci... ela voltava todas as noites quando me via só em meu apartamento... ela me mantinha mudo e abatido durante o que denominamos festas. Eu as organizava, mas, chegada a hora, eu as atravessava com um mutismo, um desprazer, um tédio infinitos... [...] Até então nunca tinha sentido essa tristeza, esse mal-estar, essa inquietação.[5]

Seria o vazio capaz de abrir-se e preparar outra coisa? Um amor teria podido preenchê-lo e romper esse isolamento do coração? Uma mulher de quem nada se sabe desempenhou um papel durante alguns meses de sua vida. É conhecida somente por Mimi. A convivência com ela rendeu-lhe algumas sanções. Pensava-se que tudo iria se arranjar, já que seu regimento deveria partir para a Argélia. Contudo, na hora da partida, vendo a quantidade de bagagem levada pelo tenente de Foucauld, seus superiores ordenaram que fossem aplicadas sanções imediatas, caso ele fosse acompanhado daquela mulher. Foi assim que, pouco depois da chegada a Bône, ele se viu forçado à detenção. A punição se agravou ao chegar a níveis hierárquicos superiores, tanto que, de novembro de 1880 a janeiro de 1881, Charles passou a maior parte do tempo na prisão. Quando ele saiu, seu esquadrão partiu para Sétif, mais para o interior, e foi lá, em 6 de fevereiro de 1881, que o coronel lhe ordenou que se separasse daquela mulher. Charles protestou, dizendo que seu serviço não

---

[5] Op. cit., p. 101.

ficava em nada prejudicado e que isso só dizia respeito a sua vida privada. O protesto rendeu-lhe uma sanção, da qual o interessado recebeu notificação em 25 de março. Foi então afastado por "indisciplina agravada por má conduta notória".

O PRAZER DA AÇÃO

Charles de Foucauld partiu então com Mimi para Évian. Mal se instalara, recebeu, uma ou duas semanas depois, uma mensagem de Sétif que iria transformar sua vida. Eis como ele resumiria sua história para Gabriel Tourdes, em carta de 2 de outubro de 1881:

> Eu deveria mantê-lo um pouco mais informado de todas as minhas peregrinações. Como você sabe, deixei o 4º Regimento Hussardo no mês de abril (questão de mulher). Tinha, aliás, eu mesmo provocado minha não atividade. Sétif era uma guarnição desagradável, e o serviço me entediava. Voltei então bastante animado para a França e me dispus a ficar quanto me fosse possível nesse bom estado de espírito. Instalei-me nos arredores de Évian, região admirável que você conhece. Mal tinha começado a desfrutar o prazer de estar bem instalado, escreveram-me de Sétif informando que uma parte de meu regimento estava de partida para a Tunísia; certamente então pedi para me juntar a ele: uma expedição desse tipo é um prazer demasiado raro para deixar passar e não gozá-lo.[1]

---

[1] Id. *Lettres à un ami de lycée*. Correspondance inédite avec Gabriel Tourdes (1874-1915). Paris: Nouvelle Cité, 1982, p. 116.

Tão logo escreveu para pedir sua reintegração no exército, mesmo sem qualificação, sob quaisquer condições, Charles prometeu nunca mais rever aquela mulher. Parecia disposto a tudo, a aceitar tudo, desde que o enviassem aonde houvesse movimento, pois não queria viver na guarnição. Esse prazer raro era bem o reflexo do epicurista. Nos meses seguintes, Aristófanes continuaria sendo seu livro de cabeceira.

Suas motivações eram talvez mais complexas do que ele revelava, mas seria possível encontrar uma razão mais profunda do que aquela que ele mesmo dava? Os biógrafos não estão impedidos de imaginar outras mais válidas e mais nobres. Foram aventadas todas as possibilidades: abatimento e tédio, decepção ou insatisfação amorosa, arrependimento, nostalgia de uma vida melhor, impulso cavaleiresco, sentimento patriótico, sentimento colonial, consciência militar ou solidariedade para com os companheiros, sentimento de honra... o que mais? Ninguém tinha pensado em prazer. Assim terminava o que ele próprio chamou de "questão de mulher".

Não podendo ser reintegrado a seu regimento devido à sanção que lhe fora aplicada, Charles de Foucauld foi enviado ao 4º Caçador da África (não, como se lê com frequência, ao 4º Hussardo, que teria mudado de nome). Desembarcou em Oran, chegou a Mascara e, em seguida, fez campanha na expedição contra a revolta do Xeque Bou Amama. Já era então um homem completamente diferente daquele que se via em Saint-Cyr, Saumur, Pont-à-Mousson ou Sétif. Mas é difícil saber de fato como ele era baseando-se nas lembranças tardiamente reveladas por aqueles que o conheciam nessa época ou que, tal como Laperrine, tinham ouvido falar a respeito. Fitz-James, que o tinha encontrado pouco antes e depois de sua passagem pelo Sul de Oran, bem mais tarde relataria:

O PRAZER DA AÇÃO

Rapidamente notado e apreciado em sua nova corporação, Foucauld mostrou-se tão forte diante do cansaço e das privações quanto o fora diante dos prazeres. Estava sempre de bom humor, suportava com jovialidade a fome, principalmente a sede, e era bom para com seus cavaleiros! Vivia pensando em melhorar suas condições, compartilhando tudo com eles. Se houvesse racionamento de água, ele lhes entregava sua parte. Dava sempre exemplo de ânimo, coragem, inteligência e energia.[2]

São de Laperrine estas linhas mais conhecidas:

Em meio aos perigos e às privações das colunas expedicionárias, esse letrado folgazão revelou-se soldado e chefe, suportando de bom humor as mais duras provas, fazendo grandes esforços, ocupando-se com zelo de seus homens. Do Foucauld de Saumur e de Pont-à-Mousson já não restava mais que um simpático livro de Aristófanes, que ele não largava, e um pequeno vestígio de seu esnobismo, que o levou a parar de fumar no dia em que não mais conseguiu encontrar os charutos de sua marca preferida... Os árabes tinham causado nele uma profunda impressão.[3]

O pouco que acabamos de contar a respeito desse curto momento de sua vida marca, porém, a importância da decisão tomada em Évian pelo prazer. Essa decisão o levou a uma mudança de vida, a um empreendimento guerreiro. Seria essa a pérola rara pela qual ele iria deixar tudo o que começava a fazê-lo feliz?

Prosseguindo a leitura da carta de 2 de outubro de 1881 para Gabriel Tourdes, descobrimos a causa de sua nova felicidade:

---

[2] LESOURD, Paul. *La vraie figure du Père de Foucauld*. Paris: Flammarion, 1933, p. 62.

[3] CAVALERIE, Revue de, outubro de 1913. *CCF*, n. 8, p. 143, "Les étapes de la conversion d'un houzard, le Père de Foucauld".

Mandaram-me para a África, como eu havia pedido, mas não para o regimento que eu queria: sem o meu regimento, eu teria ao menos desejado voltar à província de Constantine. Enfim, não perdi grande coisa tendo vindo aqui, pois, desde que cheguei ao 4º Caçadores da África, há três meses e meio, não dormi sequer duas noites em uma casa... Faço parte de uma coluna [...] que realiza manobras nos altos platôs, ao sul de Saïda. É muito divertido: a vida de acampamento me agrada tanto quanto me desagradava a vida de guarnição, o que não é pouco. Espero que a coluna dure muito tempo; quando ela tiver terminado, darei um jeito de ir a um lugar onde haja movimentação; se isso não for possível, não sei bem o que farei, mas de modo algum quero voltar à vida de guarnição.[4]

Como a campanha tivesse terminado logo, por volta de 20 de janeiro de 1882, a perspectiva de estar novamente em uma guarnição em Mascara era-lhe insuportável. Assim, pediu para ir para outro lugar e, a certa altura, acabou se demitindo do exército. Sua experiência militar na Argélia chegava ao fim, tendo durado menos de dezoito meses. Charles explica as razões de sua demissão a Gabriel de Tourdes em 18 de fevereiro de 1882:

Detesto a vida de guarnição. Acho a ocupação tediosa em tempo de paz, que é o mais frequente [...]. Além disso, estava decidido a largar em algum momento a carreira militar. Sendo assim, preferi partir de imediato; para que me arrastar por mais alguns anos, sem objetivo, levando uma vida que não me interessava de modo algum? Prefiro aproveitar minha juventude viajando, ao menos assim posso me instruir e não perco tempo.[5]

---

[4] FOUCAULT, Charles de. *Lettres à un ami de lycée*. Correspondance inédite avec Gabriel Tourdes (1874-1915). Paris: Nouvelle Cité, 1982, pp. 116-117.

[5] Op. cit., p. 118.

Note-se o "de imediato".

Novas motivações surgiram: a vontade de viajar e o desejo de não perder tempo. Dez anos depois, numa carta de 21 de fevereiro de 1892 a seu amigo Henri Duveyrier, ele resumiria esse período:

> Passei de sete a oito meses sob uma tenda no Saara oranês, o que me trouxe um gosto acentuado pelas viagens que sempre me haviam atraído. Entreguei minha demissão em 1882, a fim de satisfazer livremente esse desejo de aventuras.

Palavras como prazer e desfrutamento foram substituídas por gosto, desejo e atração, para expressar a mesma realidade. É o mesmo vocabulário que ele empregaria ao longo da vida para falar de sua vocação. Se lhe tivessem perguntado nesse momento por que ele deixara o exército, sua resposta bem poderia ter sido aquela que mais tarde ele haveria de dar a respeito da Trapa:

> Saí porque tinha entrado – pelos mesmos motivos – não por inconstância, mas por constância na busca de um ideal que eu esperava encontrar lá, e que não encontrei.[6]

As cartas a Gabriel Tourdes nos dão algumas explicações sobre seus projetos de viagem ao Oriente, isto é, por todo o norte da África, a Arábia Saudita e talvez até mesmo Jerusalém, já que ele tinha em vista ir lá ou lá se encontrar com o Doutor Balthazar, médico que ele conhecera no Sul de Oran. Charles forneceu detalhes desse projeto a Gabriel Tourdes em carta de 18 de fevereiro de 1882:

---

[6] Id. *Crier l'Évangile*. Paris: Nouvelle Cité, 1982, p. 145.

Agora preciso falar do favor que preciso que me preste: você compreende que seria um desperdício fazer tão belas viagens tolamente como simples turista; quero fazê-las com seriedade [...]. Preciso que se informe de todos os livros de que vou precisar [...]. Como só conheço você que seja suficientemente sério para me prestar esse favor e tenha por mim bastante amizade para querer prestá-lo, é a você a quem decididamente me dirijo.[7]

Não querendo viajar "tolamente", mas com utilidade e inteligência, Charles enviou ao amigo uma lista de livros que este lhe deveria conseguir.

De repente, porém, já não se tratava de viajar para o Oriente, mas de um projeto que o levaria ao Ocidente, isto é, ao Magreb (Marrocos, em árabe) ou Extremo Ocidente, em relação ao mundo árabe, o oposto do Oriente. Foi uma primeira mudança de orientação. Por que desejaria fazer uma viagem ao Marrocos? Seria porque esse país lhe parecesse como sendo o único que não tivesse sido verdadeiramente explorado? Reconhecia-se aí seu desejo de fazer aquilo que os outros não tinham feito ou não tinham podido fazer.

Charles estava em Alger em junho de 1882. Há sinais bem concretos de sua estada nessa cidade, e justamente na Biblioteca Nacional, onde foi encontrada uma lista de todos os livros que ele pegou emprestado, devolveu, depois pegou novamente durante o período em que preparava sua viagem de exploração com as personalidades mais competentes da época: Mac Carthy, Maunoir e Duveyrier, o grande explorador, que logo se tornaria seu amigo íntimo. Duveyrier acabava de publicar seu livro sobre os Tuaregues, depois de ter feito a primeira expedição entre esse povo.

---

[7] Id. *Lettres à un ami de lycée*. Correspondance inédite avec Gabriel Tourdes (1874-1915). Paris: Nouvelle Cité, 1982, p. 119.

Qual era então seu programa de trabalho? Em uma carta de 27 de novembro de 1882 a Gabriel Tourdes, depois de se desculpar por não ter escrito antes, ele prosseguiu:

> Você me conhece; sabe que não escrevo muito, mas que nem por isso me esqueço de meus amigos; muito menos de você, que para mim não é um amigo, mas o amigo. No momento, estou menos disposto que nunca a escrever, e eis por quê: o único hábito que conservei de minha antiga ocupação é a agenda de trabalho. Você, um velho soldado, conhece isso. Ora, tão logo voltei para cá, montei uma e, puxa, eu a fiz bem repleta: o começo do trabalho está marcado para as sete da manhã; o fim, para a meia-noite, com dois intervalos de meia hora para as refeições. Todo o resto está dividido em pequenos cursos: há horas reservadas para o árabe, para a história, para a geografia, e assim por diante. Quanto à correspondência, [...] eu a releguei para o fim do dia de trabalho, para a meia-noite. Mas, quando essa hora chega, [...] estou caindo de sono; [...] É isso o que faz minha correspondência sofrer terrivelmente.[8]

Causa espanto saber que em Tamanrasset ele dedicava dez horas e quarenta e cinco minutos por dia a seus trabalhos linguísticos, mas, quando o vemos aos vinte e quatro anos trabalhando diariamente por dezesseis horas, nos espantamos menos!

Não insistiremos na importância que teve para Charles de Foucauld esse ano de viagem ao Marrocos. Bastaria essa aventura para preencher o vazio que se abria dentro dele? Charles encontrou uma espécie de plenitude no risco e conseguiu se embriagar com a ação em meio ao perigo, bem como com os êxitos. Ele se revelou plenamente na força de seu temperamento, sua coragem, sua tenacidade, assim como em seu *savoir-faire*, sua astúcia e seu extremismo. O lema da família Foucauld era "Jamais retroce-

---

[8] Op. cit., p. 125.

der". À irmã que se preocupava e rogava por sua volta, ele escreveu no final de janeiro de 1884: "Quando a gente parte dizendo que vai fazer uma coisa, não volta sem tê-la feito".[9] Também a seu primo ele diria: "Por nada eu haveria de voltar sem ter visto o que disse que veria, sem ter estado nos lugares aonde disse que iria".

Quando de seu retorno, Duveyrier o apresentou à Sociedade de Geografia, que o condecorou com uma medalha de ouro. Reteríamos algumas passagens significativas da apresentação dessa viagem de exploração:

> Ele realizou sem a ajuda do governo, às próprias custas, e o fez sacrificando seu futuro na carreira militar, outro sacrifício ainda maior, se é que isso é possível. Resignou-se a viajar disfarçado de judeu em meio a populações que consideram o judeu uma criatura útil, mas inferior. Assumindo corajosamente esse papel, abdicou completamente de seu bem-estar e, sem tenda, sem leito, quase sem bagagem, trabalhou durante onze meses junto a povos que, tendo mais de uma vez desmascarado o ator, o colocaram duas, três vezes diante do castigo que ele atraíra, isto é, a morte.
>
> [...] não sabemos o que é mais digno de admiração: os resultados tão belos e úteis ou a dedicação, a coragem e a abnegação ascética graças às quais esse jovem oficial os alcançou. [...] Sacrificando bem mais que sua comodidade, realizando e levando até as últimas consequências bem mais que um voto de pobreza e de miséria [...].[10]

Na boca de um descrente, que ignorava como seria o futuro de Charles de Foucauld, essas palavras adquirem um valor profético.

---

[9] BAZIN, René. *Charles de Foucauld, explorateur au Maroc, ermite au Sahara*. Paris: Plon, 1921, p. 72.

[10] Relato apresentado à Sociedade de Geografia de Paris em sessão geral de 24 de abril de 1885 por Henri Duveyrier a respeito da viagem do Visconde Charles de Foucauld ao Marrocos, pp. 12, 14 e 21.

Contudo, essa exploração não iria preencher o vazio que havia nele. Ele retomou seu lugar na vida dos homens, a vida que ele havia perdido, principalmente aos olhos de sua família. E tratava-se de um lugar de primeiro plano! Com a medalha de ouro, Charles tornou-se um dos exploradores mais célebres, admirado internacionalmente; uma carreira se abria diante dele. Seu primeiro artigo intitulava-se "Trajetória no Marrocos", mas teria ele vislumbrado qual seria sua própria trajetória? Seguiu-se a publicação de sua obra *Reconnaissance au Maroc* [Reconhecimento no Marrocos]. Mas, empregando a mesma palavra, não teria ele reconhecido outra coisa que naquele momento o ultrapassava? Esse reconhecimento, parece, se deu no Sul do Marrocos, em Tisint. A vida solitária, as dificuldades do percurso, as repetidas ameaças de morte, tudo isso pode ter dado uma contribuição, mas foi principalmente o encontro com fiéis o determinante; homens, diria ele, que viviam "na presença constante de Deus", homens com os quais ele criou laços de amizade: tudo isso não o teria aberto para outra dimensão?

> A visão dessa fé, dessas almas que viviam na presença contínua de Deus, fez-me entrever algo de maior e mais verdadeiro que as ocupações mundanas.[11]

---

[11] *LHC*, 8.7.1901.

Mapa da linha férrea

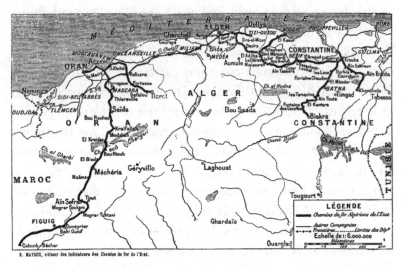

Em 1901, a linha da estrada de ferro terminava em Duveyrier.

O PERÍODO DA CONVERSÃO

De volta ao Marrocos, ocupado com a redação de seu livro *Reconnaissance au Maroc*,[1] Charles de Foucauld foi levado a fazer numerosas viagens entre a Argélia e a França. Comparecendo regularmente na casa do comandante Titre, em Alger, para desenhar mapas geográficos, conheceu a filha do comandante, Marie-Marguerite, com quem começou um idílio amoroso, sério o suficiente para que se pensasse em noivado. Mas sua família se opôs terminantemente ao casamento, bem como seu cunhado Raymond de Blic, marido de sua irmã Marie, e sua tia Inès Moitessier, irmã de seu pai; por fim, Marie de Bondy conseguiu convencê-lo. Como ele diria depois, ela o "salva" desse casamento.

No final de julho de 1885, depois desse rompimento difícil, Charles de Foucauld adoeceu. Após um tempo de convalescença, empreendeu uma viagem solitária pelo sul da Argélia, a fim de verificar e comparar as observações que fizera no Marrocos. Bastante longa (três meses e meio), essa viagem o conduziu de Tiaret a Aflu, depois a Gardaia. Lá, juntou-se a um destacamen-

---

[1] FOUCAULD, Charles de. *Reconnaissance au Maroc*. Paris: Challamel, 1888. Reedição da 1ª parte da obra, Plan de la Tour (Var), Éditions d'Aujourd'hui, coleção "Les Introuvables", 1985.

to militar que partia em missão para El Goléa, a mais de mil quilômetros de Alger, para instalar nesse oásis um pombal que possibilitasse a comunicação por meio de pombos viajantes. Esse território ainda não tinha sido ocupado de modo permanente pelo exército francês. Antes de partir de El Goléa, Charles de Foucauld escreveu ao amigo Henri Duveyrier, o primeiro francês a ter ido até lá. A coluna pôs-se de novo em marcha e chegou a Uargla, de onde o destacamento militar voltou a Gardaia, enquanto Charles seguia para o leste, até Túnis, passando por Tugurt, El Ued e o sul da Tunísia. Essa longa peregrinação pelo deserto terminou no ano de 1885.[2]

Charles voltou à França no começo de 1886. Depois de uma visita ao sul do país, perto de Grasse, instalou-se em Paris na rua de Miromesnil, 50, não longe da rua d'Anjou, onde moravam tia e primas. Vivia ao estilo do Saara, dormindo no chão, vestindo uma túnica sem mangas (gandura) e continuando a trabalhar para aprimorar os mapas, corrigir as provas de seu livro e preparar outras viagens.

A leitura da carta de 21 de fevereiro de 1892, endereçada a Duveyrier, nos obriga a considerar com grande atenção todos os acontecimentos relatados como tendo ocorrido em 1876, a fim de entender a importância que tiveram em seu percurso; ele próprio haveria sempre de se referir a eles.[3]

> Eu vivia assim quando cheguei a Paris em 1886; minha irmã já não estava lá, havia-se casado e morava na Borgonha. Mas encontrei na casa da minha tia a mesma acolhida, como se eu

---

[2] Podemos admirar os croquis desenhados ao longo dessa viagem em *Esquisses sahariennes*, obra publicada pelo Centre d'Études sur l'histoire du Sahara, Paris, Jean Maisonneuve, 1985.

[3] Encontra-se em anexo o texto integral dessa carta que contém o primeiro relato de sua conversão.

nunca tivesse deixado o lar e nunca tivesse causado preocupação àqueles que me amavam. Nesse ambiente que logo se tornaria o meu, embora eu morasse em outra casa, encontrei o exemplo de todas as virtudes, a proximidade de grandes inteligências e convicções religiosas profundas. Encantei-me primeiramente com a virtude e dirigi minhas leituras nesse sentido, estudando de bom grado os moralistas da Antiguidade. Eu estava bastante afastado de qualquer religião, e só a virtude antiga me atraía... Mas encontrava menos calor e substância do que esperava nesses filósofos antigos[4]... Por acaso li algumas páginas de um livro de Bossuet,[5] no qual encontrei muito mais do que em meus moralistas antigos... Continuei a ler esse volume e, pouco a pouco, passei a dizer a mim mesmo que a fé de tão grande espírito, uma fé que eu via diariamente tão perto de mim em tão belas inteligências, em minha própria família, talvez não fosse tão incompatível com o bom senso quanto me parecera até então. O ano de 1886 chegava ao fim. Senti então uma necessidade profunda de recolhimento. Eu me perguntei, das profundezas de minha alma, se os homens conheciam realmente a verdade... Fiz então uma estranha prece, pedi a Deus, no qual ainda não acreditava, que me desse a conhecer sua existência... Pareceu-me que o mais sensato seria, em meio à dúvida que nascera em mim, estudar a fé católica, que eu conhecia muito pouco. Procurei então um padre instruído que eu conhecia um pouco por tê-lo visto na casa de minha tia: o Padre Huvelin. Ele teve a bondade de responder a minhas perguntas e a paciência de me receber sempre que eu o procurava. Convenci-me então da verdade da religião católica e, a partir de então, o sr. Huvelin se tornou para mim um pai e passei a viver de modo cristão. Poucos meses depois dessa grande mudança, pensei em entrar para o convento, mas o sr. Huvelin e minha família me empurravam para o casamento... Deixei o tempo passar...

---

[4]   Nessa altura, ele se debruçava sobre os filósofos antigos; não havia sinal de leituras contemporâneas.

[5]   É o livro que Marie de Bondy lhe havia dado quando de sua Primeira Comunhão: *Élévations sur les mystères*.

Em suas *Meditações sobre os Santos Evangelhos,*[6] escritas em Nazaré e em Jerusalém, entre setembro de 1897 e fevereiro de 1899, lê-se a seguinte passagem relacionada à volta do filho pródigo:

> Meu Deus, como sois bom! Quanto fizestes por mim! Sim, afastei-me de vós, de vossa casa etc., fui a um país distante, país de coisas profanas, de criaturas, de incredulidade, de indiferença e paixões terrenas. Passei muito tempo, treze anos, dissipando minha juventude com o pecado e a loucura. Vossa primeira graça, não a primeira de minha vida, pois são inumeráveis em todas as horas da minha existência, mas aquela que vejo como o primeiro alvorecer de minha conversão é a de ter-me feito provar a fome, fome material e espiritual. Tivestes a bondade infinita de me colocar em dificuldades materiais que me fizeram sofrer e encontrar espinhos nesta vida louca. Vós me fizestes provar a fome[7] [material], fizestes-me provar a fome espiritual ao me levar a ter o desejo interior de uma melhor condição moral, a ter o gosto pela virtude, pelas necessidades de bem moral. Depois, quando me voltei para vós, bem timidamente, tateando, dirigindo a vós esta estranha prece: "Se existis, fazei que eu vos conheça". Oh, Deus de bondade, não deixastes de agir desde meu nascimento, em mim e ao meu redor, para trazer-me esse momento. Com que ternura me socorrestes e logo caístes sobre mim para me abraçar, com qual zelo de novo me entregastes a túnica da inocência.

Em uma carta de 14 de agosto de 1901, ele escreveria a Henry de Castries:

---

6   FOUCAULD, Charles de. *L'Imitation du Bien-Aimé*. Montrouge: Nouvelle Cité, 1997, p. 78.
7   Ao ver como ele gastava seu dinheiro, sua família lhe impôs uma intervenção jurídica.

O PERÍODO DA CONVERSÃO

> Passei doze anos sem nada negar e sem crer em coisa alguma, desesperado pela verdade, sem crer nem em Deus; nenhuma prova me parecia evidente o bastante...

E prosseguia:

> Enquanto eu estava em Paris [...], uma graça interior extremamente forte me conduzia: passei a ir à Igreja, sem crer, só lá me sentia bem e lá passava longas horas repetindo esta estranha prece: "Meu Deus, se existis, fazei que eu vos conheça".

É possível encontrar essa frase ao menos seis, sete vezes em cartas diferentes, o que mostra a importância dessa prece para ele. Charles chegaria a escrever até mesmo a seu primo Louis de Foucauld, um pouco mais velho do que ele e também descrente: "Também você poderia dizê-la" (28 de novembro de 1894). E isso teria dado certo de algum modo, pois seu primo reencontraria a fé por ocasião do casamento. Não teria essa prece constituído um método para ele? Encontramos a mesma proposta em uma carta a seu amigo Gabriel Tourdes que acabava de perder a irmã:[8] "Diga por ela essa mesma prece bem curta que lhe fiz".

Em uma meditação sobre o Salmo 31, ele evocaria novamente a época de sua conversão, sublinhando, como nas citações seguintes, o papel importante de certas pessoas.

> "Bem-aventurados aqueles cujos pecados foram redimidos." [...] Há onze anos, nessa época, vós me convertestes; há onze anos, sem que eu vos procurasse, reconduzistes minha alma ao seio da Igreja; [...] E em meio a quantas doçuras me concedestes essa graça; não digo que não tenha havido sofrimento

---

8   Id. *Lettres à un ami de lycée*. Correspondance inédite avec Gabriel Tourdes (1874-1915). Paris: Nouvelle Cité, 1982, carta de 6 de fevereiro de 1892, p. 149.

nessa época, a dor é necessária para purificar a alma, mas como fazíeis sentir a doçura de vossa mão!... A quais almas me confiastes! Como foram doces e queridos os seres de que vos servistes para ajudar externamente vossa obra! Como fostes bom! Divinamente bom![9]

O mesmo se dá na meditação de 8 de novembro de 1897:

E que graças interiores! Essa necessidade de solidão, de recolhimento, de leituras pias, essa necessidade de ir a vossas Igrejas! Eu, que não acreditava em vós; eu, com tal perturbação na alma, com tal angústia; eu, em busca da verdade, e esta prece: "Meu Deus, se existis, fazei que eu vos conheça!". Tudo isso era obra vossa, meu Deus, obra vossa, só vossa... Uma bela alma vos secundava, mas com seu silêncio, sua doçura, sua bondade, sua perfeição... Ela se deixava ver, era boa e espalhava seu perfume atraente, mas não agia! Vós, meu Jesus, meu Salvador, vós fazíeis de tudo, por dentro e por fora!... Vós me atraístes para a virtude, pela beleza de uma alma em que a virtude me pareceu tão bela que definitivamente encantou meu coração... Vós me atraístes para a verdade por meio da beleza dessa mesma alma: vós me concedestes então quatro graças: a primeira foi a de me inspirar o seguinte pensamento: "sendo essa alma tão inteligente, a religião em que ela crê com tanta firmeza não poderia ser a loucura que julgo ser"; a segunda foi a de me inspirar este outro pensamento: "visto que essa religião não é uma loucura, talvez a verdade que na Terra não está em nenhuma outra nem em nenhum sistema filosófico, lá esteja; a terceira foi a de me dizer: "estudemos então essa religião: escolhamos um professor de religião católica, um padre instruído, e vejamos o que acontece, se é preciso crer no que ela diz"; a quarta foi a graça incomparável de me enviar, para dele ter aulas de religião, sr. Huvelin... Ao me fazer entrar em

---

[9] Id. *Qui peut résister à Dieu*. Paris: Nouvelle Cité, 1980, p. 210.

> seu confessionário, em um dos últimos dias de outubro,[10] entre 27 e 30, creio que me destes todos os bens, meu Deus! [...] Que dia abençoado, que dia de bênção...[11]

Esse mês de outubro de 1886 foi repleto de acontecimentos que Charles de Foucauld recordaria com frequência. Foi assim que uma série de acontecimentos contribuiu para conduzi-lo ao Padre Huvelin: "solidões inesperadas, doença de pessoas queridas", diria ele. Marie de Bondy estava de fato doente na época. Aliás, soube ele que, em razão de seu estado de saúde, o Padre Huvelin não retomaria suas conferências, o que teria motivado Charles a solicitar-lhe aulas de religião. Mas é preciso antes se deter em outro acontecimento muito revelador do temperamento de Charles.

Durante o verão de 1886, o duque d'Aumale foi mandado a exílio com todos os membros da família real. Ora, tinha ele comandado o 4º Regimento dos Caçadores da África. Charles de Foucauld julgou-se então no dever de representar seu regimento em Paris, quando da partida do exilado, e pediu autorização para isso ao coronel no comando desse 4º Regimento. A iniciativa foi considerada antirrepublicana, a sanção exigida pelo coronel chegou ao ministério do exército e a notificação sobreveio ao interessado em 18 de setembro. Charles foi suspenso de suas funções por um ano e colocado fora dos quadros. Tinha ele chegado uma semana antes a Túnis para cumprir um serviço militar de um mês como oficial de reserva. Diante dessa sanção, ele se viu só e sem objetivo.[12]

---

[10] Única data que ele não registrou com precisão; ele diria sempre: nos últimos dias de outubro de 1886.

[11] Id. *La dernière place*. Paris: Nouvelle Cité, 1974, pp. 105-106.

[12] Cf. SOURISSEAU, Pierre. Quelles circonstances étonnantes?, *BACF*, Paris, outubro de 1986, n. 84, pp. 17-22.

Teria sido essa "solidão inesperada", teriam sido esses os acontecimentos imprevistos que o fizeram voltar à França em outubro de 1886? Ele encontrou então Marie de Bondy doente e, em meio a algumas "emoções", procurou o Padre Huvelin: "Eu lhe pedi aulas de religião, e ele mandou que eu me ajoelhasse, me confessasse e fosse comungar imediatamente".[13] Ao obrigá-lo a fazer um gesto de humildade, o Padre Huvelin propôs o ato que provocou a reviravolta total.

Ao longo dos meses seguintes, ele procuraria com muita frequência o Padre Huvelin e manteria com ele longas conversas. Os acontecimentos não se deram de um instante para outro, mas, a partir desse momento, Huvelin se tornaria o Pai, e continuaria sendo até sua morte em 1910, enquanto Marie de Bondy seria verdadeiramente a mãe que lhe despertaria a fé, ela que já era sua segunda mãe.

---

[13] FOUCAULT, Charles de. *La dernière place*. Paris: Nouvelle Cité, 1974, p. 106.

A HORA DA VOCAÇÃO

Na carta a Duveyrier, lemos que, poucos meses depois do que ele chama de "grande mudança", Charles pensava em entrar para o convento; no início de 1887, portanto. O Padre Huvelin o incitava, porém, ao casamento; sua família, também. A família quase não se deu conta de sua "grande mudança", apenas constatou uma retomada da prática religiosa. Marie de Bondy só mais tarde perceberia o papel que exercera e a importância dessa conversão. Era, no entanto, preciso levar muito a sério o que ele escreveria depois a Henry de Castries, em 14 de agosto de 1901:

> Tão logo acreditei que Deus existia, compreendi que não poderia fazer outra coisa senão viver para ele: minha vocação religiosa data do mesmo momento que minha fé. Deus é tão grande! Há tanta diferença entre Deus e tudo o que não é ele!

Seu temperamento absoluto aí se manifesta com perfeição. Completa e imediatamente, era impossível fazer de outro modo. Nessa mesma carta, ele acrescentava: "Eu gostaria de ser religioso, viver só para Deus, fazer o que for mais perfeito, o que quer que seja...".

Entre as jovens que compareciam assiduamente às conferências do Padre Huvelin, havia as duas filhas do amigo Monsieur de Richemont. Uma delas, religiosa no mundo (dizia-se então religiosas *in voto*), não era portanto destinada ao casamento; já a segunda, sendo livre, era justamente o partido que convinha ao visconde Charles de Foucauld. Mas este não queria ouvir falar de casamento.

Seu livro *Reconnaissance au Maroc* saía da gráfica no começo de 1888. Terminado esse trabalho, ele já podia pensar em outra coisa e preparar outras explorações. O Padre Huvelin fazia absoluta questão de mandá-lo em peregrinação à Terra Santa, a fim de que o geógrafo pudesse colocar os pés nas pegadas de Jesus. Charles de Foucauld não fazia questão alguma disso, tinha outras urgências, mas aceitaria essa perspectiva. Assim, no final de 1888, embarcaria para a Terra Santa numa peregrinação feita a seu modo: solitariamente.

> Depois de passar o Natal de 1888 em Belém, participei da Missa do Galo e, recebida a Santa Comunhão na Santa Gruta, depois de dois ou três dias voltei a Jerusalém. A doçura que senti ao rezar naquela gruta em que haviam ressoado as vozes de Jesus, de Maria, de José, e por ter estado tão perto deles, foi algo indizível. Mas, ai!, depois de uma hora de caminhada, o domo da Igreja do Santo Sepulcro, o calvário, o monte das Oliveiras surgiram diante de mim e era preciso, quisesse eu ou não, mudar de pensamentos e colocar-me aos pés da cruz.[1]

No início de janeiro de 1889, Charles chegou a Nazaré, onde descobriu a existência humilde e obscura do *divino operário*. Foi um choque determinante, uma espécie de chamado e, principalmente, uma resposta à pergunta que fazia a si mesmo desde o dia de sua conversão: "O que preciso fazer?".

---

[1] Id. *"Cette chère dernière place"*. Lettres à mes frères de la Trappe". Paris: Cerf, 1991, carta de 21 de dezembro de 1896 a Padre Jérôme, p. 147.

Em Nazaré, Charles de Foucauld viu o Deus que caminhou entre os homens. Encontrou-o na fonte, com Maria; viu-o olhando os artesãos trabalharem. Viu-o, porém, a seu modo, com a mentalidade de quem quer mudar de vida. Aquilo que ele devia fazer lhe foi revelado nas ruas de Nazaré: Deus se fez homem e viveu assim em meio aos homens. Portanto, para seguir os passos de Jesus era preciso tomar esse caminho. Charles viu desenrolar--se de novo a vida de Jesus em Nazaré, não como teria sido historicamente, mas de modo a poder servir-lhe de modelo em termos imediatos para que mudasse de vida. Reconhecido pelos seus, Charles de Foucauld foi novamente envolto em uma intimidade familiar. No alto da glória, passou a ocupar o primeiro lugar, tornando-se um dos mais célebres exploradores. Recebeu a medalha de ouro da Sociedade de Geografia. Querendo mudar de vida, não podia contentar-se com uma vida semelhante à de todo mundo, essa vida nova deveria ser o extremo oposto daquela que levara.

Para ele "converter-se" era deixar-se transformar por uma força vinda de fora. Era levar uma vida totalmente diferente daquela que até então levara. Como aristocrata consciente de sua posição, que atribuía grande importância ao refinamento de suas vestes, não podia contentar-se com trajes simples e ordinários. Para o explorador já célebre, mudar de vida seria não só viver sem celebridade e notoriedade, mas também como desconhecido, sem reconhecimento, no esquecimento, no descaso. Em seu trabalho, o que lhe interessara era descobrir lugares e homens, dá-los a conhecer a outros; o que haveria de mais apaixonante? Até então se dedicara às exigências de uma redação minuciosa de seu livro, com espantoso rigor científico e perfeição consumada. Dali para a frente, passaria a desejar dedicar-se a um trabalho sem interesse, vil e monótono.

Se tivesse vivido numa família de artesãos, de operários ou de camponeses, não teria considerado a vida de Jesus em Nazaré sob um aspecto de aviltamento, de decadência e de abjeção, é evidente; mas sua vontade de ir ao extremo o levava a criar para si um modelo a imitar com os traços de um Jesus do qual Jerusalém revelara o verdadeiro rebaixamento, o da Paixão. Ele só podia ver o Jesus desprezado, ultrajado, torturado, condenado a uma morte vergonhosa. Nem a beleza do trabalho manual, nem a qualidade das relações de Jesus com seus vizinhos na harmonia de uma humanidade perfeita, nem a surpreendente vida de intimidade familiar o retinham nesse momento. Na lógica de sua intuição, Jesus só poderia ser o mais pobre de Nazaré e, por que não, o mais malvestido. O trabalho de carpinteiro só poderia ser vil e monótono. Jesus só poderia ser desprezado, sem nenhuma consideração. É por isso que podia voltar-lhe ao espírito a frase que ele retivera de uma homilia do Padre Huvelin: "De tal modo Jesus assumiu o último lugar, que nunca ninguém conseguiu tirá-lo dele".

É preciso situar todo o movimento da conversão de Charles de Foucauld como sendo o contrário dessa passagem, como uma inversão daquilo que ela é, daquilo que ele quis se tornar. Ele iria então imaginar Jesus sempre ao contrário, o oposto do que ele era. A vida que queria programar para si seria a mais pobre, a mais abjeta. Ele se lembrava de um monge visto em Fontgombault que o atraíra e encantara por seu hábito miserável, sujo e remendado. Esse se tornou o ideal de vida para Charles, para ele que tanto buscara o refinamento e a originalidade. Ele não podia levar *uma* vida mais pobre, mais rebaixada: teria que ser *a* mais pobre, *a* mais abjeta, seu vocabulário seria o superlativo em todos os seus escritos. Não se tratava de algo mais pobre, era sempre *o* mais pobre. Não se tratava de um lugar mais baixo, era sempre *o último lugar*. Ele estabelecia assim um ideal, algo que não existia, que não se podia atingir. Mas não se dava conta disso. No entanto, foi bem lá, nas ruas de Nazaré, que ele se sentiu chamado a imitar a vida oculta de Jesus em Nazaré. Somente então Nazaré iria adquirir importância em sua vida, embora tenha escrito bem depois disso, em 8 de abril de 1905, ao Padre Caron:[2] "Sou um velho pecador que, no *dia seguinte* à sua conversão, há quase vinte anos, foi muito fortemente impulsionado por Jesus a levar a vida oculta de Nazaré".[3] O dia seguinte significa, na verdade, dois anos depois.

Daí por diante, a questão seria: "Para viver essa vida de Nazaré, o que preciso fazer?". Ao longo de todo o ano de 1889, Charles Foucauld tentaria, com o Padre Huvelin, encontrar uma resposta a esse apelo de Deus. Ele diria que os dois haviam eliminado todas as ordens em atividade, menos a dos franciscanos, em razão da pobreza de São Francisco. Na verdade, porém, eles excluiriam até mesmo os franciscanos. Nenhuma alusão aos cartuxos, embora ele parecesse realmente propenso a uma vida solitária. Encontramos expresso seu ideal de vida do momento na primeira carta que temos, escrita a Marie de Bondy em 20 de setembro de 1889, em que ele relata sua mais recente conversa com o Padre Huvelin: "Tentamos mais uma vez descobrir por que eu queria entrar para a vida religiosa: para fazer companhia a Nosso Senhor, no que fosse possível, em seu sofrimento".

Para o Padre Huvelin, era evidente que um homem da classe social de Charles de Foucauld devia entrar em Solesmes. Além

---

[2] Autor de um livro intitulado: *Au pays de Jésus adolescent.* Paris: R. Haton, 1905. Nele o autor fala, no capítulo VII, de Charles de Foucauld, que ele conhecia. O Abade Caron veria também o início da *Association des frères e soeurs du Sacré Coeur de Jésus* [Associação dos irmãos e irmãs do Sagrado Coração de Jesus].

[3] *XXV Lettres inédites du Père de Foucauld* (ao Cônego Caron). Paris: Bonne Presse, 1947.

disso, o Padre de Solesmes estava entre seus amigos. Enviou então seu dirigido para uma estada na abadia, mas Charles logo se deu conta de que não conseguiria viver em Solesmes o ideal que ele vislumbrara em Nazaré. Pensou então na Trapa, a de Soligny, pois não era o caso de voltar a Fontgombault, demasiado perto do castelo de la Barre, onde Marie de Bondy passava as férias. Em Soligny, pensou que a vida de trapista correspondia ao ideal entrevisto: o de levar a vida de Jesus em Nazaré, no trabalho manual.

Charles precisava, porém, de um lugar mais afastado. O Padre Huvelin falou-lhe de uma Trapa muito pobre que a Abadia Nossa Senhora das Neves acabava de fundar na Síria com um monge, Dom Polycarpe, irmão de um de seus amigos,[4] em quem ele tinha grande confiança. Estava pronto para confiar-lhe Charles de Foucauld. Essa Trapa tinha a vantagem de ser a mais pobre que havia e, principalmente, a mais distante de tudo. Daí por diante, Charles não pensou em outra coisa senão nessa Trapa. Antes, porém, era preciso passar por Nossa Senhora das Neves, onde seu noviciado devia dar-se normalmente. Durante o mês de outubro, Charles entrou em contato com os trapistas de Nossa Senhora das Neves, a fim de certificar-se de que o aceitariam dentro da perspectiva de ele ir a Akbès. Não se apresentou em Nossa Senhora das Neves como um pobre ignorante. Para constatar isso, basta ler as primeiras cartas escritas ao Padre Eugène, que o recebeu:

> Penso que vossa Ordem é aquela em que mais se vive a vida cristã, a vida de união completa com Nosso Senhor [...] Meus desejos me conduzem para essa vida pela qual me parece que

---

[4] Cf. SIX, Jean-François. *Itinéraire spirituel de Charles de Foucauld*. Paris: Seuil, 1958, nota 25, p. 114.

Nosso Senhor é consolado e glorificado o quanto o possa ser pelos homens.[5]

A última decisão deveria se dar num retiro entre os jesuítas em Clamart, no final de novembro. Ao fim desse retiro eleito, conforme os Exercícios de Santo Inácio,[6] sua entrada na Trapa foi decidida e marcada para 1º de janeiro ou na primeira semana de janeiro. Charles cuidou de dizer "até mais ver" a todo mundo, mas não disse a ninguém que ia entrar para uma Trapa, a não ser para sua irmã, seu cunhado e Marie de Bondy, pois queria antes ver como ficaria a situação. O Padre Huvelin retardaria a data de entrada no mosteiro por causa do frio, mas também porque os próximos, e certamente Marie de Bondy, bem como ele mesmo, precisavam de um certo tempo para se acostumar à ideia da separação.

---

[5] FOUCAULD, Charles de. *"Cette chère dernière place"*. Lettres à mes frères de la Trappe. Paris: Cerf, 1991, pp. 37-38.
[6] Método inaciano que ele praticaria daí por diante para suas escolhas e tomadas de decisão.

O DIA DO MAIOR SACRIFÍCIO

Para Charles de Foucauld, o dia de 15 de janeiro de 1890 foi sem dúvida o mais marcante de toda sua vida. É preciso sublinhar tal fato para situá-lo em meio a toda a sua humanidade e também para tentar compreender o que foi a paixão amorosa por Jesus que lhe permitiu executar tal gesto na referida data. Sabendo que é fácil inventar detalhes a partir desse tipo de acontecimento, contentaremo-nos em citar suas próprias palavras. Isso deixará clara a importância que teve em sua vida esse afastamento do mundo.

Poucas pessoas sabiam de sua partida próxima:

> Quando eu partir, escreveu ele a sua irmã, direi que se trata de uma viagem qualquer, sem contar de modo algum que estarei entrando, nem ao menos que penso em entrar para a vida religiosa.

Em 13 de janeiro, ele escreveu ao cunhado e, no dia seguinte, uma última carta à irmã:

> Deixo Paris amanhã; depois de amanhã, lá pelas duas horas, estarei em Nossa Senhora das Neves. Reze por mim. Rezarei por você, por todos os seus. Não há esquecimento quando se apro-

xima de Deus. Escreverei para você no dia da minha chegada a Nossa Senhora das Neves. Mas, depois dessa primeira carta, saiba que meu silêncio significará sempre que não há nada de novo para mim. Interpretarei o seu silêncio do mesmo modo. Quando se está tão perto de Deus e com o coração tão repleto dele, é difícil encontrar pequenas coisas com que preencher as cartas. É melhor rezar por aqueles que amamos e oferecer com eles o sacrifício da separação.

Poderíamos, como René Bazin, na página 100 de seu livro,[1] deixar uma meia página em branco e passar diretamente de 14 para 16 de janeiro, pulando o dia 15, para encontrar Charles de Foucauld no dia 16 em Nossa Senhora das Neves. Ao contrário, porém, vamos nos estender longamente sobre esse dia 15 de janeiro, a fim de tentar realçar toda a importância que ele deu para esse dia. No caderno em que Charles anotou todos os aniversários, essa data é a primeira citada, talvez porque seja simplesmente a primeira de janeiro. No entanto, numa segunda lista, ela inaugura uma cronologia de acontecimentos, como se assinalasse o começo de sua vida: "Deixei a rua d'Anjou na quarta-feira, 15 de janeiro de 1890, às sete horas da noite (dia de São Paulo 1º Eremita; São João Calibita; São Mauro)".

Hoje conhecemos de modo bastante preciso o desenrolar desse dia graças às cartas que Charles de Foucauld escreveu ao longo da vida relembrando essa data. O dia começou logo de manhã cedo com uma última visita ao Padre Huvelin, que precisava deixar Paris naquele dia. Sabemos disso por causa de uma carta de 14 de janeiro de 1894 endereçada a Mary de Bondy: "Retomo minha carta... São nove horas da manhã (em Akbès), seis horas

---

[1] BAZIN, René. *Charles de Foucauld, explorateur au Maroc, ermite au Sahara*. Paris: Plon, 1921.

e quarenta cinco minutos em Paris, hora em que eu estava em visita ao Senhor Padre, depois de sua missa".

Às nove horas, Charles e Marie participam da missa na capela da Virgem da Igreja de Santo Agostinho, onde tinha comungado depois de se confessar no final de outubro de 1886. Os dois comungaram lado a lado pela última vez e voltaram em seguida para a rua d'Anjou, onde Charles ficou até as quinze horas. Deixou Marie para rever, na rua Laborde, o Padre Huvelin que, sofrendo bastante, não pudera partir. Última conversa, última bênção, última despedida. Foi em seguida à Igreja de Santo Agostinho para uma última visita, uma última prece. Por volta das dezesseis horas, Charles estava de volta à rua d'Anjou, "pela última vez neste mundo". Três horas depois, precisou partir para tomar o trem que o levaria para longe de todos a quem amava. Os ponteiros do relógio andaram depressa. Às dezenove horas e dez minutos, Marie o abençoou, e ele partiu chorando.

Nada de extraordinário nesse dia. Quantas partidas não foram semelhantes a essa! Partidas para o convento, partidas dos missionários... emoção contida, dor pela separação dos familiares, sacrifício de um momento, sofrimento normal que a vida logo faria esquecer. Para Charles de Foucauld não seria assim, jamais esse dia seria esquecido. Não poderíamos compreender nada do que ele escreveu, seu modo de falar do sofrimento, as preces ao longo dos anos, sem captar o que esse momento representou em sua vida. Para nos convencer disso, basta percorrer alguns de seus escritos que mencionam esse aniversário:

Dia 15 de janeiro de 1900:

> São seis horas e quarenta e cinco minutos em Paris neste momento. Há dez anos eu estava sentado a seu lado, em sua sala, olhando ora para você, ora para o pêndulo. Como esse dia está vivo para mim!... Como pensei na comunhão dessa manhã!... O

modo como estive com você ao longo desse dia!... Dez anos!... Parece-me que foi ontem...

Dia 15 de janeiro de 1906:

São cinco horas da tarde. A essa hora, eu estava perto de você, dezesseis anos atrás. Eu ainda a vejo, parece ser agora... vejo ainda os ponteiros do seu relógio avançarem nessas últimas horas; ainda vejo...

Dia 8 de dezembro de 1907: "O correr dos anos, longe de atenuar a dor da separação, a torna ainda mais viva".

Há também uma anotação de 15 de janeiro, escrita em Akbès, nas costas de um envelope que lhe fora endereçado, em que Charles de Foucauld responde a diversas perguntas que faz a si próprio, segundo seu método habitual (o famoso hexâmetro de Quintiliano), para preparar suas reflexões e suas escolhas: *Quis? Quid? Ubi? Quibus auxiliis? Cur? Quomodo? Quando?*

Quis? O pecador conduzido por vós, em meio a tantas graças e coberto de misericórdias.

Quid? Partir para: primeiro, me colocar em estado de poder "amar-vos com o maior amor"; segundo, levar uma vida que mais vos glorifique, isto é, que santifique ao máximo a mim e ao próximo, isto é, uma vida mais conforme à vossa; terceiro, fazer por vós o maior sacrifício que esteja em meu poder, deixando para sempre o que tanto amo.

Ubi? Num país não cristão, numa Trapa, longe de tudo o que amo.

Quibus auxiliis? Com vossa graça. E que graça! Obrigado, infinitamente obrigado!... Com a ajuda das preces da Virgem Santa, de São José, de Santa Madalena, de São João Batista, de meu bom anjo, de todos os santos e santas, de tantas almas que me amam e que já não estão aqui embaixo, de vossa serva e do Senhor Padre, de outras tantas almas santas... Com vosso exemplo, os da Virgem Santa, de São José, de Santa Madalena, de São João Batista; com o auxílio de São Paulo Eremita e de Santo Antônio, festejado nestes dias... Com o exemplo, a força, a bondade de vossa serva e do Senhor Padre. Agradeço a vós e a eles! Abençoai-os, sede bendito!

Cur? Para glorificar-vos o mais possível, para consolar o mais possível vosso coração.

Quomodo? Com pureza de intenção, obediência e coragem... Fazei, meu Deus, reviver tudo isso em mim e que eu persevere até a morte para realizar por completo vossa vontade e glorificar-vos o mais possível, oferecendo-me inteiramente a vós e rogando a vós por aqueles a quem amo tanto e por todos os vossos filhos.

Quando? Esta noite, às sete horas e dez, fará cinco anos... e hoje mesmo, meu Deus! Pois de toda a alma renovo a oferenda que faço de mim mesmo, a fim de para sempre respirar só para vós, a fim de empregar todos os momentos de minha vida a vos glorificar e a consolar vosso Coração o mais possível, pela realização do modo mais perfeito possível de tudo o que vosso Coração quer eu faça! Amém, amém, amém.[2]

Essas reflexões reaparecem em todos os aniversários desse dia, não só nos primeiros anos, mas também quinze, dezoito anos depois. Elas demonstram principalmente que esse 15 de janeiro foi o dia do grande sacrifício, em meio à tristeza e à dor da separação; como se lê em carta a Marie de Bondy, de 15 de janeiro de 1900: "Um sacrifício que me custou todas as lágrimas, parece-me, pois desde essa época, desde esse dia, não choro mais, parece que não tenho mais lágrimas!...".

---

[2] FOUCAULD, Charles de. *Voyageur dans la nuit*. Paris: Nouvelle Cité, 1979, pp. 25-26.

Porém, mais do que todas as outras citações, mais exprime essa dor a carta escrita à prima no dia seguinte, o dia em que Charles chegou à Trapa:

> Onde estava eu ontem a esta hora? Ainda estava perto de você, dizendo-lhe adeus, foi difícil, mas também doce, pois eu a via... Vinte e quatro horas é tão pouco, não me acostumo a essa ideia de que é para sempre que lhe disse adeus. Passamos antes tão pouco tempo separados, como poderemos permanecer assim, tão completamente, no futuro?... Essa é, no entanto, a verdade, eu sei, quero que seja assim e não consigo acreditar que seja. Às nove da manhã, às quatro horas, agora, sempre, eu me sinto tão perto de você, e meus olhos nunca mais verão os seus.[3]

O que faz a intensidade dessas últimas horas na vida do mundo, o que fez desse sacrifício um verdadeiro holocausto foi esse aspecto *definitivo* da partida: "nunca mais", "para sempre".

Sete anos depois, uma anotação feita em Nazaré (trecho ou rascunho de carta) confirma que foi bem esse o aspecto dominante:

> Uma vez no convento, sofri muito... não por causa da comunidade, onde todo mundo era muito bom comigo... mas pensar na minha família me torturava. Eu me dizia às vezes *para sempre, para sempre, nunca, nunca*, para sempre viver aqui e nunca mais revê-los... Ah, como Jesus foi bom em me ajudar com sua doce proteção, em me fazer superar os obstáculos de minha família, do demônio e de mim mesmo.[4]

---

[3] Carta de 16 de janeiro de 1890 a Marie de Bondy, primeira carta publicada em: Charles de Foucauld. *Lettres à Madame de Bondy*. Paris: Desclée De Brouwer, 1966.

[4] Id. *Voyageur dans la nuit*. Paris: Nouvelle Cité, 1979, p. 59, n. 71.

Essa anotação segue-se a uma outra em que se lê: "Para lhe dizer tudo em uma só palavra, largue tudo, minha criança, e encontrará tudo".

Outro aspecto desse sacrifício é a *totalidade*, que particularmente se exprime na seguinte carta a Marie de Bondy, datada de 16 de julho de 1891:

> Em 15 de janeiro deixei tudo o que para mim era um bem, mas ficava para trás um lamentável embaraço: a posição, a pequena fortuna, e me dá prazer jogar esse embaraço pela janela.

Dez anos depois, em 14 de agosto de 1901, ele diria a Henry de Castries:

> Amei muito ternamente o que o bom Deus me deu como família; quis fazer um sacrifício para imitar aquele que tanto fez, e parti há quase doze anos para uma Trapa na Armênia.

Mas há um aspecto mais positivo nesse dia, que é como uma verdadeira passagem pela morte:

> É o dia em que, há oito anos, derramando tantas lágrimas para ser só vosso, meu amado Senhor, deixei minha família! Secastes as lágrimas: fizestes desse dia um dia de festa, uma espécie de dia de nascimento, pois viver só para vós é a verdadeira vida... É um intermediário entre o dia do nascimento no mundo e aquele em que nasceremos no céu por vossa misericórdia infinita...[5]

Um dia de nascimento, *dies natalis*, no martirológio, é o dia da morte dos mártires, o dia da entrada na vida. É bom notar a respeito desse "dia de nascimento" as múltiplas "conversões"

---

[5] Id. *Considérations sur les fêtes de l'année*. Paris: Nouvelle Cité, 1987, em 15.1.1898, p. 105.

que veremos ao longo de sua vida. São, a cada vez, uma espécie de nascimento para a vida, para a *verdadeira vida*, como ele diz. Ele poderia considerar essa data o ponto de partida para uma vida nova. E Jean Guitton tinha razão ao apresentá-lo assim: "um homem que não para de nascer".[6]

É o sentido desse dia que foi para ele uma passagem pela morte, ainda que só a morte do corpo pudesse completar a do dia 15 de janeiro de 1890. Daí a importância que adquire pelo resto de sua vida a ideia de morte e o desejo do encontro com Jesus. "Somando-se uns aos outros, os meses acabarão trazendo esse último dia."[7] Sim, a morte seria doce e, além de uni-lo perfeitamente a Jesus, tornar-lhe-ia possível reencontrar aqueles e aquelas que ele com tanto sofrimento havia deixado.

Esse 15 de janeiro de 1890 assinala uma realização, uma consumação. As citações apresentadas aqui nos poderiam fazer crer que apenas o aspecto afetivo e sentimental fosse dominante. É preciso, portanto, insistir na motivação profunda, que foi a causa de seu dilaceramento, a matéria do sacrifício.

Tudo começou na hora da conversão. Havia três anos que Charles de Foucauld vivia em um mundo novo, o mundo da fé, que lhe fez ver tudo de uma maneira nova. No dia em que, aceitando reconhecer-se pecador, ele acolheu o perdão do Senhor, uma vida nova começou para ele, como já vimos na carta a Henry de Castries de 14 de agosto de 1901:

> Tão logo acreditei que Deus existia, compreendi que não poderia fazer outra coisa senão viver para ele: minha vocação religiosa data do mesmo momento que minha fé. Deus é tão grande! Há tanta diferença entre Deus e tudo o que não é ele!

---

[6] *Le Figaro*, 20.12.1982.
[7] *LMB*, 16.7.1891.

A partir desse momento, a ele se impôs uma escolha radical: a da vocação religiosa, tudo ou nada, ele queria tudo e imediatamente. Tal apelo vinha assinalado com uma quase impossibilidade de agir de outro modo. Já estava nele um desejo de viver só para Deus, uma atração irresistível para aquele que se tornaria cada vez mais seu amado Irmão e Senhor.

Padre Huvelin, como dissemos, não via as coisas desse modo. Como conselheiro prudente e esclarecido, tratou ele próprio de fazê-lo casar-se. Charles, porém, não queria ouvir falar de casamento. Já se sentia tomado por alguém que o queria inteiramente para si; e Charles só queria viver para ele.

Se sua conversão tivesse sido apenas um retorno à religião de sua infância, ele poderia ter caído num integrismo militante ou numa religião sentimental. Sua conversão foi na verdade um encontro com o Deus vivo, com um Deus próximo e amoroso. Esse Deus a quem ele suplicava que se manifestasse, revelou-se a ele em uma comunhão de amor. É um Deus que ama e a quem se deve amar. Esse Deus próximo fez-se carne e tem um nome: Jesus. Toda a espiritualidade de Charles de Foucauld centrar-se-ia na pessoa de Jesus, seu Deus, seu Senhor, seu Irmão, e depois, na linguagem dos místicos, seu Esposo bem-amado.

A seu amigo Duveyrier, o novo monge confiaria em 24 de abril de 1890:

> Por que entrei na Trapa? Eis o que sua cara amizade me pergunta. Por amor, por puro amor. [...] Amo Nosso Senhor Jesus Cristo, embora com um coração que desejaria amar mais e melhor; enfim, eu o amo e não posso suportar levar uma vida que não seja a dele, uma vida doce e honrada, quando a dele foi difícil e a mais desdenhada que já houve; não quero atravessar a vida na primeira classe, quando aquele a atravessou na última. O maior sacrifício para mim, tão grande que diante dele todos os outros deixam de existir, é a separação definitiva de uma

família adorada e de amigos pouco numerosos, mas a quem meu coração está fortemente ligado; esses amigos tão caros são uns quatro ou cinco, e você é um deles. Quanto me custa pensar que não o verei mais [...] O amor de Deus, o amor dos homens, é toda a minha vida, será toda a minha vida, espero.[8]

À prima ele tinha dado outra explicação: ele partia para "estar com" Jesus em um companheirismo de todos os momentos, para "fazer, quanto possível, companhia a Jesus em seu sofrimento".

Não esqueçamos essa espiritualidade, todo o sentido que ele podia dar às palavras naquele momento. Ainda que encontremos dificuldade em entender esse aspecto muito dolorista, podemos compreender a linguagem que ele emprega. Não era apenas a linguagem da época, era a linguagem dele, a de seu temperamento, aquela que esse sacrifício lhe inspirara. Duveyrier, em sua descrença, não conseguia discernir de onde vinha a mudança que constatava no amigo. E preocupava-se com o que via: "Era uma natureza de elite e, receio, um homem atingido por uma doença, definitiva ou profundamente perturbado em seus afetos".[9] Como em seu discurso profético na Sociedade de Geografia, Henri Duveyrier empregou as palavras "doença definitiva" e "profundamente perturbado"; palavras bem a propósito para formular a questão. Um místico muçulmano, Ibn Arabi, já antes tinha dado a resposta: "Aquele cuja doença se chama Jesus não saberia curar-se". Somente a fé viva, que havia três anos se transformara em paixão amorosa, podia explicar que esse homem tivesse podido levar em consideração uma ruptura *definitiva* com todas as pessoas que lhe eram caras, um sacrifício tão doloroso como o que acabamos de comentar. Em 18 de novembro de 1885, ele

---

[8] POTTIER, René. *Un prince saharien méconnu*. Henri Duveyrier, Paris: Plon, 1938, pp. 225-226.

[9] Op. cit., p. 220, lettre à M. Maunoir de 18.2.1888.

escrevera a Gabriel Tourdes: "Somos demasiado filósofos nós dois para supor que haja no mundo algo de definitivo". Mas o milagre dessa fé é o de que ele tenha podido viver essa situação em paz e alegria, até a morte, com uma admirável perseverança.

Haveria uma espécie de renovação do sacrifício alguns meses depois, quando ele partiria da França para Akbès. Normalmente, deveria permanecer dois anos em Nossa Senhora das Neves, a fim de fazer o noviciado. Em 26 de janeiro, dia de Santo Albe-rico, um monge festejado na Trapa, ele vestiu o hábito, adotou o nome de Frei Marie-Albéric e começou o noviciado. Contu-do, para evitar o cumprimento de um período militar ao qual sua situação de oficial o obrigaria, Charles obteve da Trapa o consentimento para partir de imediato a Akbès. Informou então os responsáveis militares de sua partida ao estrangeiro e foi dispensado desse serviço militar. Soube-se por outras fontes que ele mesmo tinha dito não ter encontrado em Nossa Senhora das Neves aquilo que fora buscar, mas que suportava viver ali pensando que encontraria isso em Akbès.

Em 27 de junho de 1890, véspera de seu embarque para Marselha, ele escreveu à prima:

> Eu me vejo no navio que me levará amanhã. Parece que sentirei todas as ondas que, uma depois da outra, me conduzirão para longe... Parece que meu único recurso será pensar que cada uma é um passo a mais rumo ao fim da vida.

A partida do navio era então o sinal mais visível da grande separação que Charles queria colocar entre ele e os seus. Em 8 de julho, novamente para a prima, ele escreveu: "Amanhã estarei em

Alexandrette[10] e direi adeus a este mar, último elo com o país onde vocês todos respiram". Foi a viagem da separação e do afastamento.

---

[10] Hoje Iskenderun, Turquia. (N. T.)

SETE ANOS NA TRAPA

A permanência na Trapa representou na vida de Charles de Foucauld um dos mais longos períodos de estabilidade: sete anos. Os seis primeiros meses transcorreram em Nossa Senhora das Neves, depois em Akbès até setembro de 1896, de onde ele foi enviado à Trapa de Staueli, perto de Alger, para lá passar algumas semanas, e finalmente a Roma.

Trata-se, portanto, de um período bastante longo. É evidente, porém, que em Akbès, não mais do que em Nossa Senhora das Neves, ele não conseguiu realizar seu ideal, vislumbrado nas ruas de Nazaré e concebido à sua medida. Era, no entanto, difícil imaginar uma Trapa mais pobre que a de Akbès. Tinha acabado de ser fundada e estava ainda em construção; ali se vivia em cabanas em meio à lama. Mas para quem chegava com o desejo de se tornar cada vez mais pobre, à imitação de Jesus, que ele situava na última posição e na mais extrema pobreza, o simples fato de ter que construir e de se instalar ia em sentido oposto ao de sua aspiração. A vida do mundo, assim como a vida de um grupo, ia em sentido contrário.

As primeiras cartas escritas em Akbès nos mostram Charles relativamente feliz por ter entrado na vida do mosteiro. Em 2 de fevereiro de 1892, ele pronunciou seus votos simples. No mesmo dia, escreveu à prima: "E eis que já não me pertenço no que quer que seja". Dizia até que nunca se sentira tão feliz, em grande euforia espiritual, à exceção talvez, explicava, de quando retornara da peregrinação à Terra Santa, depois da iluminação em Nazaré.

Rapidamente, porém, ao longo desse mesmo ano, principalmente no ano seguinte, as críticas à Trapa começaram a aparecer, por razões fúteis, principalmente por causa da mudança das Constituições. Tendo uma assembleia geral dos trapistas decidido a unificação da ordem, o Mestre Geral da Trapa aplicou o mesmo regulamento a todas. Para o Frei Marie-Albéric esse caminho absolutamente não conduzia à perfeição. Preferia ele que cada Trapa fosse independente, buscando seguir a Regra do local onde estava instalada, em um empenho de perfeição. De outro modo eram obrigados a adotar uma "média" que corria o risco de tornar-se a média da mediocridade. Ao ler de modo mais atento as Constituições, ele constataria, porém, que o texto apresentava aspectos positivos.

Outra questão, no entanto, o preocupava: Em 22 de setembro de 1893, escreveria Charles ao Padre Huvelin: "Quanto à ordem do Santo Pai, fizeram mudanças muito felizes, mas essas mudanças, essas melhorias, não impedirão que o mal cresça". Não pensaria ele que um vírus, com suas consequências, havia atingido a vida monástica?

> Só nos afastaremos mais, e cada vez mais, da pobreza, da humildade, da vida simples de Nazaré que vim buscar, da qual estou infinitamente longe de desligar-me. Como me deixa desolado ver que Nosso Senhor leva sozinho essa vida, sem que haja nenhuma alma, nenhuma reunião de almas que hoje sonhe em levá-la com ele, em compartilhar por Seu Amor e em Seu Amor a felicidade da Santíssima Virgem e de São José.

Se ninguém sonhava com isso, não deveria ele pensar nessa possibilidade? E continuava dizendo ao Padre Huvelin:

> Não haveria um modo de formar uma pequena congregação que leve essa vida, que viva unicamente do trabalho de nossas próprias mãos, como fazia Nosso Senhor, que não vivia de coletas nem de oferendas, nem do trabalho de operários estrangeiros que ele se contentava em dirigir?[1] Não poderíamos encontrar algumas almas para nisso seguir Nosso Senhor, para segui-lo seguindo *todos* os seus conselhos, renunciando absolutamente a toda propriedade, tanto coletiva quanto individual, e assim defendendo absolutamente o que Nosso Senhor defende, todo processo, toda contestação, toda reclamação, fazendo da esmola um dever absoluto: quando se tem dois hábitos, doar um, quando se tem o que comer, dar àqueles que não têm, sem guardar nada para si para o dia seguinte... todos esses exemplos da vida oculta e todos os conselhos vindos de Sua Boca... uma vida de trabalho e de preces, nada de dois tipos de religiosos como em Cîteaux, um só, como queria São Bento... não a liturgia complicada de São Bento... mas longa oração, rosário, Santa Missa; nossa liturgia fecha as portas de nossos conventos para os árabes, turcos, armênios etc., que são bons católicos, mas não sabem uma palavra de nossas línguas, e eu gostaria tanto de ver esses pequenos ninhos de vida fervorosa e de labor, que reproduzem a vida do Senhor Nosso, estabelecerem-se sob sua proteção e sob a guarda de Maria e de José, perto de todas essas missões do Oriente, tão isoladas, a fim de oferecer um refúgio às almas das pessoas desses países que Deus chama para servi-lo e amá-lo tão somente...! Seria isso um sonho, senhor Padre, seria uma ilusão do demônio ou um pensamento, um convite do bom Deus? Se eu soubesse que isso vinha do Bom Deus, eu tomaria hoje mesmo, não amanhã, as providências necessárias para seguir esse caminho..., quando penso nisso, acho perfeito:

---

[1] Haviam solicitado que ele supervisionasse a construção de uma estrada (*LMB*, 28.2.93).

seguir o exemplo e os conselhos de Nosso Senhor só pode ser excelente... Além do mais, é o que sempre procurei; foi somente para encontrá-lo que vim para a Trapa; não é uma vocação nova; se tal reunião de almas já existisse alguns anos atrás, é para lá que eu teria ido diretamente... Mas como não existe tampouco nada que se aproxime disso, e nada que substitua tal coisa, não seria o caso de tentar criá-la?... Criá-la com o desejo de vê-la se espalhar principalmente pelos países infiéis, muçulmanos e outros? Repito, quando vejo o objeto, acho-o perfeito... Mas quando vejo o sujeito de quem veio tal ideia, e de modo tão ardente!... O sujeito, este pecador, este ser fraco e miserável que o senhor conhece, eu não vejo nele a matéria de que Deus costuma se servir para fazer coisas boas. Ele emprega bons materiais para realizar boas obras... É verdade que depois de ter começado, se a ideia vem de Deus, é ele quem a fará crescer e logo fará vir almas capazes de constituir as primeiras pedras de sua casa, almas diante das quais naturalmente permanecerei no nada que é meu lugar. Há outra coisa que me dá coragem para empreender uma obra tão pouco adequada a um pecador e a meus infortúnios; é que Nosso Senhor disse que, quando tivéssemos pecado muito, seria preciso muito amar... Pensa então o senhor Padre que isso venha do Bom Deus? É com sua resposta e sua opinião que conto para me conduzir, pois um pai é sempre um pai, principalmente o senhor para mim!... Veja quanto preciso do senhor... Essa ideia há dois meses é demasiado forte em mim para que eu creia poder me calar a esse respeito diante de meu confessor, Padre Polycarpe. Falei com ele há uns quinze dias, mas com muito menos detalhes do que apresento agora. Ele me aconselhou a deixar essa ideia adormecer um pouco, sem que eu dela me ocupe, até que uma oportunidade se apresente... É também o que eu pensava fazer, mas a oportunidade se apresentará necessariamente em pouco mais de um ano, quando chegar a época de meus votos solenes [...] No momento, eu me empenho em nela não pensar. Mas não tenho sido muito bem-sucedido nisso. Em todo caso, eu precisava lhe falar disso tudo e, pronto, já o fiz... Continuo na teologia, estou muito contente em estudá-la [...] Quatro páginas a meu respeito, isso me entristece e me assusta.

Infelizmente não temos a resposta do Padre Huvelin, mas sabemos que ele lhe recomendou que esperasse, que não mais falasse disso, que se deixasse imbuir da vida da Trapa.

O ano de 1894 seria vivido em paz. Em 15 de novembro de 1893, tinha ele escrito a Marie de Bondy:

> Espero... estou como antes de entrar para a Trapa, fazendo tábula rasa de todos os meus desejos quanto à resolução [...] tenho um ardente desejo de segui-lo mais de perto... Mas seria essa sua vontade? Não sei: para que eu tente outra vida, preciso saber o que ele quer... espero com muita paz que sua vontade se manifeste.

Numerosos acontecimentos assinalaram o ano de 1895, particularmente os diversos massacres sofridos pelos armênios, mas devemos nos limitar aqui a apenas citar a carta de 16 de janeiro de 1896 ao Padre Huvelin:

> Minha alma permanece exatamente a mesma: os mesmos sentimentos, as mesmas aspirações; nada mudou desde o outono passado; a constância aumenta com o tempo... [...] Não é por mim que lhe escrevo hoje. O senhor certamente sabe dos horrores acontecidos por estes lados. Desfrutamos de uma profunda tranquilidade em nosso convento, e nele estou em paz como se a Terra não existisse. Mas nesse meio, a pouca distância daqui, na Armênia, houve massacres terríveis: fala-se em 60 mil mortos... e entre os sobreviventes, nas ruínas de suas aldeias, queimadas, espoliadas de tudo, grassam a miséria e a fome, um sofrimento assustador. Parece-me que a única coisa que posso fazer por esses infelizes é escrever contando as condições em que se encontram, a fim de que, se conhecer alguém que possa

e queira socorrê-los, o senhor possa encaminhar para estes lados sua caridade.

Vê-se bem que o homem de ação não podia permanecer insensível e que ele precisava fazer algo de imediato.

Em 2 de fevereiro de 1896, Frei Marie-Albéric renovou seus votos, mas desejava cada vez mais a vida de Nazaré. Em 19 de março, dia de São José, escreveu então a seu diretor para lhe dizer a quantas estava e, na eventualidade dos votos solenes a serem pronunciados no ano seguinte, lembrar-lhe da necessidade de tomar uma decisão. O Padre Huvelin respondeu em 15 de junho à seguinte carta, que desapareceu:

> Li e reli sua carta... Quanto eu o fiz esperar minha resposta tendo você tanta sede! Mas supunha que você aproveitasse seu tempo estudando teologia, nela colhendo dados seguros, amplos, preparando nesses ensinamentos seu espírito e seu coração para um misticismo firme e sem ilusões. Como São Bernardo se nutria da Santa Escritura e de Santo Agostinho! Quanto a mística firme desse santo é semelhante à flor nascida da própria verdade religiosa! Meu filho, você não perdeu seu tempo! Eu esperava, meu filho, que você encontrasse na Trapa aquilo que procurava, que encontrasse bastante pobreza, humildade, obediência para poder seguir Nosso Senhor em sua vida de Nazaré. Acreditava que pudesse dizer ao entrar: "Aí está meu repouso pelos séculos dos séculos"... Ainda lamento que não tivesse podido ser assim. Há um impulso demasiado profundo rumo a outro ideal, e pouco a pouco você começa, por força desse movimento, a sair desse meio, a se sentir deslocado. Realmente não creio que você possa deter esse movimento. Diga isso a seus superiores na Trapa, em Staueli[2]... diga simplesmente

---

[2] A Trapa de Akbès já não estava ligada à de Nossa Senhora das Neves, mas à de Staueli, trapa florescente, perto de Alger, que poderia assegurar sua sobrevivência. Dom Louis de Gonzague, irmão de Dom Martin, abade

o que pensa. Fale também de sua estima profunda pela vida que você vê ao redor e do movimento inelutável que desde há muito, o que quer que você faça, o conduz a outro ideal... Fale, meu filho, da sua situação, creio que você pode fazer isso... e até mesmo que você deve, pois uma cisão dolorosa se produz em sua alma, e que você já não está onde está agora [...]. Não o faço mais esperar, veja bem, ainda que a contragosto, apesar da estima que tenho pela ordem em que você entrou – não que eu pense que você tenha sido chamado para uma posição mais elevada... não que eu o veja acima... não! – penso que você se sente chamado para outro lugar. Já não o faço, portanto, esperar. Mostre minha carta – fale. Escreva para Staueli. Gostaria muito de mantê-lo numa família em que você seja amado, à qual você poderia dar muito de si. [...] Gosto de que lhe tenham sido confiadas essas almas.

Não se tratava de dois noviços, mas de dois órfãos que haviam pedido para entrar na Ordem. Admitidos como "oblatos", Frei Marie-Albéric estava encarregado de sua formação. Isso pode em parte explicar por que, lá pelo mês de maio, ele começou a escrever meditações sobre o Evangelho,[3] escolhendo passagens relacionadas à prece e à fé. Do ponto de vista cronológico, esse foi o primeiro texto a ser preservado. Essas meditações René Bazin colocou, com razão, no começo de seus escritos espirituais,[4] visto serem os primeiros que temos. Tudo o que o Frei Marie-Albéric tinha escrito antes – e ele escreveu muito na Trapa, ao contrário do que se diria mais tarde – ele mesmo queimou, o que acabaria por lamentar. Nada sabemos sobre a quantidade de escritos

de Nossa Senhora das Neves, fora o primeiro abade de Akbès antes de ser nomeado para Staueli. Bastante ligado ao Frei Marie-Albéric, ele faria de tudo para mantê-lo na Trapa.

[3] FOUCAULT, Charles de. *L'Esprit de Jésus*. Paris: Nouvelle Cité, 1978.

[4] René Bazin. *Écrits Spirituels de Charles de Foucauld*. Paris: J. de Gigord, 1951.

queimados, mas esse texto de meditações, contido num pequeno livro confeccionado por ele próprio, levava o número 6; devia, portanto, ser precedido de cinco outros, que desapareceram.

É muito difícil datar essas meditações, já que não fazem nenhuma alusão a sua vida pessoal nem ao período litúrgico. Ao que nos parece, só podemos situá-las no fim de sua permanência na Trapa de Akbès. Nesse texto encontra-se a meditação sobre o Pai-Nosso, que ele depois copiaria, com uma data que fazia crer ter sido composta no dia anotado, mas essa data é da cópia, palavra por palavra, daquilo que ele já escrevera. Nesses escritos, ao chegar ao fim de São Lucas, ele medita sobre a prece de Jesus na cruz: "Meu pai, eu me coloco em vossas mãos". Desse texto foi extraída aquela que denominamos a "Prece do abandono".[5]

Ao receber a carta do Padre Huvelin, Frei Marie-Albéric logo tomou providências oficiais para solicitar sua saída da Trapa. Ora, ele já havia escrito, num papel em formato 21 x 27 cm, dobrado em dois, tudo contido em uma folha e meia, uma primeira Regra[6] para aqueles que fossem viver com ele. É um texto muito interessante intitulado *Congrégation des Petits Frères de Jésus*, forte e absoluto, em que seu radicalismo se manifesta plenamente. Depois de ter recebido esse documento, Padre Huvelin escreveria em 2 de agosto de 1896:

> Ah, como sofro, pobre e querido filho, quanto lamento a decisão que tomei *ad duritiam cordis* (a contragosto) – sentindo que as coisas não podem continuar assim para você, com os sentimen-

---

[5] Cf. CHATELARD, Antoine: "Le premier écrit spirituel de Charles de Foucauld", Documents Fraternités et Antoine Chatelard, "La prière d'abandon", *BACF,* n. 106, abril 1992, pp. 6-11 – *Vie Consacrée,* n. 4, 1995, pp. 208-223 – "La prière d'abandon de Charles de Foucauld", audiocassete K 469, Atelier du Carmel, L'Hermitage – 14.380 Saint Sever.

[6] FOUCAULD, Charles de. *Règlements et Directoire*. Montrouge: Nouvelle Cité, 1995, p. 27.

tos que você desenvolveu, com as ideias que tem a respeito de tudo o que o cerca – não apenas no tocante às pessoas –, mas quanto à própria maneira de viver! A graça que pedirei para você, amigo querido, filho querido, é a de que se torne bem pequeno, que se encolha, que se *retire* a um canto da Trapa em que você está e creia que estamos com Nosso Senhor, que estamos com ele, em todos os lugares onde lhe obedecemos, em todos os lugares onde nos prosternamos! Nazaré é onde trabalhamos, onde nos submetemos... é uma casa que construímos no coração, ou, antes, que deixamos construir em nós mesmos pelas mãos de Jesus Menino, doce e humilde de coração! Como sofro, meu filho! Se recusarem a permissão que você pede, acate o que for dito, fique aí – observe a vontade de Deus – e, na obscuridade, espere! Não vejo outra coisa a fazer. Continue estudando teologia. Se seus superiores pedirem que faça mais uma tentativa, faça-a com lealdade. O que mais me assustaria, filho querido, não é a vida que você imagina para si, se permanecer isolado, nem a de Santo Alexis, como você diz[7], mas ver você fundar ou pensar em fundar alguma coisa. Diretor de almas, meu filho, não o vejo nisso! Seu regulamento é absolutamente impraticável. É o que me parece, sem dúvida. À regra franciscana o papa hesitava em dar aprovação; achava-a demasiado severa... Mas esse regulamento...; para lhe ser sincero, me assustou! Viva, à porta de uma comunidade, na abjeção que você deseja... mas não trace regra, eu lhe rogo. Veja, meu filho, meu sofrimento é incrível. Quando lhe escrevi minha carta, tive o sentimento de que as coisas não podiam continuar assim para você. A vida que tinha abraçado – você a julgava – nela não entrava mais; já não era o espírito da vida religiosa, mas um espírito *separado*! Eis o que me levou a lhe escrever assim! Mas estou perturbado. Veja! Abra-se a seus superiores. Adote a simples obediência como luz. Principalmente, não funde coisa alguma. Se você for absolutamente refratário

---

[7] Id. *Oeuvres spirituelles*. Paris: Éditions du Seuil, 1958, p. 405. Modelo de eremitismo.

ao espírito de São Bernardo e da Trapa, leve outra vida... mas não atraia para ela companheiros – eu lhe rogo. Nesse Oriente, você poderia prestar serviço à sua Ordem, mostrar sua beleza, solidez, grandeza, ser-lhe útil de mil maneiras... mergulhar na mortificação e principalmente na humildade. Quanto à mortificação, você nunca a achará suficiente. Em sua alma, sempre dirá a você mesmo: o que é isso?... e depois?... Você precisa se defender desse movimento para o infinito, que traz a inquietação, e nunca permite a fixação em parte alguma – esse movimento só é possível nos corações em que nunca há excessos. Ah, sua carta me faz mal, meu filho. Eu pensava que você esperasse ainda... Enfim, coloque-se à disposição de seus superiores. Receba com simplicidade as decisões. Estude a teologia. Principalmente, não funde nada! Estou do seu lado... de todo o coração rezo por você. Mostre minha carta, meu filho! Creia em minha autêntica, em minha profunda e dolorosa afeição por Nosso Senhor.

Texto da meditação de Frei Marie-Albéric, de onde se extraiu a denominada "Prece do abandono"[*]

23, 46. — "Mon Père, je remets mon esprit entre "Vos mains." — C'est la dernière prière de notre Maître, de notre Bien-Aimé... Puisse-t-elle être la nôtre. ... Et qu'elle soit non seulement celle de notre dernier instant, mais celle de tous nos instants: "Mon Père, "je me remets entre Vos mains; mon Père, je me confie "à Vous; mon Père, je m'abandonne à Vous; mon "Père, faites de moi ce qu'il Vous plaira; quoi que Vous "fassiez de moi, je Vous remercie; merci de tout; je "suis prêt à tout; j'accepte tout; je Vous remercie de "tout; Pourvu que Votre Volonté se fasse en moi, mon "Dieu, pourvu que Votre Volonté se fasse en toutes "Vos créatures, en tous Vos enfants, en tous ceux que "Votre Cœur aime, je ne désire rien d'autre, mon "Dieu; je remets mon âme entre Vos mains; je Vous "la donne, mon Dieu, avec tout l'amour de mon "cœur, parce que je Vous aime, & que ce m'est un "besoin d'amour de me donner, de me remettre en "Vos mains sans mesure; je me remets entre Vos "mains avec une infinie confiance, car Vous êtes mon "Père."

---

[*] – 23, 46 – "Meu pai, coloco meu espírito em vossas mãos." "É a última prece de nosso Mestre, de nosso Bem-amado... Pudesse ela ser a nossa... E que seja não somente aquela de nosso último instante, mas a de todos os instantes: 'Meu Pai, eu me coloco em vossas mãos; meu Pai, eu me confio a vós; meu Pai, eu me abandono a vós; meu Pai, fazei de mim o que vos for agradável; o que quer que façais de mim, eu vos agradeço; obrigado por tudo; estou pronto para tudo; aceito tudo; eu vos agradeço por tudo; que vossa vontade se faça em mim, meu Deus; que vossa vontade se faça em todas as vossas criaturas, em todos os vossos filhos, em todos aqueles que vosso coração ama, não desejo outra coisa, meu Deus; coloco minha alma em vossas mãos; eu vo-la dou, meu Deus, com todo o amor do meu coração, porque vos amo, é minha necessidade amorosa de me dar a vós, de me colocar em vossas mãos completamente; eu me coloco em vossas mãos com uma confiança infinita, pois vós sois meu Pai'."

O ATO DO ABANDONO

Depois de obter a aprovação do Padre Huvelin, Frei Marie-Albéric apresentou seu pedido ao padre geral dos cistercienses, a fim de ser liberado de seus votos simples e deixar a Trapa. Antes que alguma decisão fosse tomada a esse respeito, enviaram-no para um tempo de reflexão em Staueli, onde encontrou Dom Louis de Gonzague, padre dessa Trapa. Ao final dessa permanência de um mês (outubro de 1896), ficou decidido que ele estudaria em Roma durante um mínimo de dois anos, no máximo três. Partiu com Padre Henri, que seria estudante como ele.

É possível ler as primeiras cartas escritas em Roma a Padre Jérôme, um jovem monge, seu vizinho de coro em Staueli, que se tomara de afeição por esse companheiro mais velho que ele, de passado prestigioso, vindo do Oriente, portador de uma auréola de santidade.

Ao chegar a Roma, abandonou as meditações sobre o Evangelho empreendidas ao fim do período de permanência na Trapa. Num outro caderno do mesmo tipo (amarrado com barbante e encapado com folhas de jornal dobradas em oito), passou a escrever meditações de um tipo bastante diverso: meditações sobre o Antigo Testamento a partir do primeiro capítulo de Gênesis. São bem mais fáceis de situar que as anteriores, pois fazem alusão a seus problemas do momento. Nelas ele fala da proximidade dos compromissos perpétuos, de seu desejo de descer ao último lugar, quando a Trapa queria fazê-lo subir; vê-se aí sua busca da vontade de Deus. Em certos dias, mais explicitamente, retornava a suas escolhas anteriores:

> Pobreza, abjeção, penitência, vós sabeis, meu Senhor, que meu único desejo é praticá-las na medida e do modo que quiserdes que eu o faça... Mas qual seria esse modo, essa medida?[1]

Algumas meditações datadas do dia de Natal, de 26 e 31 de dezembro e de 1º de janeiro nos mostram que, se foram cotidianas, tais meditações pararam em 15 de janeiro de 1897. Ora, nessa data, sem deixar de seguir os cursos, ele se lançou numa espécie de retiro, na expectativa de uma decisão dos superiores da Trapa, que deveria obrigatoriamente acontecer antes do fim do mês, quando o Padre Padre retornasse de viagem.

Frei Marie-Albéric provavelmente prometera a Padre Jérôme enviar-lhe alguns textos de suas meditações. Em 21 de dezembro, ele lhe escreveria:

> Preciso vos agradecer o papel que tivestes a bondade de me enviar em tal abundância. Já comecei a usá-lo. Vou me empenhar em concluir quanto antes esse pequeno trabalho. Obrigado.[2]

Que trabalho exigiria papel? Não foi nessa época, antes de 21 de dezembro, que ele começou a copiar num caderno novo

---

[1] Id. *Qui peut résister à Dieu?*. Paris: Nouvelle Cité, 1980, pp. 64-65.
[2] Esse caderno se encontra agora em poder da família de Foucauld. Padre Henri, que o conservara como lembrança, o enviou a Louis de Foucauld, pensando que Charles de Foucauld o destinara, por predileção, a esse primo. De fato, nesse momento, Charles o esperava em Roma, mas o primo não pôde ir visitá-lo.

O ATO DO ABANDONO

as meditações sobre o Evangelho escritas em Akbès? Trabalho limpo, bem legível, copiado palavra por palavra, quase sem correções.

Por volta de 15 de janeiro de 1897, Charles concluiu o manuscrito que contém a meditação sobre o Pai-Nosso. Ele a recopiou separadamente uma segunda vez em 23 de janeiro. Nesse dia, recebeu autorização para deixar a Trapa. Por mais uma semana deveria ele dar ainda a parecer que vivia como se nada tivesse mudado em sua vida. Ninguém tinha conhecimento disso na Trapa. Nesse dia ele deixou de fazer as cópias e as marcou com a data do dia abençoado em que a vontade de Deus se lhe manifestou claramente, data essa importante em sua vida, depois do 15 de janeiro de 1890. Esse 23 de janeiro não foi uma quarta-feira, como ele próprio escreveu por engano, nem uma sexta-feira, como afirma Padre Jacqueline na edição de seus textos, mas um sábado, véspera do domingo da Sagrada Família. Em seu caderno, lê-se: "O geral me comunica: a vontade de Nosso Senhor é que eu deixe a Ordem, a fim de segui-lo na abjeção e na pobreza..."; e, em outro caderno, onde havia a anotação "deixei a rua d'Anjou":

> De meu geral recebi a decisão de que a vontade de Deus era que eu deixasse a Ordem, a fim de seguir Nosso Senhor em sua abjeção e sua pobreza. Na quarta-feira, 23 de janeiro de 1897, dia em que se comemora a promessa de casamento da Santíssima Virgem Maria com São José e véspera do dia da Sagrada Família.

Para se ter uma ideia do que esse dia representa, leia-se o que ele escreveu algum tempo antes, em suas meditações sobre o Antigo Testamento:

Santo Abraão, sede bendito! Santo Isaac, que vos deixastes prender ao altar tão docemente, sede bendito! Meu Deus, que fazeis brotar tais virtudes entre os homens, sede bendito pelos séculos dos séculos! O amor é obedecer-vos, obedecer-vos com prontidão, com fé, naquilo que aflige o coração e perturba o espírito, naquilo que derruba todas as ideias estabelecidas; o amor é o sacrifício imediato, absoluto daquilo que se tem de mais caro, a fim de cumprir vossa vontade, [...] o sacrifício do Filho único, daquilo que nosso coração tem de mais caro, de mais acalentado... O amor é trocar todos os bens por todas as dores por amor ao Senhor!...[3]

Pode-se pensar que ele tinha em mente o sacrifício de 15 de janeiro de 1890, mas é mais do que isso:

É o que fazeis [...], Santo Abraão! É o que vós fareis, Filho de Deus, vindo do Céu à Terra para viver tal vida e ter tal morte!... Meu Senhor e meu Deus, fazei que eu o faça também, conforme vossa santíssima vontade. Santo Abraão, Santo Isaac, rogai por mim![4]

Em meados de janeiro de 1897, Charles reviveu o sacrifício de Abraão. Tudo o que ele desejava, tudo o que trazia no coração e o levava a pedir para deixar a Trapa, tudo isso ele se dispunha a sacrificar. Se houve um momento em sua vida em que teve que se submeter à decisão de outro, num verdadeiro abandono, foi justamente nesse período. Foi o que ele escreveu a Padre Jérôme em 24 de janeiro:

Tive muito que exercer a obediência nesta semana, e continua sendo a obediência que preciso praticar, e também a coragem:

---

[3] Id. *Qui peut résister à Dieu?*. Paris: Nouvelle Cité, 1980, pp. 64-65.
[4] Op. cit., pp. 64-65.

O ATO DO ABANDONO

[...] Após três anos e meio, peço para passar das fileiras de religioso de coro àquela de familiar, seja na ordem, seja em outra ordem religiosa estabelecida no Oriente; creio que é minha vocação: descer; com a permissão de meu confessor, tinha feito tal pedido; meus superiores me deram a ordem, antes de atender a esse pedido, de ir passar algum tempo em Staueli. Lá chegando, para minha grande surpresa, recebi a ordem de ir a Roma e aqui, onde contava me fizessem esperar por muito tempo ainda a permissão pela qual há muito anseio, [...] nosso bom [...] Padre geral me chama, examina meus sentimentos, reflete sobre minha vocação, reza, reúne seu conselho e todos, unanimemente, declaram que a vontade de Deus é que eu siga o caminho da abjeção, da pobreza, do humilde trabalho manual, a vida do trabalhador de Nazaré que ele mesmo me mostra há muito tempo. [...] Recebi ontem essa notícia de meu bom, de meu excelente Padre geral, cuja bondade para comigo tanto me comove. Mas a questão em que precisei de obediência foi que, antes de ele ter tomado essa decisão, eu tinha prometido ao bom Deus fazer tudo o que me dissesse meu Reverendíssimo padre após o exame que ele iria fazer de minha vocação, e tudo o que me dissesse meu confessor. Assim, se me tivessem dito: "Você fará seus votos solenes em dez dias", e em seguida: "Você receberá as Santas Ordens", eu obedeceria com júbilo, certo de que faria a vontade de Deus. Buscando, pois, apenas a vontade de Deus, visto que também meus superiores somente a buscassem, era impossível que Deus não desse a conhecer sua vontade.[5]

Imediatamente Charles escreveu ao Padre Huvelin e lhe apresentou propostas, tanto que se contentou de lhe responder em 27 de janeiro:

Sim, meu filho, assim como você, eu vejo o Oriente... [...] Prefiro Cafarnaum ou Nazaré, ou algum convento de franciscanos –

---

[5]   Id. *"Cette chère dernière place". Lettres à mes frères de la Trappe.* Paris: Cerf, 1991, pp. 150-151.

> mas não no convento – apenas à sombra do convento –, pedindo apenas os recursos espirituais e vivendo da pobreza... à porta... É isso, caro amigo, o que vejo ser possível. Não pense em reunir almas ao seu redor, *tampouco em lhes dar uma regra*. Viva sua vida; depois, se aparecerem almas, levem juntos a mesma vida, sem regulamentar coisa alguma. Quanto a essa questão, sou bem claro.

Charles poderia encontrar a sombra de um convento, mas poderia ele viver sem criar regulamentos para si e para os outros?

Em 14 de fevereiro, fez ele, pelas mãos de seu confessor, Padre Robert Lescand, trapista, o voto de castidade perpétua e o de pobreza, prometendo nunca ter para sua posse ou uso mais do que pode ter um pobre trabalhador. Em 17 de fevereiro, o ex-trapista embarcou para a Terra Santa, aceitando uma passagem de navio que os trapistas lhe ofereceram, conforme o que lhe recomendava o Padre Huvelin na carta de 27 de janeiro: "responda com a simplicidade da aceitação a oferta que lhe é feita".

IMITAR JESUS DE NAZARÉ

Ao chegar a Nazaré, Charles de Foucauld pensou ter encontrado o lugar onde iria imitar a vida de Jesus. Foi reconhecido por um franciscano que, com um comunicado, o enviou para as clarissas. Diante da recomendação, estas o receberam. Ele, porém, nada sabia a esse respeito. Deram-lhe uma blusa azul, e ele pensou ter sido recebido como um mendigo. Lá iria ele viver à sombra do convento:

> Moro numa casinha solitária, num recinto pertencente às irmãs de quem sou o feliz servidor; fico aqui sozinho [...] é um delicioso eremitério, solidão perfeita... Levanto-me quando meu bom anjo me desperta e rezo até a hora do Ângelus. Para o Ângelus vou ao convento franciscano, desço para a gruta que fazia parte da casa da Sagrada Família e lá fico até cerca das seis horas da manhã, rezando meu rosário e ouvindo as missas [...] É de uma extrema doçura contemplar aquelas paredes de rocha em que pousou o olhar de Jesus e que ele tocou com as mãos. Às seis horas, vou até as irmãs [...] Lá, na sacristia e na capela, preparo o que é preciso para a missa e rezo... Às sete horas, ajudo na missa... [...] Depois, faço o que me pedem [...]. Se há alguma pequena tarefa, eu a executo, mas isso é muito raro; em geral, passo o dia a realizar pequenos trabalhos em meu pequeno cômodo, perto da sacristia; por volta das cinco horas, preparo

o que é preciso para a bênção do Santo Sacramento, quando há [...]. Daí por diante, fico na capela até as sete e meia da noite. Então volto para meu eremitério e leio até as nove horas. Às nove horas, um sino anuncia a hora da prece noturna; eu rezo e me deito. Leio durante as refeições, que faço sozinho [...] Não vejo ninguém neste mundo além de meu confessor, a cada oito dias, para me confessar, e das irmãs, quando elas têm algo a me dizer, o que é raro.[1]

Esse período da vida de Irmão Charles, que então adotou esse nome, é certamente o que menos se assemelha à vida que Jesus levou em Nazaré. Seria bem mais assemelhada àquela que, depois de sua estada em Roma, ele designou como "a vida de Jesus no deserto". Foi em Roma, aliás, que pela primeira vez ele distinguiu as "três vidas de Jesus": "Jesus em Nazaré", "Jesus no deserto", "Jesus na vida pública". Cada qual é chamado a imitar Jesus em uma ou outra dessas vidas. Para ele, tratava-se da vida de Nazaré.

Essa distinção, à qual se deu muita importância, talvez demasiada, não durou muito tempo, pois em 1901 ele distinguiria quatro vidas de Jesus, que corresponderia às quatro diferentes ordens. É, aliás, muito difícil ver em que a vida de Nazaré se distingue da vida no deserto, porque seu modo de conceber Jesus varia de acordo com o que ele vivia no momento.

Isso nos leva a retomar algumas reflexões sobre a Imitação,[2] palavra cujo emprego deve ser restrito. Gostaríamos primeiro de chamar a atenção para esse gênero literário, a fim de que os leitores das meditações não se deixem desencorajar por ex-

---

[1] BAZIN, René. *Charles de Foucauld, explorateur au Maroc, ermite au Sahara*. Paris: Plon, 1921. Lettre à Raymond de Blic, de 24 de abril de 1897, pp. 151-152.

[2] CHATELARD, Antoine de. Limitation de l'Imitation, Revista *Jesus Caritas*, n. 267, 3. trim. 1997, p. 46.

pressões ingênuas e em desuso, nem pela linguagem demasiado voluntarista. O que importa é encontrar a inspiração profunda e a intuição original que se ocultam atrás de um modo de expressão, especialmente quando ele fala de imitação de Jesus.

Num relato datado de 1927, Padre Nouet fala de sua visita à casa em que viveu Charles de Foucauld em Tamanrasset: "Quando não havia ninguém em sua casa, antes do cair da noite, ele saía e dava alguns passos diante de seu eremitério". Esse detalhe que um contemporâneo lhe revelara estimulou a imaginação do prelado: "Imagina-se Jesus de Nazaré, ao fim do dia, entregando-se a algum descanso, sentado num rochedo a dominar o vilarejo. O padre de Foucauld, que tanto amava a vida de Nazaré, fazia como o divino operário".

Esse relato é uma boa ilustração do que quero dizer. Pergunta-se, na verdade, qual é o modelo proposto: Jesus ou Charles de Foucauld? Quem imita quem? Ao ler as meditações de Irmão Charles, é possível muitas vezes fazer a mesma pergunta.

Assim, a respeito da pobreza, ele dá a palavra a Jesus:

> *Lembrai-vos de meus exemplos e de minhas palavras* a respeito da pobreza: nascido numa gruta, criado numa casa pobre, filho de pais pobres, vivendo, como eles, pobremente do trabalho manual até o dia em que passei a me dedicar dias inteiros a pregar, aceitando a partir de então, para viver, o óbolo dos fiéis, mas aceitando somente o que fosse necessário para viver tão pobremente quanto em meus tempos de operário.[3]

Onde teria ele lido isso senão em sua própria resolução, tomada um ano antes sob a forma de votos?

---

[3] FOUCAULD, Charles de. *Crier l'Évangile*. Paris: Nouvelle Cité, 1982, p. 120.

Onde teria ele lido, aliás, que Jesus vivia em clausura estrita com Maria e José, mantendo um mínimo de relacionamento com a vizinhança, senão na Regra que estava elaborando em sua cabana de Nazaré, em 1899?

Como tomara conhecimento de que Jesus trabalhava oito horas por dia? Foi somente em 1905, antes de chegar a Tamanrasset, que ele parece ter finalmente se dado conta de que Jesus vivia sem clausura, que não usava traje religioso, não tinha muitos bens e não recolhia grandes óbulos. Nessa data, ele ainda via Jesus a viver não num vilarejo, mas perto de um vilarejo. Seria necessário esperar o último ano de sua vida, quando ele se pusesse mais perto das pessoas, para se dar conta que Jesus vivia no centro de um vilarejo e não nas proximidades?

Irmão Charles criou sucessivamente para si modelos aos quais precisava referir-se, conforme o apelo que sentia em si a cada momento de sua história. Em seus relatos, nem sempre escapava da reconstituição imaginária. Seu modo de expressar sua vontade de ser como Jesus lembrava com frequência o exemplo da criança que queria sempre imitar Jesus, mas se recusava a pendurar seu casaco ao voltar da escola, como lhe pedia sua mãe. Seu irmão, entrando no jogo, acrescentava: "Jesus sempre pendurava seu casaco no cabide quando sua mãe lhe pedia".[4]

Assim, em 22 de julho de 1905, em seu Caderno, depois de ter repetido sete vezes "como Jesus em Nazaré...", ao concluir suas resoluções: "Reze como Jesus, tanto quanto Jesus... recite fielmente a cada dia o breviário, o rosário", espera-se encontrar: "como Jesus em Nazaré". Ele não notou isso nessa passagem; em outras, contudo, muitas vezes não escapou do anacronismo.

---

[4] GUERTECHIN, Hervé Linard de. "Suivre Jésus est-ce l'imiter?". *Revista teológica de Louvain*, 15, 1984, 5-27, p. 16, nota 21.

IMITAR JESUS DE NAZARÉ

Impossível fazer um retrato falado de Jesus a partir das informações fornecidas pelas descrições de seu discípulo. Mas haveria um retrato que mais ou menos se assemelhasse à realidade histórica do Galileu? Pouco importa, o "Modelo único" se assemelha àquilo que Irmão Charles gostaria de ser. O modelo permanece único, mas os retratos são diferentes, às vezes contraditórios. Não é assim que cada um acolhe a Palavra de Deus no cotidiano? Não como uma norma à qual a pessoa sonha em se conformar, mas como uma vida na qual vai entrando aos poucos, lendo a Palavra de Deus e a acolhendo a cada dia de um modo novo, pois a vida obriga a uma leitura diferente daquela do dia anterior, pois a experiência dá colorido a palavras opacas, pois o sofrimento dá relevo àquilo que ainda ontem parecia plano, pois o amor ilumina imagens que até há pouco pareciam obscuras.

Irmão Charles não procurava iludir-se nem se enganar, mas, na ingenuidade dos sentimentos que sua fé lhe inspirava, fruto de um ultrapassar a racionalidade, na simplicidade da infância espiritual, ele expressava para si mesmo sua convicção profunda. Também às vezes por necessidade de se convencer do bom fundamento de suas escolhas. Assim, no dia em que viu o sacerdócio como um meio de resolver seus problemas, ele concebeu a ideia de Jesus revestido da dignidade sacerdotal, permanecendo na humildade: "mas devo *colocar a humildade onde Nosso Senhor a colocou, praticá-la como ele praticou, e para isso praticá-la no sacerdócio, seguindo seu exemplo*".[5] Também talvez para legitimar seus próprios desejos ou justificar seus comportamentos práticos. Pouco importam suas motivações, cabe a nós fazer um bom uso de seus escritos, tenham eles sido destinados "a fazer o bem para os outros" ou simplesmente a seu uso pessoal.

---

[5] *LAH*, 26.4.1900.

Essa preocupação em fazer o bem se harmoniza com o vocabulário da imitação, pois é um dever dar o exemplo e, portanto, servir de modelo a ser imitado. Em vão ele repetia que o bem se faz por aquilo que se é; ele não podia deixar de agir para os outros, apresentando certos atos unicamente para servir de exemplo. Aos olhos de Irmão Charles, Jesus agia assim, e certos comportamentos do divino modelo se explicavam unicamente por sua vontade de nos servir de exemplo.

Trecho dos "Conselhos" aos irmãos e irmãs do Sagrado Coração de Jesus*

Article I. — Imitation de Notre bienaimé Seigneur Jésus. — Les frères & soeurs du Sacré Coeur de Jésus prendront pour règle de se demander en toute chose ce que penserait, dirait, ferait Jésus à leur place, & de le faire. Ils feront des efforts continuels pour se rendre de plus en plus semblables à Notre Seigneur Jésus, prenant pour modèle Sa vie de Nazareth, qui fournit des exemples à tous les états. La mesure de l'imitation est celle de l'amour. — "Si quelqu'un veut me servir, qu'il me suive". "Je vous ai donné l'exemple, afin que comme j'ai fait vous fassiez aussi vous-mêmes". "Le disciple n'est pas audessus du Maître, mais il est parfait s'il est semblable à son Maître". "Je suis la lumière du monde. Celui qui me suit ne marche pas dans les ténèbres, mais il aura la lumière de la vie." — Pour la gloire de Dieu & le bien des âmes, les frères & soeurs travailleront à développer chez les autres l'imitation de Notre Seigneur Jésus-Christ.

---

* Artigo I. – *Imitação de nosso bem-amado Senhor Jesus.* – Os irmãos e irmãs do Sagrado Coração de Jesus terão por regra perguntar-se, no tocante a tudo, o que pensaria, diria, faria, Jesus em seu lugar, e agir em conformidade com isso. Farão esforços contínuos para se tornarem cada vez mais semelhantes a nosso Senhor Jesus, tomando por modelo sua vida em Nazaré, que oferece exemplos de tudo. A medida da imitação é a do amor. – "Quem quiser me servir, que me siga". "Eu lhes dei o exemplo, a fim de que, assim como eu fiz, vocês também façam." "O discípulo não está acima do Mestre, será perfeito se for semelhante ao Mestre". "Eu sou a luz do mundo. Aquele que me segue não caminha nas trevas, ele terá a luz da vida." – Para a glória de Deus e o bem das almas, os irmãos e irmãs trabalharão para desenvolver nos outros a imitação de nosso Senhor Jesus Cristo.

AS TENTAÇÕES DE NAZARÉ

Sem nos determos muito, é preciso contudo examinar o tempo vivido em Nazaré,[1] a fim de penetrar o coração da extraordinária humanidade de Charles de Foucauld. Fechado numa situação muito especial que pouco lhe convinha, vivia ele em ebulição constante, pois a tentação de fazer outra coisa ou de ir a outro lugar era permanente. Ao examinar esse período de Nazaré unicamente sob o aspecto das tentações e de sua vontade de sair dali, podemos apreciar melhor a força de seu temperamento e o papel do Padre Huvelin, que se revelou um verdadeiro diretor, um dos grandes do século XIX.

A primeira tentação: ir em busca de donativos

Numa vida inativa como a que ele levava havia oito meses junto das clarissas, a primeira tentação só poderia vir de sua necessidade inata de fazer alguma coisa de útil. Deram-lhe a entender que as clarissas precisavam de dinheiro, principalmente as de Jerusalém. Ao fim de seu retiro, em novembro de 1897,

---

[1] THIRIEZ, Padre Philippe. *Charles de Foucauld à Nazareth*: 1897-1900. É possível encontrar esse livro no mosteiro das Irmãs Clarissas – Posta restante – 16000 – Nazaré – Israel.

veio-lhe então a ideia de partir em busca de donativos. Como o Padre Huvelin lhe tivesse recomendado a obediência no que quer que fosse (*LMB* 4.11.97), era, portanto, seu dever comunicá-lo. Assim feito, o Padre Huvelin respondeu-lhe em 9 de dezembro:

> Ah, não saia de Nazaré! [...] Vejo muitos perigos para sua alma nessa vida de viajante em busca de donativos... Leve uma vida de dedicação nesse pequeno canto onde Nosso Senhor trabalhou [...] Faça de tudo, de tudo, para permanecer em Nazaré. Aí você será *mais útil* às Irmãs! (clarissas).

Essa primeira tentação duraria até o fim do ano de 1897. Em 1º de janeiro de 1898, o padre insistiu fazendo os seguintes votos: "Possa este ano começar e terminar para você na obscuridade de Nazaré, no trabalho, na contemplação. É o que desejo mais vivamente para sua alma". E em 15 de janeiro, tendo recebido uma carta de Irmão Charles, ele escreveu ainda: "Sim, com toda a consciência, creio que a vontade de Deus era mantê-lo em Nazaré. É aí que seu coração verá florescer o que Nosso Senhor quer fazer crescer na sua pessoa".

A segunda tentação: retornar à Trapa

O descanso foi, porém, de curta duração. Em 15 de janeiro de 1898, em análise de vida muito detalhada, Irmão Charles confessou que um pensamento de orgulho o atormentava com certa frequência. Na verdade, não se tratava realmente de orgulho, mas daquela mesma necessidade de agir, de ser útil. Era já o começo da segunda tentação:

> Devo, no entanto, dizer que nos últimos tempos, e talvez especialmente por ocasião dos aniversários de meu ingresso na

Trapa, do pronunciamento de meus votos (2 de fevereiro), um pensamento de orgulho me atormenta com certa frequência: às vezes me digo que, permanecendo na Trapa, poderia fazer o bem às almas; que teria sido superior em dois anos; que com a graça de Deus eu poderia fazer o bem naquela pequena Trapa de Akbès, que, por sua situação, tão bem serve para a santificação de seus próprios religiosos e das pessoas ao redor... Vejo bem que isso é tentação: não tenho nada daquilo que é preciso para ser superior, nem autoridade, nem firmeza, segurança de julgamento, nem experiência, nem ciência, nem perspicácia, nem nada de nada... e o espírito da Trapa, o espírito *atual* não é de modo algum o meu [...] Em minha cabana de tábuas, aos pés do tabernáculo das clarissas, em meus dias de trabalho e minhas noites de prece, tenho de tal modo o que procurava e desejava há oito anos que é visível o Bom Deus ter preparado para mim este lugar, e este lugar, em sua Nazaré que há muito se refletia em meus olhos... é bem a imitação da vida oculta de Nosso Senhor, em sua obscuridade, sua pobreza... Mas somente a tentação existe.[2]

Ele bem via que se tratava de uma tentação, uma astúcia do diabo, que essa vida devia lhe bastar assim como bastou a Jesus. Mas isso de nada lhe adiantava, a tentação estava presente. Seria necessário suprimir as leituras de teologia que o mantinham em suas tentações de grandeza? Seria ainda necessário ler livros de Filosofia, perigo de ambição? Seria necessário suprimir o breviário? Tantos falsos problemas, tantas questões inúteis! A verdadeira questão era a necessidade de fazer alguma coisa. As clarissas de Jerusalém o solicitavam, seria necessário fazer alguma coisa por elas? Ele não via que aí estava seu único problema: fazer alguma coisa!

---

[2] *LAH*, 16.1.1898.

Em 1º de fevereiro, ele escreveu outra carta ao Padre Huvelin, para lhe falar da alegria de estar em Nazaré, de ler, de meditar, mas o desejo de retorno à Trapa continuava presente. "Como já lhe disse, parece-me às vezes que voltarei à Trapa... alguma coisa me impulsiona: não sei se é graça ou tentação." Para ele, a tentação de sair de Nazaré não se apresentava como um desejo de retomar o que haviam dado, mas como uma vontade de ir adiante: "eu gostaria *de nada retomar, nada devolver de tudo isso, mas cuidando de tudo reter, ir mais adiante*".

Ao contrário, o isolamento no qual ele vivia tornava-se um valor negativo: "parece-me que melhor seria trabalhar, lutar no que for preciso, a fim de que outros possam usufruir, em vez de usufruir sozinho...".

O fato de estar bem ali se voltava contra ele: "Estou bem aqui". A tentação fazia ver aquela vida como um emburguesamento e, portanto, como algo melhor que o fato de trabalhar o mais possível a serviço de Deus, de preferência em outro lugar. Essas "vagas aspirações" são o aspecto típico da tentação. Prosseguia ele em sua carta:

> Mas quando falo dos meios de servir a Deus o mais possível, a mim me parece que, primeiro, o modo mais eficaz de fazer isso é voltando a uma Trapa [...]; segundo, que é a uma Trapa do Oriente que Deus me destina; terceiro, que antes preciso permanecer aqui, nesta querida e abençoada Nazaré...

Sem esperar resposta a suas duas primeiras cartas, Irmão Charles escreveu uma terceira, em 3 de março, ainda mais longa que as anteriores, repetindo de um modo um pouco diferente tudo o que ele já havia escrito, para o caso de suas cartas terem-se perdido. Para expressar o que sentia, não falava apenas desse "impulso", que lhe parecia "algo de exterior"; a palavra retornava três vezes no *post-scriptum* da carta de 1º de fevereiro, mas "como se de fora tivessem lançado um gancho, um anzol sobre minha alma [...] o gancho nela despertou o desejo de *trabalhar* para o Bom Deus".

Via ele que, na felicidade de estar em Nazaré, permanecia inútil, improdutivo; "fazer", "trabalhar", "resultados", essas palavras retornaram dez vezes em uma só página. Em 1º de fevereiro, ele soltou a palavra-chave: "eficácia".

Vejamos as três ou quatro saliências, ou buracos, que permitiram a fixação do anzol:

1) o desejo de trabalhar para o bem das almas;

2) o desejo do sacerdócio, primeira aparição desse desejo, afora aquele sentido em 1896, quando do massacre dos cristãos armênios em Akbès. Por que o sacerdócio? Para trabalhar na obra de Deus;

3) o preço era a segurança da obediência conventual, supremo argumento no auge da tentação;

4) a obra dos trapistas, o trabalho que os monges podem realizar no mundo; nos países muçulmanos, o melhor modo de trabalhar na obra de Deus era fundando Trapas, "centros de virtude e de luz". Escreveu ele ao Padre Huvelin em 3 de março de 1898: "Veja se esse impulso, se esses ganchos, são uma tentação ou um apelo".

Na resposta de 19 de fevereiro, Padre Huvelin só manteria a última orientação:

> Sim, viva, viva em Nazaré, por tudo [...] Sim, fique ainda [...] A Trapa, veremos – talvez... mas você precisa ainda do regime de Nazaré, onde o Mestre tanto lhe dá para que se refaça! [...] Não me pronuncio ainda sobre essa ideia referente à Trapa... mas, em todo caso, é preciso que ela se afirme, que ela dê provas de sua origem. Acredite, o que você sente em Nazaré é sinal de que o Bom Deus o quer aí.

Certo de que o Padre Huvelin ficaria encantado com o fato de vê-lo retornar à Trapa, Irmão Charles tinha-se deixado inflar pelo vento de seus desejos. Ao ler essa carta, porém, desinflou-se por completo. Assim, escreveu-lhe outra carta em 8 de março:

> Eu estava [...] a toda vela nessa direção. Quando li sua carta, todas as velas se dobraram e o barco ficou estacionário [...] sem movimento aparente, pronto para permanecer no mesmo lugar indefinidamente.

O abandono tomava então uma dimensão concreta, de âmbito humano; a vontade de Deus passava pela do homem.

> É tão doce reconhecer a vontade do bom Deus [...] "Coloquei minha alma em suas mãos", faça dela aquilo que lhe será mostrado como sendo o melhor para o Consolo do Coração de Jesus... é tudo o que desejo, absolutamente tudo.

Ele acrescentava, no entanto: "a única tristeza é ver que tantas almas se perdem ou sofrem", subentendendo-se: sem que eu nada faça por elas. O combate estava quase terminado. As questões ao fim da carta pareciam bem pequenas em comparação.

Paralelamente, é possível ler as *Considérations sur les fêtes de l'année* [Considerações sobre as festas do ano] que ele começou em 1º de novembro de 1897 e terminaria em 1º de novembro de 1898. Durante o mês de março, mês da tentação, e até a Páscoa, suas longas meditações, quaisquer que fossem as palavras de Jesus ou os atos meditados, resultariam na resolução sublinhada uma, duas, três vezes: "Obedecer a seu diretor".

De 14 a 21 de março, sem deixar sua cabana em Nazaré, Irmão Charles seguiu Jesus até Efrem, à beira do Jordão, onde permaneceu em retiro, período em que escreveu longos ensinamentos sobre a obediência ao diretor espiritual.[3]

Essa tentação duraria mais de seis meses, ao longo de 1898. Continuava presente em 17 de junho, quando da festa do Sagrado Coração.[4] Podem-se ler, de 24 de junho, suas convições sobre Nazaré,[5] bem como as de 29 de junho:

> Resista às tentações de ambição, qualquer que seja a forma sob a qual as tenham apresentado, tenham elas lhe sido oferecidas por quem quer que seja; não se deixe afastar da imitação da vida oculta de Jesus, do compartilhar dessa vida, por nenhuma consideração, por ninguém; só quem tem o direito de conduzi-lo em meu nome: seu diretor: "Quem o escuta me escuta".[6]

Aquele que queria ser durante esses seis meses o irmão mais novo de Jesus, sempre presente no seio da família de Nazaré ou a seus pés durante a vida pública, não saía das tentações: a da ambição ou da elevação; a de se evadir do momento presente, em vez de fazer a todo instante o que é o mais perfeito:

> [...] pense um pouco na ingratidão terrível que haveria em desejar algo diferente dessa vida de Nazaré, tão completa, tão perfeita, que Jesus se dignou em lhe dar com suas próprias mãos. Você será tentado contra essa vida tão bela, tão divina; quanto maior o dom que lhe deu Jesus, mais o demônio disso tem ciúme, mais empregará suas astúcias sutis e, talvez, os meios mais violentos para tirar de você esse dom; ele falará em seu ouvido e nos ouvidos dos outros; mas "ninguém é tentado

---

[3] FOUCAULD, Charles de. *Crier l'Évangile*. Paris: Nouvelle Cité, 1982, pp. 84-89.

[4] Id. *Considérations sur les fêtes de l'année*. Paris: Nouvelle Cité, 1987, pp. 440 e s.

[5] Op. cit., p. 455.

[6] Op. cit., p. 464.

acima de suas forças". Não se espante com as tentações, não se espante com as contradições: quanto mais seu estilo de vida for semelhante ao de Jesus, menos o mundo o compreenderá.[7]

Nas meditações sobre o Evangelho, nesse mesmo dia, ele escreveu ainda duas páginas para se convencer de que devia viver unicamente no momento presente e não no futuro.[8]

A terceira tentação: os perigos de Jerusalém

Em julho de 1898, encontraríamos Irmão Charles às voltas com o que poderíamos chamar a tentação de Jerusalém ou da visibilidade. Compreenderíamos de imediato que Jerusalém se opõe a Nazaré sob esse aspecto. Essa tentação veio do exterior: a abadessa de Jerusalém, Madre Elisabeth, curiosa para ver esse fenômeno de santidade de que lhe falavam as irmãs de Nazaré, provocou sua partida para Jerusalém. Isso tinha deixado de acontecer no mês de outubro anterior e, em sua carta de 16 de setembro de 1897, Padre Huvelin só a contragosto havia aceitado essa perspectiva: "Você deve ser deixado na obscuridade, em seu pequeno ofício, na obediência, na *invisibilidade* de sua vida. Faço questão disso, meu filho, e diga que faço". Ao saber que essa partida não acontecera, ele expressava sua satisfação na carta de 16 de outubro: "Fico muito feliz que você tenha permanecido em Nazaré; estava preocupado com essa temporada em Jerusalém". Em que uma temporada em Jerusalém poderia preocupá-lo? Veríamos quanto ele enxergava bem a situação.

---

[7] Op. cit., p. 465.
[8] Id. *La bonté de Dieu*. Montrouge: Nouvelle Cité, 1996, p. 174.

Carta ao Padre Huvelin – Pentecostes de 1899*

---

*   Nazaré, segunda-feira de Pentecostes

Meu bem-amado pai, eis que esse pequeno retiro tem seu fim... Agrada ao bom Deus encerrá-lo em paz profunda... *facta est tranquilitas magna*... Essa palavra resume todo o estado de minha alma desde minha última carta... Admiro a bondade de Deus e essa paciência invencível, inabalável, com a qual ele me conduz pela mão, corrige minhas faltas e faz tudo acabar bem... Esse retiro começado em meio a tantas tentações, perturbações, angústias, termina em uma paz que ultrapassa, creio, tudo o que...

Em 8 de julho, Irmão Charles ficou encarregado de levar uma carta importante a Jerusalém, simples pretexto talvez, mas ignorava que fosse assim. O Padre Huvelin, informado disso por duas cartas perdidas, respondeu de seu leito em 26 de agosto sem ocultar suas preferências por Nazaré, mas submetendo-se às circunstâncias que pareciam imperativas. Madre Elisabeth propôs ao Irmão Charles que se instalasse em Jerusalém e lá acolhesse companheiros. Sua ausência de Nazaré limitar-se-ia a quatro dias.

Uma segunda estada duraria cinco meses. Em 11 de setembro, Irmão Charles novamente deixou Nazaré para ir a Jerusalém. Como, porém, Madre Elisabeth fizera renascer nele o desejo de ter companheiros, pensou Charles num jovem que ele conhecera na Trapa de Akbès. Tendo este saído, Irmão Charles embarcou em fins de setembro para Alexandrette para reencontrar o ex-trapista que não tinha vontade alguma de deixar sua mãe para segui-lo. Retornando a Jerusalém em 4 de outubro, comunicou sua decepção ao Padre Huvelin, que lhe respondeu em 15 de outubro:

> Fico muito feliz [...] que esse discípulo não tenha querido segui-lo [...] Quanto a isso, expresso minha profunda convicção [...] Permaneça à sombra do mosteiro de Jerusalém, assim como estava à sombra no mosteiro de Nazaré, onde me agradava tanto que estivesse – lá aonde Deus o conduziu – à sombra é a palavra certa.

Nesse mesmo momento, tendo reencontrado seu instinto de fundador, Irmão Charles começou a redigir um novo regulamento.[9] Em 15 de outubro, em menos de dez linhas, ele propôs ao Padre Huvelin uma nova maneira de viver segundo

---

[9] "Comecei esse regulamento quando estive na Armênia, vinte anos atrás, a fim de tentar trazer de volta esse filho...", *LAH*, 20.4.1900.

São Bento; porém, em fins de outubro, abandonaria São Bento para adotar a regra mais flexível de Santo Agostinho: "Algumas almas reunidas para levar a vida de Nazaré [...] pequena família, pequeno lar *monástico*, bem pequeno, bem simples; não um ponto *beneditino*".[10]

Para o Padre Huvelin, Jerusalém representava o risco de sair da sombra, da obscuridade, do isolamento, e tinha ele razão em se preocupar. O perigo era Madre Elisabeth, que não era uma irmã, como a abadessa de Nazaré, tomada de afeição por Irmão Charles. Era uma madre. Já não era uma "bela alma", era uma "santa", e ele nela encontrou "a cabeça de gelo e o coração de fogo" de Teresa d'Ávila. Não era ela a fundadora de cinco mosteiros, dentre os quais os de Périgueux, Paray-le-Monial, Nazaré e Jerusalém? Com sua força de caráter indomável, ela queria fazê-lo trocar imediatamente a veste azul pelo hábito de religioso, vê-lo de padre e torná-lo capelão das clarissas. Queria também que ele acolhesse companheiros e achava que, aos 40 anos, era tempo de deixar a vida de Nazaré e passar para a de obreiro evangélico. Tudo isso nos é apresentado em uma carta ao Padre Huvelin, sob a forma de diálogo: "ela" – "eu"; "ela" – "eu", como se transcrevesse exatamente a conversa.[11]

Os primeiros monges alertavam seus discípulos para dois grandes perigos que ameaçavam fazê-los abandonar o deserto: "Os monges devem desconfiar, como do diabo, das mulheres e dos bispos".[12] No caso, as duas tentações estavam reunidas na mesma pessoa.[13] Foi somente em janeiro de 1899 que Irmão Charles receberia uma resposta tardia do Padre Huvelin, que

---

[10] *LAH*, 22.10.98.
[11] *LAH*, 15.10.1898.
[12] Cassien, Inst., XI, 18.
[13] Os bispos percorriam os desertos à procura de monges que aceitassem deixar a solidão e pudessem se tornar padres.

não sabia o que responder sobre esse novo projeto. A carta é datada de 30 de dezembro. Quanto ao retorno à Trapa, ele se opôs: "Permaneça!... Permaneça em sua solidão, seu silêncio e na obscuridade profunda [...] Permaneça, permaneça ainda, diga isso à senhora abadessa. Espere um sinal, que não deixará de vir". É o que repetia o diretor, dizendo-se "bem perplexo" diante da avalancha de propostas. Quando, porém, o dirigido recebeu essa carta, já tinha escrito dois regulamentos novos: um provisório, para enquanto estivesse só, e outro definitivo, para quando houvesse várias pessoas. São datados de 6 de janeiro, festa da Epifania.

Nesse mesmo momento, manifestava ele um desejo de estabilidade e criava um voto de clausura que lhe proibia deslocamentos a serviço dos outros. Era o único modo, segundo ele, de se opor às instâncias das clarissas que solicitavam seus serviços. Não tinham pedido que ele acompanhasse a Nazaré um padre dominicano? Essa viagem, porém, foi adiada.[14]

Em 20 de fevereiro de 1899, Irmão Charles partiu novamente para Nazaré. Decidiu que ali ficaria. Quem havia tomado essa decisão? Assim que recebeu a notícia, o Padre Huvelin apressou-se a dar sua aprovação, escrevendo em 13 de março:

> Muito me agrada que você esteja em Nazaré! Digo-lhe de todo o coração que fique em Nazaré! [...] Foi com desgosto que o vi deixar esse ninho, e é com alegria que o vejo retornar a ele.

A leitura da carta de 8 de fevereiro ao Padre Huvelin, escrita antes de o Irmão Charles sair de Jerusalém, leva a pensar que já era tempo de ele voltar a Nazaré:

---

[14] Cf. *LHA*, 22.1.1899.

> Como sou infeliz! Se o senhor soubesse quão pouco avancei, como sou covarde, orgulhoso, pouco caridoso, egoísta, dispersivo, um nada me distrai!... Estar nesse ponto na minha idade, depois de tantas graças, deixa-me confuso!... Gostaria muito de começar a amar o bom Deus, mas infelizmente estou longe disso! [...] Fale comigo com frequência, pai querido, pois sua voz me faz muito bem, e ela é muito necessária a este pobre ser tão nulo, tão impotente, tão incapaz, que é de fato uma "criança", infelizmente não por causa da inocência nem da humildade, mas pequeno em sabedoria e por causa de uma alma ainda não formada, que não cresceu, que permaneceu pueril e rastejante.

Começou então ele um grande retiro de 60 dias, de 19 de março a 21 de maio, dia de Pentecostes. Durante esse retiro, "*in angustiis*, em meio a tentações e perturbação", recebeu um bilhete do Padre Huvelin, datado de 27 de abril, em resposta a uma carta perdida que devia ainda conter muitos projetos para o futuro:

> Não se atormente com fantasmas, com visões estranhas, com "até quandos"... não se preocupe. Fique, fique! Nazaré o trata bem e lhe dá muitas coisas. Não vejo nada melhor a lhe dizer.

O retiro terminou na paz da decisão de permanecer em Nazaré como "obreiro filho de Maria" e na ação de graças:

> Não poderia agradecer o bastante ao bom Deus por ter-me proporcionado esse retiro, por ter-me reconduzido a Nazaré, por ter-me *por seu intermédio*, bem-amado padre, conduzido entre as dificuldades deste inverno, por ter-me, *por seu intermédio*, docemente recolocado em minha vocação e afastado dos perigos de Jerusalém... Não mais irei a Jerusalém... tirarei proveito dessa lição para me ater com mais fidelidade e reconhecimento mais profundo à minha bendita vocação.

Essa carta ao Padre Huvelin, datada de 22 de maio, segunda-feira de Pentecostes, assinalou o fim da tempestade que Jerusalém e tudo o que essa cidade representava teriam sido em oposição a Nazaré.

Findos os projetos, já não vinha ao caso fundação alguma nem sacerdócio, nem direção das clarissas, nem hábito religioso visível. Essa paz duraria longos meses, mas infelizmente todas as cartas do Irmão Charles se perderam. Somente as do Padre Huvelin nos dão a conhecer o que seu dirigido lhe deve ter escrito. As cartas do Padre nos revelam o cerne de sua mensagem. Assim, em 18 de julho, ele escreveu:

> Sim, o silêncio, o silêncio de Nazaré – é para obedecer em silêncio que se fica em Nazaré. E quanto a fazer o bem? Faz-se o bem por aquilo que se é, bem mais do que por aquilo que se diz... faz-se o bem sendo de Deus, para Deus! Sim, a estabilidade... sim *esto ibi*! aí permanecer, *colher o musgo*, deixar penetrar, crescer e fortalecer na alma as graças de Deus, defender-se da agitação do *perpétuo recomeçar*. É verdade que somos e sempre seremos iniciantes, mas ao menos sempre no mesmo sentido e na mesma direção.

E também em 14 de agosto:

> Que felicidade [...] que você esteja realmente em seu lugar, que se sinta feliz aí, que lhe seja dada a vida que você deseja, a vida de Nazaré, tanto interna quanto externamente.

E ainda em 26 de outubro:

> Sinta seu profundo infortúnio, humilhe-se. Confunda-se e perca-se na confiança em Deus. O amor de Deus existe em meio a nossos infortúnios [...] Não se preocupe com a aridez, espere a hora de Deus.

A tranquilidade duraria até fevereiro de 1900. Em carta do dia 8, Irmão Charles agradeceu novamente ao Padre: "Foi o senhor que me defendeu das tentações da inconstância, do retorno à Trapa, do sacerdócio, às quais, não fosse o senhor, eu teria sucumbido!". A sequência dessa carta deixa bem explícita a relação que ele tinha com seu diretor no tocante à "tentação", ainda quando se tratasse de pequenas coisas:

> Gostaria de lhe falar de duas tentações que tenho há muito tempo e que com frequência me desviam: eu sempre as afugento, tratando-as como tentações, mas elas voltam, e delas falo para me livrar, pois sei que, quando lhe falo a respeito, delas me desembaraço. Com frequência me vejo tentado a ler São Tomás... e também com frequência busco, a fim de lê-la, a pequena Bíblia poliglota do Padre Vigouroux.

Essas duas novas tentações são, portanto, a Teologia e a Exegese!

A quarta tentação: um lugar melhor

Essa quarta tentação situou-se num curto lapso de tempo, em março de 1900. Originou-se do desejo de fugir do "doce ninho de Santa Clara...", onde era "muito mimado". Não lhe faltavam razões para se distanciar das clarissas.

> Vejo que minha situação aqui é falsa; sou inútil para as clarissas; eu trabalho, mas não são verdadeiros trabalhos (ele pintava ícones); eu sirvo, mas não sirvo; no fundo, o mal é o fato de eu ser conhecido, o que me deixa numa situação indefinida e falsa.[15]

---

[15] *LAH*, 26.3.1900.

Além disso, sua relação com a abadessa se tornava incômoda. Ela fazia questão de lá mantê-lo e dava-lhe mais atenção do que aos outros. Esse problema pouco apareceu, pois as passagens em que o mencionava foram suprimidas quando da edição das cartas.[16] Tratava-se, no entanto, de um dos principais motivos de seu desejo de ir para outro lugar. Era a clássica tentação: a crença de que a mudança resolveria todos os seus problemas. Para melhor viver Nazaré, era preciso ir a outra parte. Esse outro lugar adquiriu sucessivamente duas formas, e bem distintas uma da outra.

Ele imaginava, no início, um lugar não muito afastado onde poderia viver só, desconhecido, um vilarejo nas proximidades, não uma cidade. Depois, passou a pensar em "se estabelecer num lugar qualquer no campo, nas colinas que dominam Nazaré, levar para lá a cruz de Jesus, viver na pobreza e no trabalho".[17] Isso permaneceria vago e episódico, como se verifica em sua carta de 22 de março:

> Penso mais de uma vez em partir e aproveitar essa partida para ir a um lugar onde eu seja eu mesmo e permaneça absolutamente desconhecido [...] Mas em todo caso vejo nisso apenas um modo de mais profundamente entrar no isolamento, na obscuridade, na vida mais humilde e mais abjeta, na prece e no trabalho, (considero pedir às Irmãs de São Vicente de Paulo que me aceitem em um de seus hospitais na Terra Santa como serviçal que cuide dos doentes)...[18]

A segunda forma se apresentou por meio dessa ideia de trabalhar num hospital, que lhe ocorreu depois de ele ter ouvido

---

[16] Ver QUESNEL, Roger. *Charles de Foucauld, Les étapes d'une recherche.* Mame, 1966 (p. 86, nota 4, pp. 87-88).

[17] *LAH*, 26.4.1900.

[18] *LAH*, 22.3.1900

falar de uma viúva idosa e sem recursos cujo filho não podia entrar no convento porque precisava cuidar da mãe. Ele se deixou talvez enganar por essa situação que poderia sem dúvida encontrar uma solução simples sem sua intervenção, como se verificaria na sequência dos acontecimentos. Charles não pensou desse modo, aí vendo apenas um chamado para si e uma forma de sair da situação em que estava. Seu salário permitiria o sustento dessa mãe. Assim, em 26 de março, expôs detalhadamente seu projeto, argumentando ser essa sua vocação e a vontade de Deus. Esperava somente a aprovação do Padre Huvelin. Outro acontecimento pôs, no entanto, fim a esse projeto, que durou apenas uma semana.

Não era, porém, negligenciável o interesse da argumentação, pois uma perspectiva totalmente nova abria-se para ele. Esse estranho projeto era o oposto daquele imaginado antes, referente às colinas de Nazaré.

Essa vida de enfermeiro ou de encarregado de limpeza em hospital seria bem diferente. Ele iria perder tudo, mas finalmente haveria de ser por alguém. Até aquele dia tivera ele alguma vez a oportunidade ou a ideia de fazer alguma coisa por alguém? Por certo ele tudo fizera por Jesus, e no momento ainda justificava sua ideia dizendo que não fazia isso por aquela mulher nem por seu filho, mas por Jesus apenas. Irmão Charles manifestava bem pouco amor por essas pessoas, que pareciam somente um pretexto. Mas não nos deixemos levar por esse tipo de propósito e desconfiemos desses modos de falar desprovidos de sentido para os não iniciados. Para apresentar uma verdade de fé: "O que fizerdes aos pequenos será a mim que o fareis", negavam eles a evidência dos atos e dos sentimentos.

Antes constatemos a brecha aberta na parede ideológica da clausura monástica pela qual se iria precipitar a torrente de amor que inundava o coração de Irmão Charles. Ele nunca deixaria de repetir as frases-chave de todas as suas motivações: "Fazei aos outros aquilo que gostaríeis que fizessem por vós... Tudo o que fizerdes aos pequenos será a mim que o fareis". Com tais argumentos, ele estava seguro de si, sua ideia era boa e, portanto, vinha de Deus, mas era preciso que a obediência o confirmasse. Ao escrever, ele se convencia a si mesmo. Já não via aí a tentação sutil para fazê-lo abandonar seu caminho. Via seu projeto tão em conformidade ao Evangelho, tão sobrenatural, tão cheio de fé, de esperança, de caridade que lhe parecia um "tesouro incomparável". Já não tinha nenhuma hesitação: a vida de trabalho a serviço dos doentes resolveria todos os seus problemas.

Mas o que seria dos valores atribuídos à vida de Nazaré, à contemplação, ao silêncio, à solidão? Antecipadamente ele respondia, a fim de defender essa nova forma de vida contemplativa. Visão passageira, talvez, não experimentada, mas visão profética que abria perspectivas novas. Tais perspectivas se realizariam apenas em parte em sua vida, mas aqueles que, depois dele, tomariam o caminho de Nazaré poderiam aí encontrar uma confirmação da escolha feita e uma palavra de encorajamento.

> Nem sequer creio que a oração se perca [...] aliás, não são as doçuras da oração o que é preciso buscar, mas a fidelidade em fazer sua vontade... Ele me dará a graça de vê-lo nos pobres doentes e de conservar sua presença em meio ao serviço do hospital.

As horas de prece por certo diminuiriam, mas ele tiraria delas melhor proveito: "eu me abstenho bastante agora, mas nem tanto". Em todo caso, "ganharei muito com essa mudança de condição no tocante à alma". Também as clarissas ganhariam:

AS TENTAÇÕES DE NAZARÉ

"minha partida [...] lhes fará mais bem do que todo o resto de minha vida passada entre elas, em meio ao jejum e à prece".

A argumentação era tão convincente que o Padre Huvelin, pensava ele, só poderia aprová-la. Infelizmente o Padre não teria tempo de responder. Outra tentação iria se apresentar e o faria esquecer esse projeto. Só se pode lamentar a oportunidade perdida, esse "tesouro de preço inestimável" deixado ao abandono devido a uma nova miragem. Nunca mais se apresentaria a ocasião de trabalhar por um salário, não só a serviço dos outros, mas em um hospital.

A quinta tentação ou o triunfo do "espírito próprio" sob a aparência do "devotamento" e da "piedade"

Quem ousaria dar tal título se as palavras não fossem as mesmas do Padre Huvelin em sua carta de 20 de maio de 1900?

Essa seria a mais grave das tentações e teria inúmeras consequências, já que o Irmão Charles tinha chegado a tal superatividade criadora que estava pronto a ceder a todos os apelos que o fizessem não só sair de Nazaré, o que poderia ser bom, mas também abandonar sua vocação para imitar a vida de Jesus em Nazaré.

Essa última tentação, ou última ilusão, instalou-se num tempo mais curto que as da Trapa e as de Jerusalém, mas atrairia definitivamente sua vida a um caminho novo, que o afastaria do projeto inicial, até mesmo ao oposto desse projeto. Podemos apresentá-la rapidamente resumindo dois meses de correspondência febril com seu diretor e quatro meses de sua vida em que ele julgava "estar a serviço de Deus". Em *Lettres à l'abbé Huvelin* [Cartas ao Padre Huvelin], essa correspondência ocupa cinquenta páginas e, na mais longa dessas cartas, diz ele ter só copiado uma parte de sua reflexão, a fim de não cansar seu diretor.

O "gancho" pegou dessa vez no "buraco" do zelo e na "aspereza" de seu temperamento, que sempre o fizeram empreender aquilo que os outros ainda não haviam conseguido. Escreveu ele: "Houve muitas tentativas fracassadas de tomar posse daquele local santo e bendito (o Monte das Bem-Aventuranças) [...] Eu me sinto como nunca antes na vida (mais do que para a exploração do Marrocos, mais do que para entrar na Trapa e dela sair, mais do que para fundar uma congregação nova), impulsionado a fazer de tudo para fundar esse tabernáculo e obter esse lugar santo, e essa coisa é tão boa em si mesma que não duvido que seja a vontade de Deus",[19] assim confundindo, como de costume, seu desejo com a vontade de Deus.

Para obter esse lugar, comprando-o, era preciso encontrar a soma necessária, de modo rápido e em segredo. Por intermédio do Padre Huvelin, ele a pediria a sua irmã, depois a suas primas Catherine de Flavigny e Marie de Bondy, e por fim a outras pessoas, se necessário. Adquirido o lugar, seria preciso doá-lo a uma congregação. Qual? Havia oito possíveis, segundo ele. E se ninguém quisesse, não seria esse um sinal para desistir dessa compra? Não, seria preciso que ele mesmo lá se instalasse e, portanto, que fosse padre e se preparasse para o sacerdócio. Seria, enfim, preciso encontrar outra solução para a viúva e seu filho, pedindo dinheiro para ela. Tudo isso foi escrito em 30 de março. O Padre Huvelin só registrou o problema financeiro e não via como conciliar essa nova ideia com a precedente: tornar-se enfermeiro. Tendo a família prudentemente se recusado a fornecer o dinheiro necessário, o Padre Huvelin pensou que o Irmão Charles fosse desistir da compra do Monte das Bem-Aventuranças; assim,

---

[19] *LAH*, 30.3.1900.

sem saber que opinião dar sobre o assunto, não lhe escreveu. Diante da recusa da família, o humilde Irmão Charles não via nenhum sinal de Deus a dizer-lhe que abandonasse o projeto. Ao contrário, concluiu que seria preciso obter o dinheiro por outros meios, mais pobres, menos fáceis, pedindo donativos, portanto. Essa perspectiva funcionou como chantagem para a família, que terminaria enviando a soma pedida a título de empréstimo.

Em 25 de abril, passou ele a noite diante do Santo Sacramento, a fim de fazer uma escolha por escrito sob a forma de um rascunho de carta, umas vinte páginas em letra de fôrma.[20] Em 26 de abril, copiou disso o essencial em uma carta de seis páginas ao Padre Huvelin: "Minha vocação é imitar o mais perfeitamente possível Nosso Senhor em sua vida oculta de Nazaré...". Era preciso, portanto, que essa instalação no Monte das Bem-Aventuranças entrasse na perspectiva de Nazaré e correspondesse bem à sua vocação. Ele devia demonstrar que todas as virtudes da vida oculta seriam mais bem colocadas em prática naquele monte do que ali em Nazaré, entre as clarissas. Prosseguiu ele em sua carta:

> Resumirei a fim de não cansá-lo: assim examinando a prece, o amor à verdade, a abjeção, a penitência, a coragem, a obediência a Deus, a pura busca do bem de Deus, o retiro, o amor de Deus, a imitação de Nosso Senhor, a esperança, concluo que, sob todos os aspectos, estarei melhor lá do que aqui...

O Irmão Charles parecia não ter consciência de que essa vida nova de imitação de Jesus no sacerdócio, as obras de beneficência, a administração dos sacramentos, já não tinha nada a ver com a de Jesus em Nazaré. Mostra-nos também que é possível

---

[20] FOUCAULD, Charles de. *Crier l'Évangile*. Paris: Nouvelle Cité, 1982, pp. 131-149.

incluir tudo em "Nazaré" quando se quer justificar as próprias escolhas. Pouco importa, o Espírito Santo parecia empurrá-lo para alguma coisa, mas não se sabia bem o quê.

O Monte das Bem-Aventuranças, mais do que as colinas de Nazaré, tornara-se o ideal para ele viver sua "Nazaré". O sacerdócio já não era apenas uma necessidade para o culto eucarístico, mas a dignidade eclesiástica passava a ser para ele um modo melhor de praticar a humildade como Jesus a praticara.

> Parece-me que a abjeção e a pobreza de Nosso Senhor praticadas sob o hábito religioso e pelo padre são, nos dois casos igualmente, exemplos mais salutares que essas mesmas virtudes praticadas no mundo por um laico.[21]

O "sonho monástico", que permanecia, juntava-se então a essas duas "necessidades" (o sacerdócio e o Monte das Bem-Aventuranças) para formar um todo único. Na correspondência de 26 de abril ao Padre Huvelin, ele retornava a sua Regra dos Eremitas do Sagrado Coração, que comportava quarenta capítulos, regra iniciada havia vinte anos, escrita havia um ano, copiada em dois exemplares, da qual ele não mais falava com seu diretor. Ele lhe anunciava o envio próximo de uma nota que resumia essa Regra. O Padre só teria que imaginar o seguimento prático a ser dado.

Depois de ler essa carta, o Padre Huvelin não mais hesitou. Era um "não" categórico, claro, definitivo, que lhe levava à correspondência de 4 de maio: "Fique em Nazaré [...] Não posso lhe dar outro conselho diante de Deus". Talvez ele não fosse contra a ideia do trabalho em um hospital nem contra a ordenação sacerdotal, que aliás desejava para seu dirigido. Mas

---

[21] Op. cit., p. 134.

o tom da carta, a agitação, a efervescência e a impaciência do Irmão Charles lhe mostravam que esses projetos não vinham do Espírito. O pobre padre, doente, incapaz de segurar uma pena, estava bem inquieto. Ficaria ainda mais quando recebesse as cartas seguintes, pois os acontecimentos se precipitavam. Tendo recebido três cartas ao mesmo tempo, ele só poderia constatar: "A bomba foi lançada, quem a haverá de deter?".

Com efeito, parecia que, em seu zelo ingênuo, o eremita de Nazaré tinha caído numa armadilha financeira. Não era a primeira vez, porém se tratava agora de dinheiro dos outros. Ele julgava não poder recuar e, como de costume, queria levar seus empreendimentos até o fim, correndo o risco de naufragar. Não queria ver esse risco e estava totalmente envolvido, a contragosto mas por sua própria culpa, num negócio que iria custar muito caro para sua família e indiretamente haveria de mudar completamente sua vida. "Um momento decisivo" estava em curso, uma reviravolta se produzia. Muito se escreveu para tentar justificar o comportamento do Irmão Charles nesse momento. Nada, porém, poderia desculpá-lo senão a força que o empurrava e o tornava cego e surdo.

Sem resposta do Padre Huvelin nesse começo de maio, atribuiu ele a causa dessa ausência à quarentena a que estavam submetidos os navios. Na verdade, estimando já ter expressado tudo o que havia a dizer, o padre não tinha mesmo escrito. Sua bem explícita carta de 4 de maio chegou a Nazaré no dia 17. O "não" categórico não impressionou o Irmão Charles, que lhe respondeu no mesmo dia:

> O senhor recebeu outras cartas minhas depois de 4 de maio... elas podem ter mudado seu modo de ver [...] Seu *não* chegou tarde demais, não por causa de minhas ações, mas por causa de acontecimentos imprevistos...

E acrescentou:

> Nazaré não deixou de ser o lugar das minhas delícias e de minhas predileções, mas, como lhe disse, creio que *provisoriamente*, por *pouco tempo, pouco tempo,* o serviço a Jesus me chama ao Monte das Bem-Aventuranças.

Ele não queria ver que esse negócio fora montado para lhe extorquir dinheiro. Raymond de Blic acabaria cedendo aos insistentes pedidos de dinheiro por parte de seu cunhado eremita. Nunca seria reembolsado, e o complicado negócio se arrastaria ao longo de anos.

Em sua carta de 20 de maio, o Padre Huvelin já não se interessava pelo problema financeiro, mas mantinha sua desaprovação no tocante ao resto:

> Estou assustado com seus projetos [...] Prefiro que compre, *se não puder fazer de outro modo, o terreno no Monte das Bem--Aventuranças*, que o ofereça aos franciscanos *e permaneça lá* [...] Não creio que essa ideia de padre eremita seja de Deus [...].

Nesse meio-tempo, o Irmão Charles continuou a fazer projetos, hesitando entre Paris e Jerusalém como o possível lugar de sua ordenação.

O ponto de vista do Padre Huvelin, como já pudemos notar, era claro, mas havia em sua carta uma espécie de aceitação, ainda que a contragosto. Assim ele prosseguia:

> Contudo, se você sente um impulso irresistível, siga sua regra, vá ao Patriarca de Jerusalém, lance-se a seus pés e peça-lhe luz. Eu, meu filho, não a tenho para isso. Só vejo objeções, e temo que seja vontade própria o que esteja por trás de seu devota-

mento e de sua piedade... Quanto mais penso nisso, mais vejo desse modo [...] Sua prima está bastante inquieta, e eu também.

Como o movimento fosse irresistível, o Irmão Charles se apresentou em 22 de junho ao Patriarca latino de Jerusalém, e lhe submeteu sua regra para os Eremitas do Sagrado Coração. Soube-se que Charles se deixou prontamente dissuadir. Colocaria o Padre Huvelin a par do acontecido em carta que se perdeu, e, em 25 de julho, o Padre lhe responderia, satisfeito com o fracasso:

> O que aconteceu é sob todos os aspectos aquilo que eu desejava [...] Vi em tudo isso a mão de Jesus [...] Diante da confusão de ideias, de pensamentos, em que você esteve por um momento, eu não sabia o que lhe dizer.

E alegrava-se com a volta a Nazaré. Infelizmente essa carta não chegaria às mãos do Irmão Charles, que já havia partido de Nazaré e escreveu de Jafa, anunciando a Padre Huvelin que logo chegaria a Paris. Desculpava-se antecipadamente por não ter feito o que o padre lhe pedira.

O fracasso de sua diligência junto ao Patriarca não fora para ele um sinal para que renunciasse a seu projeto de sacerdócio, aparentemente contrário a sua vocação. Ele, contudo, não insistiria, ainda que o convidassem. Para o Irmão Charles, essa recusa era o sinal de que ele devia fazer tal pedido na França, ao bispo de Montmartre. Enfim, ele gostou de não ter sido atendido pelo Patriarca. Na verdade, havia algum tempo que sentia dever ir à França para "consolar" sua irmã e seu cunhado. Era um "dever novo", ainda mais que, para conseguir o montante de dinheiro, ele quase lhes prometera se tornar padre; essa seria, portanto, uma ocasião para visitá-los. Quando isso seria possível? Ele não sabia. Mas os acontecimentos se precipitaram. Não se sabe por qual motivo ele chegou a Jerusalém no final de julho e embarcou para a França em 8 de agosto. As clarissas de Jerusalém lhe haviam confiado uma missão em Roma.

Uma frase do Padre Huvelin, em sua carta de 25 de julho, poderia concluir essa longa história das tentações:

> Eu sabia que o Mestre conduziria tudo. Não era uma *ideia para ser aplicada* – era uma Vontade de Deus que se devia buscar, deixar que acontecesse suave e tranquilamente na abjeção e na pequenez, aquela que em Jesus começou em Belém e prosseguiu em Nazaré em longa incubação.

Em 21 de julho, o Irmão Charles escreveu a sua irmã outra frase ainda mais significativa sem se dar conta do quanto ela se aplicava ao que ele acabava de viver: "Não devemos atribuir importância aos acontecimentos desta vida nem às coisas materiais; são sonhos de uma noite passada num albergue".[22] O que restava de seus sucessivos sonhos? Um só desejo. Ele o tinha expressado claramente à irmã em 10 de julho: "Meu desejo quanto às santas ordens permanece firme, mas todo o resto é duvidoso".[23] Seria necessário todo esse longo desvio e esses impasses para ele querer e pedir aquilo que, havia anos, obstinadamente recusava?

Assim que chegou a Paris, em 17 de agosto, ele se apresentou ao Padre Huvelin, que descreveu essa visita a Marie de Bondy:

> Ele jantou, dormiu na casa, fez o desjejum comigo e seguiu para Nossa Senhora das Neves e para Roma. Seu traje era esquisito, parecia muito cansado e absorto. Acho que estava doente, mas foi bastante terno; é uma santa alma. Quer ser padre. Eu lhe indiquei o caminho. Tinha muito pouco, muito pouco dinhei-

---

[22] BAZIN, René. *Charles de Foucauld Explorateur au Maroc, Ermite au Sahara*. Paris: Plon, 1921, p. 178.
[23] Op. cit., pp. 178-179.

ro, e lhe dei algum. Ele conhecia muito bem minha opinião: eu a havia expressado num telegrama. Mas algo mais forte o impulsiona. Será que um diretor alguma vez já dirigiu alguém? Não preciso porém dirigi-lo, tenho só que admirá-lo e amá-lo.

O lugar aonde ele iria depois da ordenação era também evocado. Por que não à Argélia? O Padre Huvelin preferia a Terra Santa, em Nazaré ou outro lugar, padre à sombra de um convento, mas não no Monte das Bem-Aventuranças. De Roma, ele escreveria, em 3 de setembro, a Marie de Bondy:

> Seguindo o conselho do senhor padre, vou passar um tempo em Roma, depois vou também passar um tempo em Nossa Senhora das Neves, a fim de concluir minha preparação para a ordenação que começo aqui... O senhor padre concluiu que eu devia, apesar da minha indignidade, receber o sacramento tão santo da Ordem e oferecer o divino sacrifício... Ser ordenado, nas minhas condições, era algo humanamente difícil. O bom Deus tudo aplanou por intermédio do bom e excelente padre de Nossa Senhora das Neves: ele me dará hospitalidade até a ordenação, pessoalmente me preparará e tudo providenciou e acertou com seu bispo... Não tenho palavras para expressar o reconhecimento que lhe devo [...] Já não vem ao caso ir viver no Monte das Bem-Aventuranças; acho que já lhe escrevi dizendo isso. A conselho do senhor padre, voltarei depois de ordenado a Nazaré, onde continuarei a viver, como padre, à sombra tão doce e hospitaleira do convento de Santa Clara, que tão bem me recebeu.[24]

A partida de Nazaré e a volta à França não podiam ser consideradas um ato de obediência ao Padre Huvelin, que não era tolo: "Ele sabia muito bem qual era minha opinião; eu a tinha

---

[24] Arquivos da Postulação. *BACF*, n. 142, abril de 2001, p. 10.

comunicado por telegrama". Pouco importa! O Padre via além e tentava entrar numa lógica que ele não alcançava. Essa lógica inexplicável faria Charles de Foucauld escrever um ano depois: "Voltei para a França, seguindo o conselho de meu confessor, a fim de lá receber as Santas Ordens".[25] Quando escreveu isso, ele realmente acreditava no que dizia, já que o Padre acabaria aprovando sua providência. A cronologia tem pouca importância nos relatos autobiográficos de vocação! "A vontade de Deus será feita: pelos homens ou apesar deles, ele fará por nós o que for melhor", tinha ele escrito à sua irmã em carta de 10 de julho. Assim acabariam seus "sonhos de uma noite de albergue". Uma nova etapa começava em sua vida. Ele não analisava o que tinha acontecido. Apenas tinha consciência da verdade que o Padre Huvelin descobrira nele e que explicava tudo: "Algo mais forte o impulsiona, tenho só que admirá-lo e amá-lo".

Seria possível discernir esse "algo que o impulsiona" e que nos explicaria o itinerário complicado daqueles três anos? Não é nada fácil, mas nessas diversas tentações encontram-se alguns elementos que podem balizar o caminho.

A Trapa, Jerusalém, o hospital, o Monte das Bem-Aventuranças se apresentavam como um outro lugar que se opunha à estabilidade, ao enraizamento em Nazaré, ao enterro da semente na terra.

Fazer, criar, trabalhar em alguma coisa, servir, ser útil, ser mais eficaz eram atos bons e desejos legítimos, mas contrários à soberana eficácia de Nazaré em meio à aparente inutilidade. Essa eficácia é continuamente reafirmada nas cartas do Padre Huvelin e também nas do Irmão Charles.

Pedinte, superior de Trapa, serviçal em hospital, padre em um santuário, fundador de ordem não eram situações más por si sós.

---

[25] *LHC*, 14.8.1901.

Mas, para o eremita de Nazaré, eram sonhos que o impediam de viver de modo pleno a situação presente, a única a conter os valores da vida de Nazaré. Esses perpétuos recomeços não se conciliavam com a permanência que Nazaré exigia.

Jerusalém, o sacerdócio e o Monte das Bem-Aventuranças teriam colocado o Irmão Charles numa visibilidade contrária à vida oculta que definia a vida de Nazaré.

Trapa de Nossa Senhora das Neves

No verso da fotografia, estão algumas indicações feitas pelo Padre.

MUDANÇAS DE ORIENTAÇÃO

Vamos encontrar Charles de Foucauld novamente em Roma, onde passaria o mês de setembro de 1900. Preocupado com a dimensão que pudesse tomar sua "missão para as clarissas", Padre Huvelin lhe escreveu no dia 13:

> Livre-se rapidamente desses assuntos e negociações – o mais depressa possível. *Não se envolva com essas questões de dinheiro – eu lhe proíbo, meu filho. Nem mesmo fale com sua prima para garantir um empréstimo.* Vá a Barbirey, dê essa alegria a sua irmã. Seria melhor do que vê-la em Nossa Senhora das Neves!... E agora o sacerdócio! Cuide disso. Cuide apenas disso – assim que se desincumbir do pedido da abadessa de Jerusalém.

Tendo cumprido a missão para as clarissas, deixou Roma e seguiu para a Borgonha, onde passou alguns dias na casa da irmã conhecendo os sobrinhos e as sobrinhas. Em 29 de setembro, foi para Nossa Senhora das Neves.

Tendo retomado seu nome de trapista, Frei Marie-Albéric continuou a vida de eremita numa pequena cela do canto noroeste do mosteiro e, em 22 de dezembro, foi ordenado subdiácono em Viviers. Ao fim do retiro preparatório,[1] colocara por escrito, como de costume, sua decisão de confirmar a orientação de sua vida, conforme fora decidido com o Padre Huvelin.

Nesse texto ele se dizia um pobre serviçal dedicado à imitação da vida oculta de Jesus. Fazia aí uma analogia com seus deveres de subdiácono: edificação das almas e serviço do Santo Altar, da esposa que deve amar o esposo, obedecer-lhe, cuidar dos filhos e da casa. Uma pergunta: onde ele iria cumprir esses deveres?

> No momento, em Viviers. Depois, onde meu diretor decidir [...] Aonde o Esposo me chamar... Onde ele for glorificado com minha presença... Onde eu mais puder fazer bem às almas... Onde eu puder fundar os eremitas do Sagrado Coração na Terra Santa, primeiramente porque é a terra de Jesus, porque é de lá que nos veio "toda a graça".[2]

Como já vimos, essa fundação, que o absorvia desde 1893, tomou forma no final de 1898. Ele escrevera seu regulamento ao longo de 1899 e o copiara então em dois exemplares.

Onde poderia ele viver essa regra? Com outros, talvez? Voltou a pensar nisso no final de 1900. Tendo o Padre Huvelin excluído o Monte das Bem-Aventuranças, seria em Nazaré? Mas outro lugar caro a seu coração, "um dos mais santos dos lugares santos, e o mais abandonado",[3] apresentou-se a seu espírito: Betânia. Por que Betânia? Escrevera ele em suas meditações:

---

[1] FOUCAULD, Charles de. *Seul avec Dieu*. Paris: Nouvelle Cité, 1975; cf. os retiros preparatórios para as ordenações feitas em Nossa Senhora das Neves, pp. 21-83.

[2] Op. cit., pp. 21-22.

[3] Op. cit., p. 22.

> Sê bendito entre todos os lugares da Terra, oh Betânia de meu coração, tu, somente tu que deste ao Salvador dos homens o que os outros lugares da Terra lhe recusaram.

Ele concebia então "esse único lugar onde o Criador foi bem recebido: Betânia, o lugar da amizade, onde souberam fazer companhia a Jesus".

Já não eram, contudo, essas considerações afetivas que o prendiam, uma ideia nova o habitava: Betânia lhe aparecia como "o mais abandonado dos lugares santos". Como, porém, podia ele pensar em termos de "lugar abandonado" sem pensar em outros lugares bem mais abandonados que todos da Terra Santa? E foi assim que apareceu pela primeira vez por escrito a *Afrique Saharienne* (África Saariana). Depois, em 22 de agosto de 1905, ele escreveria ao Padre Caron:

> Em minha juventude percorri a Argélia e o Marrocos. No Marrocos, grande como a França, com 10 milhões de habitantes, *nenhum* padre no interior; no Saara argelino, sete ou oito vezes maior que a França e mais povoado do que se julgava, uma dúzia de missionários. Nenhum povo me parecia mais *abandonado* do que esses.[4]

Ele pensava nessa terra em que não havia ninguém para amar Jesus com imenso amor, onde os *eremitas do Sagrado Coração* fariam tanto bem.

Era só um sonho para depois, mas revelador de que uma ideia nova estava para adquirir consistência na cabeça do explorador de outros tempos. Charles partira para Akbès, em 1890, para "ir viver longe de tudo o que ele amava, em terra não cristã".

---

4   XXV *Lettres inédites du Père de Foucauld* (ao Cônego Caron). Paris: Bonne Presse, 1947, pp. 13-14.

Agora continuava querendo viver num lugar onde pudesse "ter a clausura, o silêncio, a distância de todos os assuntos temporais, uma vida inteiramente contemplativa". Mas queria viver "em país de missão". As paisagens da Ardèche lhe teriam por acaso evocado as do Saara? Em setembro, o encontro com um bispo missionário nas ruas de Roma teria despertado seu amor pela África? Teria ele lembrado nesse fim de ano de seu Natal de 1883 em Tisint, no sul do Marrocos, onde parece que ele teve o primeiro despertar do sentimento religioso? Mais recentemente, seu encontro em Nossa Senhora das Neves com Frei Augustin, ex-zuavo, talvez lhe tivesse reavivado as lembranças saarianas. Com efeito, descobrem eles itinerários em comum pelo sul da Argélia em 1881. Mais ainda, não poderia esse noviço ser o primeiro dos eremitas do Sagrado Coração?

Frei Augustin, também ele um pouco original, tinha querido entrar para a Trapa em 1º de janeiro de 1900, primeiro dia do século, julgava. Tinha porém se perdido na neve e só conseguiu chegar à Trapa em 2 de janeiro. Em agosto, quando o Irmão Charles se apresentou em Nossa Senhora das Neves para perguntar se o aceitariam por algum tempo, a fim que ele se preparasse para as ordenações, encontrou, quando ia ter com o Padre Padre, Frei Augustin no caminho. Este quis felicitá-lo e falar-lhe do livro *Reconnaissance au Maroc* [Reconhecimento no Marrocos], que ele tinha lido ou do qual tinha ouvido falar. Irmão Charles humildemente lhe respondeu: "Ah, sim, isso me será de grande utilidade no dia do julgamento final". Foi uma reação espontânea, da qual voltaremos a falar aqui.

Uma ideia nova

Durante os meses de abril e maio de 1901, apareceu mais uma ideia nova, que Charles comunicou ao Padre Huvelin; essas cartas, porém, se perderam. As respostas do padre, porém, foram preservadas e nos permitem conhecer um pouco o conteúdo de certas cartas de Charles de Foucauld. Em abril, ele deve ter escrito ao menos duas vezes. Temos uma resposta de 7 de maio que nos lembra aquelas de Nazaré.

> Fique, meu filho, em Nossa Senhora das Neves, sob as asas do R. P. Padre. Concordo com aquilo a que você se refere em sua última carta – e esse ano de formação aí passado, à sombra do bendito convento, não me pareceria um ano perdido, longe disso... Você trabalhará aí mesmo por Nazaré, preencherá o vaso aonde as almas irão beber – fortalecerá as mãos em que outros se apoiarão. Isso não é renunciar a sua Missão na Terra Santa – é se preparar para isso. Espere um ano, mas sem renunciar a seu pensamento sobre o Oriente. Há uma visão segundo a qual o bom Deus parece manter em você o olhar fixo. É a dessa missão, dessa família reunida – em torno do Divino Mestre; por isso, meu filho, é preciso maturidade, preparação. Este ano lhe dará isso tudo. O que você fizer aí fará para a Terra Santa que o atrai, que prende o olhar de seu espírito e orienta seu coração.

Isso é muito importante, pois pela primeira vez o Padre Huvelin lhe reconhecia uma dupla missão: de um lado, para a Terra Santa, e, de outro, para reunir uma família em torno de Jesus, em Nazaré. Não se pode, portanto, dizer, como recentemente apareceu por escrito, que ele sempre se opôs a esse projeto; também quanto a isso vamos verificar a evolução do Padre Huvelin.

Na sua carta seguinte, de 29 de maio, nota-se que o Irmão Charles deve ter feito outra proposta:

> Recolha-se para a missão que você recebeu, ao que parece. Só siga uma outra ideia, essa de que você me falou, se um movimento praticamente irresistível o impulsionar... *A priori*, meu filho, isso não me parece indicado. Algum tempo depois do seu sacerdócio – você verá! Há aí uma *preparação ativa* que eu não desdenharia, se o movimento se lhe apresentar como irresistível... mas *a priori* eu preferiria o recolhimento do claustro.

Essa "outra ideia" só pode ser a da África saariana, aonde ele poderia ir, a fim de se preparar ativamente para sua dupla missão, em vez de permanecer por mais um ano em Nossa Senhora das Neves. Na opinião do Padre Huvelin, essa ideia não devia ser perseguida, a não ser que "um movimento praticamente irresistível" o impulsionasse.

Ora, no começo de junho, bem parecia que esse "movimento irresistível" o habitava: mais do que nunca ele se sentia movido e em missão especial. Já vimos quantas vezes em Nazaré e em Jerusalém ele se julgou encarregado de uma missão, mas a situação mudava sempre de modo súbito. Estaríamos novamente diante de uma simples ilusão? Ou de um chamado mais sério?

Essa ideia nova apareceu, portanto, em abril. Trazia ela um novo modo de ler as Escrituras. Essa leitura não se limitava ao Evangelho, compreendia também os Atos dos Apóstolos, as Epístolas de São Paulo, o Apocalipse. Ao ler os numerosos textos escritos, notas e cópias de frases do Evangelho, vemos que a escolha das frases já é significativa. Além disso, ele fazia uma seleção nessa escolha e uma seleção da seleção. Encontramos frases bem características:

> "Vim lançar o fogo sobre a terra." "Salvar o que estava perdido." "Para iluminar aqueles que estão nas trevas e na sombra da morte." "Não são os sãos que precisam de médico, mas os doentes." "Vá a toda parte pregar o Evangelho a todas as

criaturas." "Assim como meu Pai me enviou, também eu vos envio." "Eu vos envio como cordeiros em meio aos lobos."[5]

Os eremitas se tornam irmãos

Essa "ideia nova" o levou também a fazer uma nova leitura de seu Regulamento escrito em 1898 para os eremitas do Sagrado Coração. Ele substituía a palavra "eremitas" por "irmãozinhos". Essa modificação obrigou-o, porém, a pegar os dois exemplares de seu Regulamento para corrigir todas as passagens que já não convinham à perspectiva nova. Ele apagou as ocorrências de "eremitas" e as substituiu por "irmãozinhos", o que ficou visível no original. Esse trabalho de correção deve tê-lo ocupado por algum tempo, pois ele também escreveu o texto das Constituições em francês e o traduziu para o latim. Temos assim os quarenta parágrafos das Constituições correspondendo aos quarenta capítulos da Regra. Na Regra, cada capítulo começa com uma série de citações do Evangelho. No começo desse conjunto, ele introduziu *Le Modèle Unique* [O modelo único], o pequeno livro que ele montou em Nazaré.

Essa mudança representava bem mais do que uma troca de rótulo, o que o levou a fazer outras correções e, às vezes, a colar uma pequena errata em certas linhas ou em uma meia página. Foi assim que surgiram outras palavras que iriam adquirir importância, particularmente o adjetivo "universal". Surgiria também "a universal caridade", "irmão e amigo universal". Encontramos essas mesmas expressões nas cartas escritas ao longo dos meses seguintes, nas quais ele fala de seu novo projeto

---

[5] FOUCAULD, Charles de. *Seul avec Dieu*. Paris: Nouvelle Cité, 1975, pp. 77-78.

de vida. Nota-se que a utilização do vocabulário "fraternidade universal" limitou-se praticamente ao ano de 1901, em Nossa Senhora das Neves e nos primeiros meses passados em Béni Abbès, até o começo de 1902.

A mudança de "eremitas" para "irmãozinhos" foi a mais marcante do ano de 1901. Encerrada a questão do eremita e do solitário, passou a pensar em termos de "irmãos", no tocante a seus futuros companheiros, e quanto à casa deles todos, em termos de "fraternidade". Esta última, pela primeira Regra, deveria se chamar "Nazaré" e, pela grande Regra, *Eremitas do Sagrado Coração*, um "eremitério". Sem dúvida assim podia ele exprimir melhor o que era sua nova missão. O ex-trapista continuava a se considerar monge, mas o ex-eremita se considerava irmão, irmão de Jesus, irmão dos homens. Parecia que a preocupação com os outros tinha entrado concretamente em seu projeto, e daí por diante seria essa a motivação de suas escolhas. Para "estar com Jesus", já não bastava estar "só com ele", ir para "longe" de tudo, a fim de estar só com ele, era preciso fazer o que mais lhe agradava. E o que Jesus queria, acima de tudo, era a salvação dos homens.[6]

Seria isso algo novo? Não, podemos nos reportar àquilo que ele escreveu a Henri Duveyrier em 24 de abril de 1890, três meses depois de seu ingresso na Trapa:

> Todos os homens são filhos de Deus, que os ama infinitamente: é, portanto, impossível amar, querer amar a Deus sem querer amar os homens [...] O último mandamento de Nosso Senhor

---

[6] A última citação, n. 74, das "passagens edificantes dos autores piedosos", copiada em Nossa Senhora das Neves, é de São João Crisóstomo: "O melhor meio de estar com o Cristo é cumprir sua vontade. E o Cristo antes de tudo quer que obtenhais a salvação dos irmãos". Homilia sobre São Mateus 77. Ele colocaria essa frase como epígrafe no começo do Caderno que começaria ao chegar a Beni Abbès.

MUDANÇAS DE ORIENTAÇÃO

Jesus Cristo, algumas horas antes de sua morte, foi: "Amai-vos uns aos outros, meus filhos; o que revelará se sois meus discípulos é o amor que tendes uns pelos outros.[7]

A diferença é que ele podia escrever no claustro pensando naqueles que estavam fora. Na época, pensava principalmente em se afastar deles, em esquecê-los, em vê-los apenas nos sonhos, conforme a carta de 19 de maio de 1898, escrita em Nazaré e endereçada a Padre Jérôme:

> Sua vontade para convosco é que vos ocupeis *dele somente*, não digo não amando os outros, amando-os profunda e ardentemente à vista dele, mas por enquanto e por vários anos ainda, esquecendo-os completamente, vendo-os somente como em uma espécie de sonho, e, vivendo, não posso deixar de repetir, no universo como se estivésseis só com Deus [...] Considerai, por assim dizer, todos os homens, todos, como se não existissem.[8]

Essa era então sua maneira de amar os homens e de trabalhar pela salvação destes, privando-se de vê-los, proibindo-se de escrever-lhes e oferecendo esse sofrimento pela salvação também deles.

Em certa altura, "os outros" deixaram de ser uma abstração, mas homens em direção aos quais era preciso ir e, portanto, deslocar-se para se juntar a eles, deles se tornar "próximo", entrar em "contato" com eles, estabelecer com eles "relações" estreitas. Esse é o vocabulário que vemos surgir em seguida. Tornar-se irmão e amigo. Já não bastava amar a distância, isolar-se para melhor estar com Jesus, a fim de trabalhar melhor para a salvação

---

[7] POTTIER, René. *Un prince saharien méconnu Henri Duveyrier*. Paris: Plon, 1938, p. 226.

[8] FOUCAULD, Charles de. *"Cette chère dernière place". Lettre à mes frères de la Trappe*. Paris: Cerf, 1991, p. 183.

das almas. A reviravolta é grande, mas o conjunto não era visto com clareza. Irmão Charles, que aceitara essa nova orientação em sua vida, não imaginava as consequências da mudança ocorrida. Ser-lhe-ia necessário todo o resto da vida para disso tomar consciência e ver aonde isso o conduziria. Não esqueçamos que ele levava consigo Regulamentos escritos para eremitas e, apesar das correções que fizera, não seria de surpreender que depois de certo tempo isso não funcionasse mais.

Aonde ir?

Foi ordenado padre em Viviers, em 9 de junho de 1901. Na eleição que fez pouco depois, respondeu do seguinte modo à pergunta referente a onde estabelecer os Irmãozinhos do Sagrado Coração:

> Não num lugar em que se encontrem mais probabilidades *humanas* de haver noviços, autorizações canônicas, dinheiro, terrenos, apoios, não; mas *num lugar mais que perfeito*, mais que perfeito de acordo as palavras de Jesus, o mais conforme à perfeição evangélica, o mais conforme à inspiração do Espírito Santo; *num lugar aonde Jesus iria*: à "ovelha mais desgarrada", ao "irmão mais doente" de Jesus, aos mais abandonados, àqueles que têm menos pastores, àqueles que "se encontram nas mais densas trevas".[9]

As aspas são abundantes, as citações afluem a seu espírito para conduzir à conclusão de que era preciso ir primeiramente ao Marrocos.

Pela primeira vez ele falava em Marrocos, mas era nesse país que ele pensava desde a primeira alusão à África saariana.

---

[9]   Id. *Seul avec Dieu*. Paris: Nouvelle Cité, 1975, pp. 79-80.

Sabia que não era o caso de entrar no Marrocos, mas de se aproximar ao máximo possível das "regiões limítrofes". Alguns dias depois, ele se fez de novo a pergunta relativa a aonde ir "primeiramente". "Não seria melhor ir antes à Terra Santa?" Ir primeiramente à Terra Santa permitiria uma preparação. A resposta foi: "*Não*". Era claro e definitivo: "É preciso ir não ao lugar onde a *terra* é a mais santa, mas onde as *almas* são mais necessitadas. Ele opunha as pessoas, de um lado, e, de outro, a terra; e exprimia-se em termos de "penúria" e de "extrema escassez" diante da "grande abundância". Confirmaria tudo isso com uma última citação, para ele prova da vontade de Deus:

> Quando deres um almoço ou um jantar, não convide teus amigos nem teus irmãos, nem teus pais, nem os vizinhos ricos... quando ofereceres um banquete, convida, em vez deles, os pobres, os estropiados, os coxos, os cegos.[10]

Depois, em 8 de abril de 1905, ele retomaria as mesmas palavras para explicar ao Padre Caron sua mudança de orientação:

> Meus retiros do diaconato e do sacerdócio me mostraram que a vida de Nazaré, que parecia ser minha vocação, devia ser levada não na tão amada Terra Santa, mas entre as almas mais doentes, as ovelhas mais abandonadas. Esse divino banquete do qual eu me tornava ministro devia ser apresentado não aos pais, aos vizinhos ricos, mas aos coxos, aos cegos, aos pobres, isto é, às almas mais carentes de padres.

Essa mudança de destino era uma mudança de orientação, como na época de sua juventude, quando ele decidira partir para o Marrocos e não mais para o Oriente.

---

[10] Op. cit., p. 83.

Ora, havia alguns meses que Charles de Foucauld devia pensar de modo diverso em relação a esse país que ele fora o primeiro a reconhecer. Aos 24 anos, ele tivera a audácia de planejar essa exploração e a coragem de realizá-la até o fim, arriscando a vida. Não haveria então de ter a mesma audácia depois, por amor a Jesus, e não mais para seu próprio prazer? Não seria esse um dever que se impunha? Sentindo que seu temperamento o levava sempre a fazer aquilo que os outros não tinham ainda feito, ele se perguntava se não havia aí um pouco de amor-próprio ou de orgulho oculto. Essa resposta ele deu citando Teresa d'Ávila:

> Não. Pois seu efeito, nesta vida, não será a consolação nem a honra, mas a cruz e a humilhação: "Ou serás desprezado, ou eu serei glorificado: dos dois modos ganhas".[11]

Permanecia a pergunta: Quando? Como resposta, ele se contentou em citar Lucas 1,39:

> Levantando-se, Maria partiu *apressada*: Quando estamos plenos de Jesus, estamos plenos de Caridade... Portanto, quando eu estiver razoavelmente preparado, e se der o sopro do Espírito Santo, meu diretor me dirá: "parta".[12]

Em 22 de junho de 1901, Charles de Foucauld escreveu, como o Padre Padre, ao Padre Livinhac, superior geral dos padres brancos, a fim de saber aonde ele poderia ir e a quem dirigir-se.[13]

Onde poderia ele se instalar? Começou então uma correspondência com Henry de Castries. Dirigiu-se a ele como a um amigo

---

[11] Op. cit., p. 83.
[12] Op. cit., p. 81.
[13] Id. *"Cette chère dernière place"*. *Lettres à mes Frères de la Trappe*. Paris: Cerf, 1991, p. 242.

muito caro, oito anos mais velho, quando na verdade o conhecia muito pouco.[14] Em 23 de junho de 1901, ele lhe escreveria:

> Que local escolher para tentar essa pequena fundação? [...] um ponto em que se possa entrar em contato com os marroquinos [...] algum oásis *solitário* entre Ain-Sefra e Tuat [...] Ninguém conhece melhor que você essa região; recorro então a você, que sempre me fez tantos gestos de bondade, a fim de que me faça mais um favor: o de me indicar qual ponto do extremo sul lhe pareceria mais bem situado para um primeiro pequeno estabelecimento.

Já assinalamos a reviravolta do Padre Huvelin, que em 26 de junho escrevia: "Passo a concordar com sua ideia referente à África tão abandonada". Queria, no entanto, vê-lo permanecer ainda por muito tempo em Nossa Senhora das Neves para que se preparasse melhor. Em 15 de julho, finalmente lhe escreveria:

> Siga esse movimento que o impulsiona, meu filho. Não é o que sonhei, mas creio ser o que Deus lhe diz, já que você não pode permanecer na Trapa. Vá aonde o Mestre o chama. Abençoo suas intenções, seus projetos, que vão somente conduzi-lo a ele e executar sua obra na Terra. Farei tudo o que puder para ajudá-lo.

Nesse mesmo dia, Dom Martim despachava o pedido oficial do novo padre, apresentando-o ao Padre Livinhac: "Nunca em minha vida vi um homem que realize a tal ponto o ideal da

---

[14] Com base em documentos de arquivos (Nacionais, Service Historique de l'Armée, Fonds privés), Michel de Suremain faz um paralelo entre os itinerários de Henry de Castries e Charles de Foucauld e conclui que o começo das relações entre esses dois homens se deu depois de 1884. *BACF*, n. 131, julho de 1998, p. 7.

santidade".[15] Nesse pedido, Charles de Foucauld expunha claramente suas intenções e seus projetos. Mas é em outras cartas que encontramos suas verdadeiras motivações.

A nostalgia do deserto e o amor a uma terra não são a causa desse "movimento irresistível" que o impulsionava, a ponto de ele não conseguir mais rezar sem pensar no Marrocos, conforme escreveu a Henry de Castries em 23 de junho:

> Somos daqueles monges que não conseguem recitar o Pai-Nosso sem pensar, com dor, nesse vasto Marrocos onde tantas almas vivem sem "santificar a Deus, participar de seu Reino, realizar sua vontade, conhecer o pão divino da Santa Eucaristia".

Não tinha ele um dever de reconhecimento para com aqueles que o tinham feito "entrever algo maior e mais verdadeiro que as preocupações mundanas"?[16]

É o que ele disse a Padre Jérôme em uma carta de 17 de julho:

> Não me é possível praticar o preceito da caridade fraternal sem consagrar minha vida a fazer todo o bem possível a esses *irmãos de Jesus* a quem tudo falta, pois Jesus lhes falta. Se eu estivesse no lugar desses infelizes [...], que não conhecem [...] nada do que faz toda nossa felicidade aqui embaixo e toda nossa esperança lá em cima; e conhecendo um triste estado, ah como gostaria que fizessem o possível para dele me tirarem! O que gostaria para mim devo fazer para os outros: "Faça o que você quer que lhe façam".

A preparação material mobilizou alguns monges felizes por participarem da obra daquele que consideravam um santo. O

---

[15] Id. *"Cette chère dernière place". Lettres à mes frères de la Trappe.* Paris: Cerf, 1991, p. 243.
[16] *LHC*, 8.7.1901.

MUDANÇAS DE ORIENTAÇÃO

altar desmontável, o tabernáculo, os castiçais de madeira, as caixas para transportar os livros, as vestes, os utensílios de cozinha. Desde setembro de 1900, Marie de Bondy confeccionava uma casula e os acessórios litúrgicos. Catherine de Flavigny doou o cálice, o cibório, o ostensório e muitos livros.[17]

Em 22 de agosto, não tendo recebido nenhuma resposta a seu pedido e estando informado de que Padre Bazin fora nomeado para a direção do vicariato apostólico, Charles lhe escreveu uma nova carta. Insistia no pedido e acrescentava um argumento que julgava adequado para convencer da urgência:

> A lembrança de meus companheiros mortos sem sacramentos e sem padre, há vinte anos, nas expedições contra Bu Amama, das quais eu fazia parte, pressiona-me extremamente para que eu parta para o Saara, tão logo me concedais as faculdades necessárias, sem me demorar um único dia.[18]

Tendo finalmente recebido as cartas de Charles de Foucauld, Dom Guérin,[19] que acabava de ser nomeado prefeito apostólico do Saara, escreveu para obter informações e, como tivesse que partir de Alger para seu posto no sul, em Gardaïa, enviou um telegrama a Nossa Senhora das Neves pedindo a Irmão Charles que fosse rapidamente falar com ele. Ao contrário do que escreveu René Bazin,[20] ele partiu sem bagagens, que ficaram

---

[17] Id. *Carnet de Beni Abbès.*, Paris: Nouvelle Cité, 1993, p. 66.

[18] Id. *Correspondances sahariennes*. Paris: Cerf, 1998, p. 27.

[19] O vicariato apostólico do Saara e do Sudão acabava de ser dividido em dois e criava-se a prefeitura apostólica de Gardaïa. Charles de Foucauld seria depois informado de que um jovem Padre Branco acabava de ser colocado no comando dessa prefeitura apostólica, padre Charles Guérin, de apenas 29 anos. Foi ele quem respondeu às duas cartas que Charles escrevera para se apresentar.

[20] BAZIN, René. *Charles de Foucauld, explorateur au Maroc, ermite au Sahara*. Paris: Plon, 1921, p. 197.

em Nossa Senhora das Neves e seriam enviadas depois, se ele ficasse em Alger. Estava pronto para partir no primeiro navio. Tendo escrito muitas cartas para anunciar mais ou menos vagamente sua partida, ele partiu numa sexta-feira, 6 de setembro, da Bastide Saint Laurent, tomando o trem para Marselha. Lá chegando, instalou-se entre os padres do Santo Sacramento, fez uma peregrinação a Sainte Baume durante o dia 8 de setembro e embarcou na segunda-feira, dia 9, ao meio-dia, para Alger.

Padre Huvelin escrevera, em 25 de agosto, uma carta tão persuasiva quanto possível para Dom Guérin:

> Vereis nele o devotamento heroico, a resistência sem limites, a vocação para agir no mundo muçulmano, o zelo humilde e paciente, a obediência no zelo e o entusiasmo que ele tem, o espírito de penitência sem nenhum pensamento de censura e de severidade contra quem quer que seja.[21]

E uma semana depois, em 1º de setembro, em resposta a uma nova pergunta do Dom Guérin: "Todas as objeções que vos ocorrem, quantas vezes me ocorreram! Só cedi diante da experiência e de longas provas". Anteriormente, dissera ele:

> Sua vocação sempre o atraiu para o mundo muçulmano. Sua estada na Argélia, sua viagem pelo interior do Marrocos, seus anos passados na Palestina o prepararam, o endureceram para essa missão. Vi essa vocação chegar. Vi que ela o tornava mais ajuizado, mais humilde, mais simples, mais obediente [...] Em minha alma e consciência, creio que ela vem de Deus [...] Nada de *estranho* nem de extraordinário, mas força irresistível que impulsiona, *instrumento duro para um rude labor* [...] Firmeza, desejo de ir até o fim no amor e no dom, e deles obter todas as consequências – jamais o desencorajamento, jamais – um pouco

---

[21] Op. cit., p. 191.

de aspereza em outra época, mas que se abrandou! Deixai-o ir e vede![22]

Padre Henri, que se tornara prior em Nossa Senhora de Staueli, escreveu, em 5 de setembro, para o Dom Guérin, informando-o da carta recebida do Irmão Charles em julho:

> É a mais bela alma que conheço; de uma generosidade incrível, ele avança a passos de gigante no caminho do sacrifício e tem um desejo insaciável de se dedicar à obra da redenção dos infiéis. É capaz de tudo – a não ser talvez aceitar uma direção muito estreita [...] tudo o que posso acrescentar é que, tendo vivido com ele seis meses de intimidade, sempre me senti profundamente edificado com sua virtude heroica. Há nele o estofo dos santos. Sua simples presença é uma predicação eloquente, e, apesar da singularidade aparente da missão à qual ele se sente chamado, podeis com toda certeza acolhê-lo em vossa prefeitura apostólica.[23]

No mesmo dia, Dom Bonnet, bispo de Viviers, por sua vez escrevia:

> O sr. Padre de Foucauld é um ex-oficial brilhante que abandonou a carreira para se entregar mais completamente a Deus por meio do sacerdócio. Eu o ordenei padre; ele é meu súdito, e julgo ser uma grande dádiva para minha diocese ter tido por algum tempo um padre de tal mérito e caráter [...] Ele adquiriu aqui a reputação de santo, e nossos padres solicitam como uma grande graça a ventura de estar ao lado dele por alguns instantes.[24]

---

[22] Op. cit., p. 194.
[23] FOUCAULD, Charles de. *"Cette chère dernière place". Lettres à mes frères de la Trappe*. Paris: Cerf, 1991, p. 246.
[24] Op. cit., p. 245.

Precedido de todas essas recomendações e de uma reputação de santidade que o teria assustado, caso dela tivesse tomado conhecimento, nosso Irmão Charles podia partir confiante de que a Providência tornaria fáceis todos os caminhos.

Lugares onde viveu Charles de Foucauld ao redor do Mediterrâneo

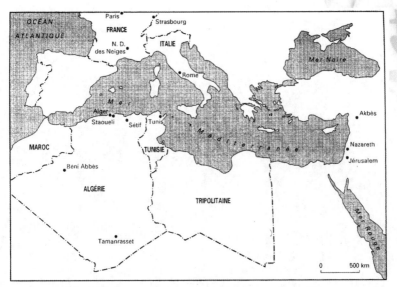

Assinalados com um ponto, os lugares onde residiu ou por onde passou Charles de Foucauld.

DO AFASTAMENTO À APROXIMAÇÃO

Vestindo a túnica branca com o coração e a cruz no peito, Charles de Foucauld, que retomara o nome de Charles de Jesus, pegou, em 9 de setembro de 1901, o navio que o levaria de Marselha a Alger. É o momento de fazer um balanço de seu itinerário. Havia quinze anos que ele reencontrara a fé e restavam-lhe ainda quinze anos de vida. Além disso, não era o mar Mediterrâneo o centro geográfico de sua vida? Para compreender o sentido da viagem que ele estava fazendo, podemos contrapô-la a outra viagem que o levara de Marselha a Akbès em 1890.

Essa primeira viagem o conduzira longe de tudo, o mais longe possível. Os quinze anos que acabamos de percorrer se inserem todos na mesma direção: afastar-se o mais possível, esquecer seu passado, seu nome, sua profissão, suas amizades, deixando sua família, sua casa, seus bens, seu país. Tudo isso para seguir seu Senhor, para estar só com ele, para encontrá-lo onde ele está, no último lugar, para lhe oferecer o maior sacrifício possível. Renunciando à presença daquela que lhe dera tudo, que lhe dera o próprio Deus, ele oferecia o maior sacrifício que podia fazer a seu Senhor Bem-Amado. Nenhuma austeridade jamais seria suficientemente forte para superar o sacrifício dessa separação.

A alegria de viver com Jesus e só por ele, o culto de sua presença e a busca de sua intimidade jamais impediriam o sofrimento do afastamento. A chaga permaneceria viva por quase vinte anos.

Indo sempre além do possível na busca da perfeição, a vontade humana lançada em direção a um infinito inatingível, viveu ele durante quinze anos seguindo essa direção única que ia ao mais baixo, ao mais longe, para estar o mais perto, no mais íntimo, do coração de Jesus. Constatamos essa tendência ao excesso para a qual o Padre Huvelin queria alertá-lo, muito perigosa, caso não se dissociasse da busca de sua própria perfeição:

> Você precisa defender-se desse movimento em direção ao infinito, que traz inquietação e nunca o deixa fixar-se em parte alguma – esse movimento só é possível nos corações em que nunca há excessos.[1]

Também nessa direção ele rapidamente passou a valorizar, de modo absoluto, motivações antes de tudo negativas: renúncia, separação, desprezo à criação, negação de si mesmo a ponto de se destruir e se odiar. Essa direção era o sentido da viagem para Akbès, que o levaria para longe de tudo, a fim de renunciar a tudo.

Já nessa viagem a Alger, podemos constatar que a direção é completamente diferente, até mesmo oposta. Durante os primeiros anos de sua vida de fé, sua vontade de "estar com Jesus" se caracterizava por palavras como "ir longe", "afastar-se de tudo o que fazia parte de sua vida", "separar-se", "sair de si mesmo para estar só com Jesus". Nesse ano de 1901, ele tomou consciência de que "estar com Jesus" era "fazer o que Jesus quer de

---

[1] *LAH*, 2.8.1896.

DO AFASTAMENTO À APROXIMAÇÃO

mim". A partir desse momento, manifestou-se uma vontade de ir em direção aos homens, de se tornar *próximo* deles.

A esse "longe", que assinalava o sentido da primeira viagem, seria possível opor um "em direção a": em direção a um país, em direção a qualquer pessoa. Já não era a preocupação de deixar alguma coisa, alguém, mas a de ir "em direção a" alguém. A um "longe" opunha-se um "próximo". Daí por diante, a partir de um lançar-se que tem Jesus como origem, trata-se de um movimento de aproximação, não mais de afastamento. Como, porém, ele quisesse se aproximar dos que estavam longe, frequentemente se confundiu esse com o outro "longe", o do afastamento. Parece-nos que essas duas direções, de afastamento e de aproximação, dividem em duas partes os trinta anos de sua vida de fé.

Vemos assim surgirem expressões novas. Já não era apenas "estar com Jesus", mas "estar com as pessoas", viver, portanto, cada vez mais próximo delas, estabelecer relação, tomar contato, criar vínculos. Ao examinar todo o resto de sua vida, veremos como essa proximidade, cada vez maior, materializou-se até mesmo nos lugares em que ele habitou, na implantação e na forma de suas habitações. Era um novo modo de enterrar-se, não mais como aquele com que ele sonhava em Nazaré, mas o enterrar-se em um povo.

Era um querer-se "pequeno e abordável". Era ser *irmão*, não pai, daqueles de quem queria se tornar próximo. Era estudar uma língua, ligar-se às pessoas por laços de amizade, de afeição. A palavra-chave de toda essa diligência era "relação". Ele buscaria entrar em relação e mantê-la com um número cada vez maior de pessoas, assim como fizera e não deixara de fazer no tocante a Jesus.

Isso começou desde a chegada do navio a Alger. O Padre Henri, seu amigo da Trapa, lá estava, bem como o Padre Guérin, o jovem padre branco que assumia o posto de bispo e haveria de ser seu superior e amigo. Temos como prova disso as cartas publicadas em *Correspondances sahariennes*[2] [Correspondências saarianas]. Haveria também o reencontro com um companheiro de Saint-Cyr, o comandante Lacroix, a serviço no Bureau Árabe, o mais bem situado para ajudá-lo a encontrar seu lugar de fixação e obter as autorizações para lá chegar. Esse companheiro estava com a família – a mulher e a filha –, o que obrigou o Irmão Charles a um mergulho no mundo, nem que fosse apenas por causa dos pequenos pratos que a senhora Lacroix preparara para ele, que supostamente não teria mais nada para comer depois de partir para o Saara.

Haveria ainda, no caminho para Béni Abbès, uma parada em Ain-Sefra para agradecer aos generais que o haviam autorizado a se instalar em Béni Abbès. Recebido pelos oficiais, foi obrigado a se hospedar na residência deles. Quando o Irmão Charles chegou a Béni Abbès, colocaram-lhe à disposição uma égua, para que ele pudesse percorrer as últimas etapas. Ele, que queria lá chegar como peregrino pobre, a pé, ver-se-ia rodeado de uma escolta, e os militares árabes beijariam seu albornoz. Seriam muitos encontros e situações que seu Regulamento não tinha previsto.

Entre os militares que ele encontraria, alguns se tornariam amigos, bem como outros de Béni Abbès e, depois, Laperrine, que foi ter com ele e o levaria para o Sul; por fim, oficiais do Hogar e dos Tuaregues. Essas relações ganharam importância em sua vida, não apenas por causa da influência que ele pôde exercer sob os outros, mas também pela influência que tiveram sobre ele. Todos, de uma maneira ou de outra, contribuiriam para humanizar o homem que, até então, tendia a se tornar um

---

[2] FOUCAULD, Charles de. *Correspondances sahariennes*. Paris: Cerf, 1998.

super-homem em seus excessos de ascetismo.[3] Esse processo de humanização se dava bem no sentido da encarnação de Deus ao se fazer cada vez mais próximo dos homens por intermédio da humanidade de Jesus.

Esse esquema, que pretende materializar o que acabamos de dizer, pode contribuir para dar uma ideia geral do que foi a vida do Irmão Charles. Podemos dele nos servir para melhor compreender sua devoção à Eucaristia. Na linha do Concílio de Trento, ele aí vê essencialmente o sacramento da Presença, tornando possível o "estar com". A partir de sua conversão a Santo Agostinho, pode-se dizer que ele foi colocado na presença de Deus, em relação com ele. Esse culto da Presença não seria de início o da Presença de Deus na alma, embora ela lhe seja evidente, mas seria sobretudo a Presença de Jesus no sacramento.

---

[3] Cf. carta de Dom Martin ao Padre Guérin, em *"Cette chère dernière place". Lettres à mês frères de la Trappe.* Paris: Cerf, 1991, p. 281: "A contenção do espírito que ele impõe [...] me parece tão sobre-humana que temo que ele enlouqueça seu discípulo com essa excessiva tensão do espírito, antes de fazê-lo morrer em razão do excesso de austeridades".

Jesus está aí, como uma presença local. Podemos compreender sua linguagem, porque o objetivo é "estar com Jesus", fazer-lhe companhia, estar o mais perto possível.

Todo o aspecto negativo do afastamento, da separação, do sacrifício manifesta outro aspecto da Eucaristia, lembrança do sacrifício de Jesus a tornar-se sempre presente em nossa vida. A referência permanente ao 15 de janeiro de 1890, durante todo esse tempo, bem sublinha esse aspecto da Eucaristia: sofrimento oferecido em união com os sofrimentos de Jesus. Mas era ainda para "estar com ele" primeiramente em suas dores, em seu sofrimento.

Enfim, o movimento de aproximação para "ir em direção aos outros" nos conduz a um terceiro aspecto da Eucaristia, que é compartilhamento, refeição feita em conjunto, banquete oferecido aos outros. A partir do momento em que houve consciência de ser servidor da Eucaristia, era preciso levá-la àqueles que não conheciam esse dom. O desejo de transportar, de implantar a Presença de Jesus era visto de um modo bem local: tratava-se de estabelecer tabernáculos em lugares cada vez mais distantes. É, no entanto, preciso assinalar desde já que ele evoluiria e não se ateria a essa concepção espacial. Quando se visse com um tabernáculo vazio, ele ainda assim permaneceria, tendo então a oferecer aos outros, no tocante à presença eucarística, apenas a sua presença, vida oferecida, vida exposta.

Essa viagem de 9 de setembro de 1901 assinala uma orientação nova, uma mudança de direção. Daí por diante, ele já não sonharia com a "solidão com Jesus apenas" em seu eremitério, mas, desejando ter companheiros, suportaria viver só em meio àqueles por quem fazer alguma coisa era fazer isso por Jesus.

Irmão Charles passaria a não mais se ocupar com uma perfeição ideal, impossível, mas a se deixar moldar pelo Espírito, ao sabor dos acontecimentos e dos encontros. Isso o levaria a se esquecer de si mesmo. Uma das primeiras resoluções anotadas em seu Caderno, a partir da chegada a Tamanrasset, em 1905, seria: "Fazer o que eu puder para a salvação dos povos [...] destas terras, num esquecimento total de mim mesmo".[4] Em vez de meditar sobre o esquecimento de si, ele faria o que Deus quisesse para ele, no presente, ainda que isso lhe parecesse contrário àquilo que ele chamava de "sua vocação". O Padre Huvelin não deixaria de encorajá-lo nesse sentido. Em 18 de maio de 1902, ele lhe escreveria:

> Meu caro amigo, meu filho. Suporte-se! Mantenha-se humilde, paciente para consigo mesmo, menos preocupado em livrar-se do sono do que da inquietação e dessa *inquieta* busca do melhor, que o atormenta. Mantenha-se calmo para receber as graças de Deus e, caso conserve dentro de si raiva de si mesmo, que seja uma raiva tranquila como água profunda.

Essa carta faz pensar naquilo que escreveu Bernanos *em Le journal d'un curé de campagne* [O diário de um cura de aldeia]: "Odiar-se é mais fácil do que julgamos; a graça é esquecer-se. Mas se todo orgulho estivesse morto em nós, a graça das graças seria amar humildemente a si mesmo, como a qualquer dos membros sofredores de Jesus Cristo".

Podemos nos perguntar se Charles de Foucauld chegaria a amar a si mesmo, assim como Deus o amava. Pelo menos ele não procuraria destruir-se e aniquilar-se. Se ainda falava disso, era em outro sentido, citando São João da Cruz, e para se deixar vergar sob os acontecimentos e as contrariedades da vida, pelo trabalho intenso e pelas numerosas preocupações.

Ao entrar na Trapa, tinha ele rompido relações com os amigos. No entanto, já em Nossa Senhora das Neves, as circunstâncias

---

[4] Id. *Carnets de Tamanrasset*. Paris: Nouvelle Cité, 1986, p. 63.

o obrigaram a restabelecer o contato com eles e, a partir de então, já não temia manter relações de amizade, cheias de calor humano, com quem viesse a encontrar. Suas cartas, e ele escreveu milhares delas, provocam nossa admiração. Qualquer que fosse a pessoa a quem ele se dirigisse, era sempre o mesmo homem que escrevia, e com o mesmo senso da relação humana.

Ele, que renunciara a rever sua prima neste mundo, a reencontraria em 1909, depois de dezenove anos de separação, sem que os laços se tivessem afrouxado um só momento. Durante o período longo e doloroso de afastamento, ela fora para o primo um verdadeiro apoio, não se pode esquecer. Teria ele realmente podido viver em sua solidão sem a correspondência trocada com ela e com outros?

Ele interrompera toda correspondência com a maioria dos amigos por amor a Deus. Retomou-a, porém, "para nos ajudar mutuamente a passar de modo santo os poucos anos que nos restam de vida, para nos auxiliar a viver e morrer no Coração de Jesus".[5]

Ao chegar a Béni Abbès, procuraria ainda se esconder, mas logo haveria de fazer o possível para dar a conhecer o que fazia ali. Além disso, querendo que os oficiais se interessassem pelo Marrocos e ele pudesse um dia lá entrar, era obrigado a falar daquilo que ele vira durante seu reconhecimento. Passaria até a não mais ocultar seu nome nem seu passado. Pode-se observar isso na evolução de sua assinatura. A partir de 1911, ele assinava "fr. Ch. de Foucauld"; a partir de 1913, somente "Ch. de Foucauld" ou "Charles", ou até mesmo "Ch" nas cartas para os mais íntimos.

Em 19 de agosto de 1900, tinha respondido a Frei Augustin, que o cumprimentava por seu feito no Marrocos: "Sim, princi-

---

[5] Carta de 2 de março de 1902 ao Doutor Balthazar.

DO AFASTAMENTO À APROXIMAÇÃO

palmente isso de muito me servirá no julgamento final". Ora, alguns anos depois, ele escreveu a Massignon para encorajá-lo a terminar seu trabalho, a escrever seu livro, como Huvelin fizera com ele depois da conversão:

> Se consegui fazer algum bem, se pude me estabelecer no Saara, é que, em busca de Jesus, fui oficial e viajei ao Marrocos. Deus prepara as coisas de longe e faz serem úteis para a salvação das almas os bons, os maus e os atos realizados pensando bem pouco Nele.[6]

Se, por um lado, isso o impedia de correr para o último lugar, com qual sempre sonhava e que arrumaria a seu gosto, por outro, obrigava-o a aceitar o lugar que Deus lhe dava. O que é admirável é que nesse lugar ele se portou como humilde servidor, e isso não escapou a seus contemporâneos.

---

[6] SIX, Jean-François. *L'aventure de l'amour de Dieu*. Paris: Seuil, 1993, carta a Louis Massignon, 3.12.1911, p. 115.

Mapa da Argélia

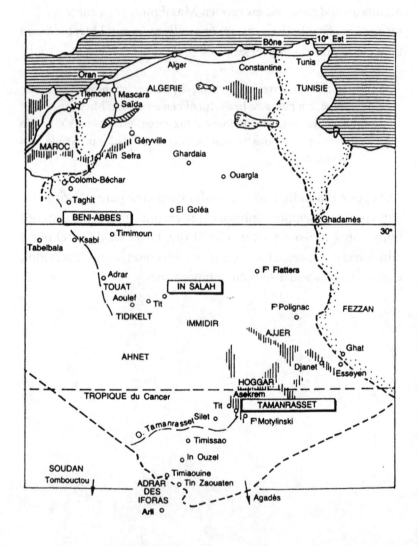

BÉNI ABBÈS E O TEMPO DA FRATERNIDADE

Na hora de partir de Alger com destino a Béni Abbès, Irmão Charles deixou com Padre Guérin seu Regulamento, que ele considerava em sua forma definitiva, a fim de que Padre Guérin o lesse, meditasse sobre o conteúdo e o aprovasse. De fato, alguns meses depois Irmão Charles receberia, em Béni Abbès, autorização para acolher companheiros que fossem viver com ele sob seu Regulamento. A admiração que Padre Guérin devia ter por Irmão Charles explica que não tivesse visto nos detalhes ser impossível viver conforme esse Regulamento. Talvez ele já pensasse que poderia seguir de bom grado o Irmão Charles.

Tendo chegado a Béni Abbès no final de 1901, sua estada ali se limitaria aos anos de 1902 e 1903, já que o ano de 1904 seria inteiramente dedicado a uma viagem pelo Sul. Esse foi tipicamente um período de aprendiz de missionário, recém-chegado, com muitos projetos em mente, que haveria de cair em armadilhas de todos os tipos, como costuma acontecer com os principiantes cheios de generosidade. Foi assim que tudo se transformou em obras a serem realizadas, uma dezena delas de Béni Abbès. Uma lista dessas obras ele entregou a seu bispo, entre as quais havia o propósito de resgatar escravos.

Durante o primeiro ano, militares do contingente com alguma piedade iam todas as noites ouvi-lo e receber a bênção do Santíssimo Sacramento. Irmão Charles lia para eles e comentava uma passagem do Evangelho. De curta duração, apenas alguns meses do ano de 1902, essa situação o incitou a criar quatro ou cinco confrarias, cujas listas foram preservadas. Ele próprio se incluiu entre os padres do Sagrado Coração de Montmartre e lançou certo número de confrarias do Sagrado Coração. Uma delas tem só ele como inscrito, enquanto outra menciona um só candidato, Monsieur Abd-Jesu, de três anos de idade. Exemplos desse tipo se multiplicam, revelando um aspecto de sua personalidade.

Dentre suas atividades da época, a da libertação dos escravos é a mais conhecida. As cartas que ele então escreveu a Padre Guérin ou a Dom Martin, Padre de Nossa Senhora das Neves, têm um estilo muito forte e não podem ser citadas num contexto qualquer, sendo fruto do excesso de zelo que ele costumava demonstrar. Em 17 de setembro de 1902, Padre Guérin lhe escreveria, no estilo do Padre Huvelin:

> Quanto à questão da escravidão, caríssimo padre, o que posso dizer? Mais do que no tocante a outro ponto qualquer, sou levado a dizer-lhe: *desconfie de seu zelo, seja muito prudente*, deposite aos pés de Jesus suas tristezas [...] desconfie de seus arroubos de zelo pela atividade externa. A escravidão é por certo um mal social que não podemos suficientemente deplorar – e nunca podemos nos imbuir o bastante da caridade de Jesus –, mas para combatê-la é preciso levar muito em conta as circunstâncias das pessoas e dos lugares em que nos encontramos e zelar para não comprometer, com façanhas que *não* trarão resultado algum, os meios que possam existir para fazermos algum bem. *É assim que, no íntimo, pensa Padre Livinhac.* Denunciar publicamente o que se faz no Sul só poderia no momento atrair para nós todo tipo de entrave à nossa presente atuação.

A escravidão estava oficialmente abolida em todo o território francês, inclusive nas colônias, mas, na prática, alguns oficiais não levavam isso em conta e, para nada mudar os costumes locais, continuavam a manter essa situação. Não perdurou, aliás, durante décadas até a independência dos países e até mesmo depois? Em 1902, os padres brancos, sentindo-se ameaçados de dissolução pelas leis da República, manifestavam reações de prudência diante do zelo demasiado empreendedor do Irmão Charles, que em 30 de setembro respondia:

> *Eu obedeceria pontualmente à linha de conduta que traçais para mim...* Os motivos que tão bondosamente me apresentais e tanto peso têm, vindo de vós, vindo de Padre Livinhac [...] não me deixam – diga-se uma última vez, para que a alma do filho não tenha nenhum segredo para com a do pai e nela se derrame inteiramente, sem nenhuma reticência – sem lamentar que os representantes de Jesus se contentem em defender "ao pé do ouvido" (e não "em altos brados") uma causa de justiça e caridade.

Em seu zelo e diligência pela boa causa, ele parecia esquecer que definira sua própria missão como um anúncio da Boa-Nova, não por meio de palavras, mas em silêncio, bradando com toda a sua vida, não fazendo discurso.

Não podemos, contudo, deter-nos mais sobre essa questão da escravatura, que aliás já ocupa bastante espaço na maioria das biografias. Precisamos agora tentar compreender o sentido e o alcance das palavras que ele empregou para falar de fraternidade universal no começo de sua estada em Béni Abbès.

Carta de 7 de janeiro de 1902 a Marie de Bondy

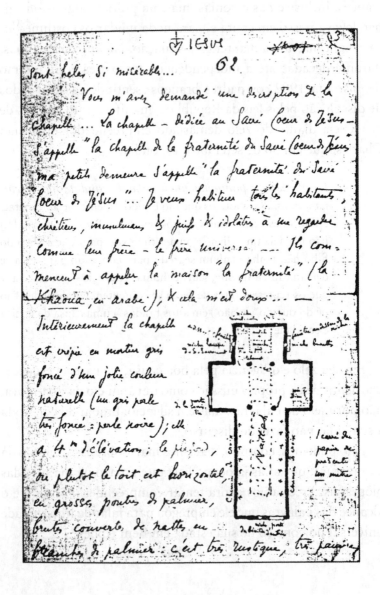

A universalidade da fraternidade

No começo de sua estada em Béni Abbès, apresentamos muitas citações sobre a "fraternidade universal". A esse respeito, há particularmente a seguinte carta a Marie de Bondy, datada de 7 de janeiro de 1902:

> Você me pediu uma descrição da capela... A capela – dedicada ao Sagrado Coração de Jesus – chama-se "Capela da Fraternidade do Sagrado Coração de Jesus", minha pequena morada se chama "Fraternidade do Sagrado Coração de Jesus"... Quero acostumar todos os moradores, cristãos, muçulmanos, judeus e idólatras, a me olharem como irmão deles – o irmão universal... Eles começam a chamar a casa de "a Fraternidade" (a *khaua*, em árabe), e isso me agrada...

A seu amigo Lacroix, ele explica: "Escolhi esse nome que indica que sou irmão deles e de todos os humanos, sem exceção nem distinção".[1] Vimos essa palavra surgir no Regulamento para designar sua morada. É o primeiro sentido da palavra e uma novidade.

Ele gostaria de ser chamado de "Irmão Charles", pois "khuia Carlo é o irmão universal". Traduziu para o árabe as palavras "irmão" e "fraternidade", mas, em todo caso, nunca seriam empregadas. Em Béni Abbès, assim como em Tamanrasset, conheceriam apenas "o marabuto". De origem árabe, essa palavra serve para designar, entre os muçulmanos, os letrados em religião e os homens de Deus. Retornando ao árabe como "marabu", designa somente os padres e religiosos cristãos e, no feminino, as religiosas. Sua etimologia evoca a ideia de "unir", ligar a uma pessoa ou a um lugar, como a palavra "religioso"

---

[1] GORRÉE, Georges. *Les Amitiés sahariennes du Père de Foucauld*. Paris: Arthaud, 1946, tomo II, p. 26.

(religado). Ao Irmão Charles agradava essa denominação, que ele próprio utilizaria. Essa palavra não tinha ainda adquirido o sentido pejorativo, que ganharia depois na África, de feiticeiro, bruxo, com o verbo francês *marabouter.*

O que significa "universal"? A ênfase recai sobre a palavra "todo":

> Todo homem bom ou mau, amigo ou inimigo, benfeitor ou carrasco, cristão ou infiel [...] fará "de tudo por todos, a fim de salvar a todos" [...] será o amigo universal para ser o salvador universal.[2]

Essa universalidade é desenvolvida no capítulo 30 do Regulamento: "Caridade para com as pessoas de fora".[3] Em Constituições, lê-se:

> Eles não farão "discriminação das pessoas". [...] Que sua universal e fraternal caridade brilhe como um farol; que ninguém, nem mesmo pecador ou infiel, ignore, bem longe ao redor, ser *amigo universal, irmão universal,* consumindo a vida a rezar por todos os homens, sem exceção, e a lhes fazer o bem; que sua fraternidade seja um porto, um asilo, ao qual todo ser humano, principalmente o pobre ou o infeliz, seja sempre convidado, desejado e acolhido; que seja ela, de acordo com o nome, a casa do Sagrado Coração de Jesus, casa do amor divino a irradiar-se sobre a Terra, casa da Caridade ardente, casa do *Salvador* dos homens.[4]

Esses textos foram escritos durante sua estada em Nossa Senhora das Neves, quando dos preparativos para as Ordena-

---

[2] FOUCAULD, Charles de. *Règlements et Directoire.* Montrouge: Nouvelle Cité, 1995, p. 228.
[3] Op. cit., pp. 235 e seguintes.
[4] Op. cit., p. 87.

ções e enquanto ele corrigia sua Regra, que deixava de ser a dos eremitas e tornava-se a dos *irmãozinhos*. Em 29 de setembro, em carta a Henri de Castries, ele se proclamava "o irmão universal", desejando que todos nele encontrassem um irmão. "Todos" significava primeiramente os pobres, mas também todos os outros, sem exceção nem distinção. E acrescentava: "Roguem a Deus para que eu seja verdadeiramente irmão de todas as almas deste país".

Uma constatação se impõe. As numerosas citações sobre a fraternidade universal datam quase todas do ano de 1901 e do início de 1902. Esse vocabulário tende a desaparecer depois de alguns meses nas anotações de retiro de 1902 e dos anos seguintes. Já em 1902 desapareciam da redação do regulamento para as irmãs, que deixavam de ser universais na amizade, certas palavras e expressões.

Importa, portanto, observar o que cobre esse vocabulário da fraternidade universal para o marabuto de Béni Abbès e Tamanrasset. Mais tarde, em 1908, ele não retomaria no diretório as expressões que nos parecem tão características nas Constituições de 1901: "amigo universal", "irmão universal", "salvador universal".

Tornar-se irmão

Muito facilmente se esquece de que a vida de Charles de Foucauld foi, como a de todos os homens, um longo tornar-se, uma evolução. Quando ele se apresentava como "o irmão universal", ao chegar a Béni Abbès, tratava-se de um belo ideal, mas sua pretensão tinha uma desculpa, a prece que logo solicitou: "Roguem a Deus para que eu seja verdadeiramente irmão de todas as almas deste país".[5] Se deixamos de encontrar a expressão "irmão universal" a partir de certa altura de sua vida, talvez seja porque se tivesse tornado mais realista. Quando se diz amigo universal no ponto de partida, todo amor particular surge como uma restrição ao amor universal. Ora, para se tornar irmão de todos, era preciso começar a ser irmão de alguns, e não é possível amar todo mundo da mesma maneira. Ele sabia muito bem que não amava sua prima Catherine como amava Marie. Se Laperrine tornou-se o amigo inseparável, isso não o impediu de amar Regnault e Nieger com verdadeira amizade, diferente daquela que tinha com o subtenente Joyeux e com o soldado de segunda classe Sureau. É bem evidente, mas nem sempre se leva isso em conta. Também quando o vemos falar de seus amigos Tuaregues podemos constatar que ele não se ateve por muito tempo à ilusão do universal. Vejamos as citações seguintes:

> Algumas amizades sinceras nos meios mais diversos; algumas almas que verdadeiramente confiam e, com muitos, relações não íntimas, mas amistosas. Isso é apreciável, dada a extrema distância em que esse povo se encontrava de nós.[6]

> Passei aqui todo o ano de 1912, neste lugarejo que é Tamanras-set. Os Tuaregues me fazem uma companhia muito consoladora; não sei dizer quantos são bons para mim, quantas almas boas encontro entre eles; um ou dois são verdadeiros amigos, coisa rara e preciosa em qualquer lugar.[7]

> Tenho aqui pelo menos quatro "amigos", com quem posso contar totalmente. Como eles se ligaram a mim? E como somos ligados uns aos outros. Não lhes dei presente algum,

---

[5] *LHC*, 29.11.1901.
[6] *Arquivos da Postulação*, carta ao abade Laurain, 27.11.1910.
[7] *LHC*, 8.1.1913.

mas compreenderam que têm em mim um amigo, que eu lhes era dedicado, que podiam confiar em mim, e eles passaram a ser para mim aquilo que eu era para eles... Aqueles aqui que conservo e trato como bons e verdadeiros amigos são: Ouksem Ag Oughar, chefe dos Dag-Ghali, seu irmão Abahag, Chikat Ag Mohammed (Dag-Ghali), homem de 66 anos que quase já não circula por aí, e o filho deste último: Ouksem Ag Chikat (a quem chamo de meu filho). Há outros que amo, que estimo, com quem posso contar para muitas coisas. Mas a esses quatro posso pedir qualquer conselho, informação, serviço, e tenho certeza de que me atenderão do melhor modo possível.[8]

Longe se estava das multidões que invadiam sua casa de Béni Abbès para as distribuições de cevada. Ver sessenta crianças em um dia e receber centenas de adultos não significava exatamente ser irmão de algum deles. Como ter relações verdadeiras com tanta gente? Ao longo do tempo e de sucessivas experiências, ele aprendera o significado de "ser irmão" e "irmão de cada um".

Todos, sem exceção

Ser irmão universal é ser irmão de todos, sem excluir ninguém. Em Nazaré, ao escrever a Regra, ele via apenas abstratamente "os pobres, os ricos, os pecadores, os infiéis" aos quais se deveria dar hospitalidade sem recusar ninguém, sem dar mais a um do que a outro, sem discriminar as pessoas. Em Béni Abbès, eram pessoas de carne e osso que chegavam à sua porta, e o "sem exceção" ganhava a cada dia uma feição concreta e diferente. Somente há amor universal no particular, no amor àquele que está diante de mim, não na ideia a respeito daquele que está longe, daquele que eu nunca vi.

---

[8]   *Arquivos da Postulação*, carta a Garnier, 23.2.1913.

Se não é fácil tornar-se irmão, mais difícil ainda é se tornar irmão de todos, sem excluir ninguém. Seria manter um erro comum nas hagiografias deixar crer que isso se dá sem lutas e sem avanços. O escravo é seu irmão, mas, por sua vez, não é fácil pretender ser irmão do senhor que o reivindica como sua propriedade. O judeu é irmão de Charles, que tinha como livro de cabeceira *Jesus adolescente*, do Padre Caron, cujo antissemitismo transparecia em cada uma das anotações. Havia negros, havia brancos, e as reações do marabuto não eram as mesmas em Béni Abbès e em Tamanrasset. É um espanto ouvir dos oficiais, que certamente projetavam seus próprios sentimentos em Charles, que este não gostava de certas categorias de pessoas. Seria verdade? Em todo caso, ficamos em razão disso mais interessados em descobrir como ele aprendeu a conhecer e amar tais pessoas, que talvez não amasse instintivamente, e sim tocado pela confiança e pela afeição que por ele tinham.

Entre os oficiais, havia inimigos declarados uns dos outros. Não é fácil nessas circunstâncias dar a conhecer que se é amigo. Charles encontrou pessoas que zombaram dele, outras que não quiseram levar em conta suas ideias. Alguns se colocaram como obstáculos em seu caminho. Ele não apreciava aqueles que não se portavam bem ou que não cumpriam seus deveres. Alguns o julgavam duro e intransigente. Para o bem de alguns, ele lutou contra outros.[9]

Ser irmão universal não foi uma desculpa para não ser de ninguém, a pretexto de amar todo mundo.

---

[9] Já em 1902, escrevia ele: "Vencer essa severidade natural que enfrento contra os pecadores e esse desgosto, e substituí-los pela compaixão, o interesse, o zelo e os cuidados diligentes para com suas almas". Cf. FOUCAULD, Charles de. *Seul avec Dieu*. Paris: Nouvelle Cité, 1975, p. 100.

> Em qualquer homem, bom ou mau, amigo ou inimigo, benfeitor ou carrasco, cristão ou infiel, o que eles verão é *uma alma para salvar*: eles farão "de tudo por todos, a fim de *salvar* a todos"; eles odiarão o mal, mas esse ódio jamais os impedirá de amar os homens; levando-os todos no coração, como no coração de Jesus, até mesmo os mais perversos serão os amigos universais, a fim de ser os *salvadores* universais.[10]

Talvez não seja por acaso que essa citação do Regulamento tenha como título "Coragem para com os homens", ao lado de "caridade, paz, humildade". Era fácil escrever na solidão de um convento, mas não foi fácil viver em meio a conflitos de todo tipo em Béni Abbès, principalmente em Hoggar, e até mesmo em pleno deserto durante os deslocamentos. Pode-se contestar suas tomadas de posição, desde que se permaneça na humildade, pois quem poderia se vangloriar de conseguir fazer melhor? Mas é preciso reconhecer a coragem de suas opções: ele não se deixou prender por essa outra ilusão do universal que uma clausura pode sustentar, clausura moral ou solidamente construída, caso isole dos homens e de seus conflitos.

Os mais próximos ou os mais distantes?

Se para a caridade há uma ordem que vai do mais próximo ao mais distante, a começar pelos "pais, amigos, vizinhos, conhecidos", como ele próprio observa na última versão dos estatutos para associação, como explicar que seu chamado o tenha levado para longe e tenha sido assim ao longo de toda a sua vida? A vida de Nazaré podia ser levada em qualquer lugar, até mesmo em seu próprio país e em sua própria família. Não é essencial

---

[10] FOUCAULD, Charles de. *Règlements et Directoire*. Montrouge: Nouvelle Cité, p. 228.

à versão que ele tem para essa vida que seja ela vivida aqui ou acolá. Ora, ele concebeu fazer disso um estilo religioso de vida, e não há dúvida de que sua intenção foi a de levar essa vida e fazer que outros a levassem, em lugares distantes, voluntariamente fora de seu meio, de sua pátria e, principalmente, junto a não cristãos. Há aí uma nota característica de sua vocação que não podemos ignorar sem truncar e desfigurar sua mensagem.

No começo, suas motivações eram pessoais. Ele queria ir para longe, cortar vínculos e raízes. Era uma necessidade decorrente do amor, de rompimento definitivo, a fim de oferecer a Jesus o maior sacrifício possível: o de ir viver longe de tudo o que ele amava. Quando escreveu sua Regra, eram essas mesmas motivações que ele supunha naqueles que o seguissem.

Foi somente em 1901 que as motivações se tornaram mais objetivas. "Esse banquete do qual eu me tornava ministro era preciso levar aos mais pobres... aos mais abandonados..."[11] A vontade de não excluir ninguém se tornava um apelo para ir em direção àqueles que estavam mais distantes, uma preferência pelos que fossem mais necessitados. Mas ainda aí foram as circunstâncias que guiaram a escolha. Sua exploração marroquina criara deveres de reconhecimento em favor daqueles que ele lá encontrara e em quem se devia pensar. Eles haviam-se tornado seu próximo imediato, porque ele se tornara o mais próximo deles. Do mesmo modo, mais tarde, não podendo ir ao Marrocos, sentiu-se no dever de se aproximar dos Tuaregues, porque estavam longe de tudo e porque era o único que poderia ir até "esses irmãos distantes".[12]

---

[11] *XXV Lettres inédites du Père de Foucauld* (ao cônego Caron). Paris: Bonne Presse, 1947, carta de 8.4.1905, p. 13.

[12] GORÉE, Georges. *Les amitiés sahariennes du Père de Foucauld*. Paris: Artaud, 1946, Lettre à Lacroix, 15.12.1904, tomo II, p. 39.

Do mesmo modo, quando suplicou a seus compatriotas que saíssem de seu universo e se preocupassem com os povos da África, fez isso porque a conquista colonial criara uma situação de urgência na responsabilidade. Esses povos colonizados deviam se tornar próximos dos colonizadores, e estes tinham o dever imediato de fazer por eles o que os pais devem fazer pelos filhos.

Irmão ou universal

Depois de sua morte, as palavras "irmão universal", isoladas desse contexto, ganharam um conteúdo mais amplo do que o que ele lhes atribuía. Tornaram-se até um título de glória que lhe houvessem externamente conferido, como se essas palavras não fossem dele, mas um título póstumo outorgado. Haja vista o seguinte texto oficial, da encíclica *Populorum progressio* (n. 12):

> Que baste lembrar o exemplo do Padre de Foucauld, que por sua caridade foi *considerado digno* de ser chamado "irmão universal" e redigiu um precioso dicionário da língua tuaregue.

Tratava-se de uma espécie de consagração oficial de sua dignidade de irmão universal, que dele fazia *O irmão universal*, o modelo perfeito do amor universal, aquele que somente poderia amar de uma maneira universal. Passava-se assim a uma noção abstrata da qual ele seria a encarnação concreta. Com o tempo, a palavra "irmão" separou-se de "universal", a ponto de só se falar em termos de universalismo: "a grande graça da fraternidade no espírito de Irmão Charles seria sua universalidade".

Além disso, essa visão universalista geralmente vem associada a uma perspectiva internacional que escapava totalmente a Charles de Foucauld, bem como à maioria de seus contemporâneos. Ora, não é fácil disso fazer um "irmão sem fronteiras", e é mais útil para nós procurar compreender sua mentalidade nacionalista e seu patriotismo fervoroso, sem esquecer sua formação militar e suas raízes alsacianas, a fim de não nos surpreendermos demais ao ler as cartas que ele escreveu durante a guerra.

Não é porque o adjetivo "internacional" aparece uma vez em seus escritos, ou porque ele tenha dito estar disposto a ir ao fim do mundo e certa vez ter rogado pelo Japão, que podemos fazer da universalidade o centro de sua mensagem. Não, a graça, o carisma de Charles de Foucauld não é a universalidade. É, antes, a fraternidade, que é também amizade, "amigo e irmão universal". Ser irmão universal é primeiramente ser irmão, antes de se pensar no universal.

Ser irmão

Em Béni Abbès, já não se tratava somente de ser o eremita do Sagrado Coração, o irmão de Jesus ou até mesmo daqueles que poderiam viver com ele naquela casa chamada de fraternidade; era preciso ser irmão das pessoas de fora. Com efeito, quando empregava a palavra "irmão", pensava ele principalmente nos de fora, mais do que naqueles que viviam dentro da fraternidade. Ele por certo vivia só e sua preocupação não era com "a vida fraternal" nem com o "veja como eles se amam". O brilho que emana das fraternidades é antes o "veja como eles amam".

Ser irmão é ainda se colocar em relações de igualdade que excluem a atitude de mestre ou de chefe, e ainda a de pai e benfeitor. Esse comportamento fraternal não devia ser natural num homem feito para comandar e organizar. Nem sempre ele escapou dessa tentação. Não basta "mostrar-se *irmão*, repetir que somos todos *irmãos* em Deus [...] trabalhar na obra de fra- ternização", como ele ainda acreditava ao escrever a Henry de

Castries em 27 de junho 1904. Charles foi mais lúcido quando escreveu à prima em 3 de julho:

> Vamos de fonte em fonte, aos locais de pastagem mais frequentados pelos nômades, instalamo-nos entre eles, passamos vários dias com eles, buscando que se familiarizem conosco, que confiem em nós e sejam amigos [...] Os autóctones nos recebem bem; não por serem sinceros, mas por cederem à necessidade. Quanto tempo será preciso para que tenham os sentimentos que simulam? Talvez nunca venham a tê-los [...] Saberão eles distinguir entre soldados e padres, ver em nós servidores de Deus, ministros de paz e de caridade, irmãos universais? Não sei. Se eu fizer meu dever, Jesus concederá graças abundantes e eles compreenderão.[13]

Para que *compreendessem*, era preciso que ele se tornasse "pequeno e abordável", longe dos soldados. Foi a graça da doença que, no começo de 1908, o tornou fraco e incapaz de se locomover, entregue sem defesa e sem reação possível à hospitalidade daqueles que poderiam enfim tratá-lo como irmão. Assim, precisou aceitar a experiência insubstituível da solidariedade, que para ele já não consistiria apenas em dar aos outros, mas também em receber aquilo que os outros tinham para lhe dar. Ser irmão era também aceitar ser amado pelos outros.[14]

Irmão e amigo

Assim ele pôde viver a fraternidade em meio a amigos, tal como teoricamente a concebera ao prescrever para os outros que deviam ser "irmãos e amigos universais". Assim foi, pelo

---

[13] BAZIN, René. *Charles de Foucauld, explorateur au Maroc, ermite au Sahara*. Paris: Plan, 1921, p. 298.

[14] Cf. p. 247.

viés das relações de amizade, que mais tarde ele explicaria o que devia ser a fraternidade entre os homens.[15] Sua experiência pessoal da amizade remonta à infância, e seria necessário um livro inteiro para falar de todas as amizades, sem as quais sua vida seria inexplicável. Ele se referia a isso explicita ou inconscientemente e, quando queria explicar suas amizades com os Tuaregues, somente as comparava com a maneira pela qual nos relacionamos entre nós.

Irmão nos pequenos detalhes

Ser irmão universal não quer dizer ser irmão das almas apenas, como ele parecia crer no início, deixando-se cair na armadilha de sua própria linguagem. Tampouco era amar globalmente e de modo geral. "Amar todos os homens é dizer caro amigo, amado amigo, quanto o amo, velho amigo, amigo eleito, amigo do coração,"[16] escreveu ao Doutor Balthazar em 2 de março de 1902.

Lembremo-nos aqui de um ensinamento dos tempos de Nazaré e que ele teve que colocar em prática em Béni Abbès e em Tamanrasset, assim como o fez entre as clarissas.

> Sejamos infinitamente *delicados* em nossa caridade; não nos limitemos aos grandes serviços, tenhamos a *terna delicadeza* que entra nos detalhes e sabe por meio de um *nada* aplicar tanto bálsamo aos corações – "Dai-lhe de comer", disse Jesus. Façamos a mesma coisa com aqueles que estão perto de nós, no tocante a pequenos detalhes de saúde, consolações, preces, necessidades, consolemos, aliviemos com as mais *minuciosas*

---

[15] FOUCAULD, Charles de. *Règlements et Directoire*. Nouvelle Cité, 1995, p. 648, 7ᵉ.

[16] *Arquivos da Postulação*.

atenções; tenhamos, por aqueles que Deus colocou perto de nós, ternas, delicadas, pequenas atenções que teriam entre si irmãos ternos e que mães terníssimas teriam por seus filhos, a fim de consolar tanto quanto possível todos aqueles que nos cercam e ser para eles objeto de consolo e bálsamo, assim como foi Nosso Senhor para todos os que dele se aproximaram, seja a Virgem Santa e São José, sejam os apóstolos, Santa Madalena e todos os outros... A que ponto foi ele um consolo, uma doçura para todos os que dele se aproximaram; devemos, na medida em que o tivermos em nós, assemelhar-nos a ele nesse ponto, e em tudo santificando, consolando, aliviando o mais que nos for possível.[17]

Seria preciso relatar diversos fatos de sua vida em Tamanrasset para ilustrar essa meditação sobre o Evangelho. E sua correspondência é uma demonstração permanente da delicadeza atenciosa que lhe é própria.

Prece e salvação universais

Se ser irmão universal era "estar na dimensão do universo", necessário dizer que somente sua prece teve essa dimensão. "Meu Deus, fazei que todos os homens vão ao céu!" Essa prece universal não foi apenas a de Béni Abbès, quando ele escrevia essa frase no início de cada lição de seu catecismo. Nós a encontramos desde o início de sua vida religiosa. Em 1896, ele prescrevia em sua primeira Regra:

---

[17] FOUCAULD, Charles de. *La Bonté de Dieu*. Montrouge: Nouvelle Cité, 1996, pp. 124-125.

A cada manhã e a cada noite, far-se-á uma oração de meia hora para pedir a Deus a salvação de todos os homens, pedido que Nosso Senhor lhe fez com tanto ardor durante toda a sua vida.[18]

Na mesma ocasião, ele comentava o Pai-Nosso:

> Não faço pedido algum só para mim: tudo o que peço no Pai-Nosso peço por Deus ou por *todos os homens* [...]. O perdão, assim como a graça, pedimos não só para nós próprios, mas para todos os homens.[19]

E, no Regulamento de 1901, os irmãos são "os *amigos universais*, os *irmãos universais* que consomem a vida a rezar por todos os homens sem exceção".[20] Também é esse o sentido do chamado ao Espírito com o qual ele convida todos os amigos, padres e leigos, para as três horas principais do dia "de oração por todos os homens, sem exceção". Pouco antes de sua morte, ele novamente resumia seu pensamento:

> Amor fraternal por todos os homens [...] ver em todos os homens um filho do Pai celestial; ser caridoso, pacífico, humilde, corajoso para com todos; rezar por todos, por todos os humanos; oferecer seus próprios sofrimentos por todos.[21]

Essa prece por todos os humanos não seria a expressão de sua angústia pela salvação de todos os homens? Seu comportamento prático, assim como sua prece, mostra-nos que ele tinha consciência de que todos os homens podiam ser salvos e que ele reencontraria no Reino de Deus todos a quem amava. Sua

---

[18] Id. *Règlements et Directoire*. Montrouge: Nouvelle Cité, 1995, pp. 28-29.
[19] Id. *L'Esprit de Jésus*. Paris: Nouvelle Cité, 1978, pp. 32-33.
[20] Id. *Règlements et Directoire*. Montrouge: Nouvelle Cité, 1995, p. 87.
[21] Id. *Directoire*. Paris: Seuil, 1961, p. 125.

teologia não lhe permitia, porém, formular essa intuição, o que explica a distância que podemos constatar entre seus escritos sobre esse assunto e seu comportamento prático.

Somente um homem foi considerado digno de ser chamado irmão universal, aquele que foi também o Salvador Universal, o único que pode amar todos e cada um dos homens individualmente, aquele a quem Charles de Foucauld chamou um dia: "Jesus, o irmão mais velho universal".

Quanto a Charles, foi vivendo com poucos homens, durante alguns anos, em espaços muito limitados do deserto, onde ele aprendeu o amor fraternal na amizade, tentando não excluir ninguém. Foi assim que sua vida ganhou uma dimensão universal.

O PRIMEIRO CHAMAMENTO
DE HOGGAR

Ao escolher Béni Abbès, Irmão Charles foi o mais longe possível para estar o mais perto possível do Marrocos. Depois de algum tempo, no entanto, deu-se conta de não haver grande esperança: a porta do outro lado parecia fechada. No começo de 1903, Laperrine fez um desvio por Béni Abbès ao voltar de um período de licença, embora esse oásis não fizesse parte de seu território. Tendo, porém, tomado conhecimento de que Charles de Foucauld lá estava, quis revê-lo, não sem segundas intenções, julgando saber tirar partido dele, se simplesmente o deixasse em sua vocação. Falou-lhe então de seus projetos em Hoggar, mas sem conseguir convencê-lo.

Tendo retomado seu posto em Adrar, Laperrine fez partir seu adjunto, capitão Nieger, encarregando-o de uma missão que este mais tarde explicaria em uma conferência:

> Foi em abril de 1903 que conheci Padre Foucauld. Depois de uma primeira temporada de nove meses no Saara, meu chefe (Laperrine) deu-me liberdade de manobra. Recebi, no entanto, uma instrução precisa: "Você passará por Béni Abbès e procurará Foucauld, que está lá construindo um eremitério do qual não sai. Foucauld vive da caridade pública e ainda encontra

meios para resgatar escravos vindos do Marrocos. Só pensa no Marrocos; suas lembranças de juventude o atormentam. Não há nada a fazer por ele naquele lugar, mas ele tem a cabeça dura. É preciso convencê-lo a se juntar a nós. Ele será o cura dos Tuaregues e nos prestará muitos serviços".[1]

Durante o mês de maio, Irmão Charles recebeu a visita de Dom Guérin, que fizera um longo desvio por In-Salah. Ao fim dessa visita, manifestou o desejo de não seguir absolutamente as orientações de seu bispo.

Em 10 de junho, escreveu ao Padre Huvelin dizendo o que pensava e assinalando sua discordância. Trata-se de uma carta muito importante por causa das informações que traz:

> A visita desse bom e venerado padre não mudou minha vida... ele pressiona para que eu vá ao Marrocos... Guardo três lembranças de sua visita: primeiro, sua bondade admirável, sua santidade, sua humildade, seu devotamento... Segundo, ele pressiona para que eu vá ao Marrocos. Eu o seguiria de bom grado, mas no momento não vejo porta alguma... Terceiro, ele tem uma pequena e discreta tendência para suavemente me pressionar, a fim de que minha vida de monge silencioso e em retiro, minha vida de Nazaré, transforme-se em uma vida de missionário. Essa última tendência não a seguirei, pois julgaria estar sendo muito infiel para com Deus, que me deu a vocação para a vida de retiro e silêncio, não a do homem das palavras. Os monges, os missionários, são apóstolos uns dos outros, mas de modo diverso. Quanto a isso não mudarei e seguirei meu caminho, que sigo bem ou mal, mais mal que bem, infelizmente, com fidelidade há catorze anos; vida de Jesus em retiro, ao lado de outras pessoas, se ele as enviar; vida solitária, se ele me deixar só.

---

[1] Nieger. "Laperrine et le Père de Foucauld". In: *Construira*, 1923, C. XIII, p. 186.

Estamos então no começo de junho de 1903. Em sua residência de Adrar, Laperrine consultava os arquivos. Ao reler o relato do massacre da missão Flatters, descobriu um fato que julgou capaz de tocar o coração do monge fixado em Béni Abbès:

> Quando do massacre da missão Flatters, uma mulher tuaregue de família nobre teve uma bela atitude ao se opor a que matassem os feridos. Ela os recolheu e cuidou deles em sua casa, impedindo a entrada de Attisi, que retornava ferido do combate de Amguid contra os Dianous[2] e queria ele mesmo fazer a matança. Depois de curados, ela fez que fossem repatriados para Trípoli. Essa mulher tem agora de 40 a 43 anos, parece ter muita influência e é famosa por sua caridade.[3]

Laperrine copia esse relato numa carta a Charles de Foucauld. O efeito é quase imediato. Para nos convencermos disso, basta acompanhar em seu Caderno e em suas cartas as reações do destinatário.

Em 18 de junho, escrevia ele a Dom Guérin, copiava o texto citado e acrescentava:

> O comandante Laperrine vai tentar conseguir-lhe uma medalha da União das Mulheres da França e, se por esse meio ganhar sua confiança, ele depois vai entrar em contato com ela em vossa companhia e na das irmãs brancas. O Santo Padre é o pai universal, como JESUS é o rei universal. O Santo Padre, como JESUS, é rei e pai dos Tuaregues. Não poderíamos pedir-lhe que desse um encorajamento paternal a essa mulher, sua subordinada e sua filha? Se julgar apropriado, escreva a esse respeito

---

[2] Os Dianous, homens do tenente Dianous que sobreviveram ao massacre da Missão Flatters.

[3] FOUCAULD, Charles de. *Correspondances sahariennes*. Paris: Le Cerf, 1998, p. 191.

ao Reverendo Padre Burtin,[4] ao comandante Laperrine, a quem achar conveniente. Em todo caso, seria bom entrar em relações mais próximas com os Tuaregues e aproveitar todas as portas... e seria desejável que a ação do Santo Padre precedesse as outras.

Em 21 de junho, ele copiava em seu Caderno[5] o trecho da carta de Laperrine e acrescentava:

> Não está essa alma preparada para o Evangelho? Não caberia simplesmente lhe escrever, a fim de dizer que a caridade que ela sempre pratica e aquela com a qual recolheu, tratou, defendeu, repatriou os feridos da missão francesa há 22 anos são conhecidas por nós e nos enchem de alegria e reconhecimento para com Deus?

Prosseguindo nesse tom, ele próprio redigiu a carta que antes queria que o Papa escrevesse.

> Vou enviar uma cópia desse projeto de carta a Dom Guérin, perguntando-lhe se ele próprio não escreveria ou se não gostaria que eu escrevesse, propondo-lhe – se as relações se firmarem, se eu permanecer só, se nesse momento isso parecer a vontade de Deus – fazer uma visita a pé a essa senhora.

Há muitos "se", mas a ideia começava apenas a germinar. Nesse mesmo dia, ele acrescentava a seguinte nota em seu Caderno:

> Parece-nos cabível começar agora um pequeno Evangelho a ser traduzido e impresso em árabe, principalmente em tuaregue... [...] começaremos hoje esse trabalho.

---

[4] Procurador dos padres brancos em Roma.
[5] Id. *Carnet de Beni Abbès*. Paris: Nouvelle Cité, 1993, pp. 70-71.

E em 22 de junho: "Talvez fosse o caso de fundar em outra parte não fraternidades, mas abrigos só para mim, para um ou dois irmãos apenas; creio que seria esse o plano a ser adotado". Descreve três possibilidades, com três planos: A, B, C.

Assim, de 18 a 22 de junho, ao longo de três ou quatro dias, ele foi mergulhando cada vez mais nesse projeto. Inicialmente era mandar escrever, depois ele mesmo escreveria, ir em simples visita, redigir um evangelho para ser traduzido, prever abrigos para a eventualidade de ele ter que se instalar em outro lugar. Esses pensamentos o atormentavam. Assim, em 24 de junho, Irmão Charles decidia escrever a Dom Guérin, a fim de apaziguar a alma:

> Depois de muito hesitar, eu vos escrevo... Duas coisas me fizeram tomar essa decisão: primeiramente é que, fazendo isso e deixando a determinação em vossas mãos e nas de Monsieur Huvelin, posso me entregar mais a Deus, é ele quem decidirá: "quem vos ouvir me ouve"... Em segundo lugar, é que se vós e Monsieur Huvelin disserdes "sim", será urgente agir depressa, pois as portas que posso esperar encontrar hoje abertas, graças à presença nos Oásis de um bom amigo, poderão amanhã me serem fechadas.
>
> Como me dissestes não poder no momento aceitar nenhuma fundação nos Oásis nem para lá enviar padres isolados; como também tendes algum desejo de me ver ir uma ou duas vezes por ano a Taghit; como continuo só e nenhuma porta se me entreabre para o Ocidente:
>
> Não seria melhor para as almas, e mais agradável para o CORAÇÃO de JESUS, que eu peça a meu amigo dos Oásis permissão para me estabelecer em Aulef ou o mais distante possível em direção ao sul, o mais perto possível dos Tuaregues, num lugar em que, na solidão, estarei em segurança, a fim de aprender o targui e lá preparar a tradução de alguns livros para essa língua (é o santo Evangelho que eu gostaria de traduzir para a língua

e escrita targuis)?... Se ele disser "sim", eu irei, me estabelecerei numa cela de dois metros por dois, com um oratório de dois metros por cinco, e lá levarei uma vida solitária, mas sem clausura, fazendo meus esforços: 1º para manter relações cada vez mais estreitas como os Tuaregues (indo aonde moram com a maior frequência possível); 2º para traduzir para a língua deles o santo Evangelho (tomando por base o de Monsieur Weber); 3º para ir, ao menos uma vez por ano, a cada um dos postos: Adrar, In-Salah, Timimun, Béni Abbès, Taghit e outros onde haja europeus, a fim de lá administrar os sacramentos, escolhendo sempre que possível a época das grandes festas que tocam até mesmo os corações indiferentes; 4º para realizar viagens curtas durante as quais conversar com os autóctones e fazer um pouco daquilo que tanto me recomendastes.

Se disserdes "sim", se Padre Huvelin, a quem envio uma cópia desta carta, disser "sim", escreverei a meu amigo e partirei tão logo ele também me diga "sim".

Quase ao mesmo tempo, o Padre Huvelin recebeu a cópia dessa carta e a de 10 de junho, em que o Irmão Charles afirmava não querer seguir seu bispo, que o empurrava discretamente para a vida de missionário. O Padre estava já muito doente, e sua resposta encorajadora mostrava bem que ele compreendera não ser possível impedir Charles de Foucauld de seguir sua inspiração. Sabia também que não tinha conhecimento para julgar de longe as situações. Assim, em 5 de julho respondeu: "Siga seu movimento interior, vá aonde o Espírito o levar".

Irmão Charles, porém, não esperou as respostas. O tempo o pressionava, e no dia 29 escrevia a Laperrine, a fim de falar de seu projeto e pedir-lhe autorização para executá-lo. É o que o comandante esperava. No dia seguinte, Irmão Charles de novo escrevia a Dom Guérin, explicando-lhe sua pressa e as razões que o haviam levado a escrever diretamente a Laperrine sem esperar a resposta de seu bispo:

O PRIMEIRO CHAMAMENTO DE HOGGAR

Em minha última carta eu dizia, creio, escrever-vos *depois de muita hesitação*: sim, toda mudança, todo movimento me assusta, me dá uma espécie de vertigem, um temor; receio me desviar, receio não ser capaz. O medo de me iludir e a covardia natural me inspiram esse temor diante de cada ação importante...

Em geral, o temor cessa assim que me ponho nas mãos de meu diretor e me entrego... A partir de então, reina uma paz profunda e acaba toda hesitação.

É o que acontece comigo. Antes de escrever a vós e ao Padre Huvelin, temia e hesitava. Agora, depois de terem já partido essas duas cartas, e no mesmo dia, é a paz, a alegria, uma calma confiança e um desejo vivo mas muito tranquilo.

Desejo clara e simplesmente ir – esperando que o Marrocos se abra, caso se abra – até os Tuaregues, a um lugar em que possa ter suficiente segurança... Aqui, um número razoável de pessoas, muçulmanos, receberam a exposição da doutrina cristã; as almas puderam todas vir de boa vontade aprender; todos aqueles que querem ver veem que nossa religião é toda de paz e amor, que é profundamente diferente da deles: a deles manda matar; a nossa, amar... Não tenho companheiro. O Marrocos não se abre. Não posso fazer mais pela *salvação das almas*, que é *nossa vida* aqui, como foi a vida de JESUS "Salvador", do que ir a outros lugares para levar ao maior número possível de almas a semente da divina doutrina – não pela pregação, mas em conversas – e, principalmente, preparar, começar a evangelização dos Tuaregues, *estabelecendo-me entre eles, aprendendo sua língua, traduzindo o santo Evangelho, firmando com eles as relações o mais possível amistosas...*

Se JESUS quer que eu tenha *irmãozinhos* de seu divino CORAÇÃO, pode me enviar lá. Enquanto isso durar, poderei, uma vez por ano, ir para o norte me confessar e, no caminho, passar por todas as guarnições e conversar com os autóctones.

Temendo atrasos, temendo que meu amigo dos Oásis tenha-se deslocado, a ele escrevo por este mensageiro, a fim de pedir autorização de me estabelecer, "para aprender a língua tuaregue e traduzir algumas obras para essa língua, o mais possível no interior da região desse povo e de modo suficientemente seguro, segurança essa decorrente de sua recomendação, de sua proteção moral"... Não tenho o direito de me suicidar, não é esse, aliás, o modo de dar a conhecer JESUS às almas. É preciso aliar a coragem à prudência; não ser imprudente nem temeroso.

Se disserdes "não" a meu desejo, que creio cada vez mais ser a vontade de Deus, será muito fácil dizer a meu amigo: não irei por enquanto.

Se disserdes "sim", só terei que partir, e poderei então aproveitar sua presença e sua amizade... Vários indícios me levam a crer que lhe resta pouco tempo para ficar lá, e é por isso que me apresso... É Deus que me dá essa oportunidade, e também é ele, creio, que me põe no coração esse desejo.

Não disse absolutamente nada a ninguém, a não ser a vós, ao senhor Padre Huvelin e a meu amigo dos Oásis, a respeito de meu desejo de ir até os Tuaregues... Rogo que guardeis também silêncio...

Caso eu parta, a Fraternidade, onde passarei alguns dias a cada ano, ficará fechada durante minha ausência, e o jardim será alugado: nada será mais simples.

Vemos assim que seus projetos se definiram e se modificaram ligeiramente. Ele já não fala de Aulef e, antecipadamente, responde às objeções que Dom Guérin não deixaria de lhe fazer. Sabe retomar em sua argumentação os pedidos de seu bispo aos quais até então de certo modo resistia.

Em 15 de julho, ao receber a resposta do Padre Huvelin, Irmão Charles escreveu uma terceira carta a Dom Guérin:

Recebi a resposta do senhor Padre Huvelin. É um "sim". "Siga seu movimento interior, vá aonde o Espírito o levar. Será sempre a vida solitária, onde quer que JESUS o acolha para dá-lo às almas. Sim, aprovo sua carta a Dom Guérin: ele julgará!" Ainda não recebi vossa resposta nem a de meu amigo dos Oásis. Se essas duas forem "sim", partirei quanto antes para não perder a oportunidade. Minha ideia é passar a maior parte do ano entre os Tuaregues, só me afastando deles o tempo necessário para dar, uma vez por ano, um giro por todas as guarnições aonde não enviais padre algum e para ir me confessar...

Em 22 de julho chegava a resposta de Laperrine. Irmão Charles escreveu então sua quarta carta a Dom Guérin, voltando à carga com uma insistência surpreendente que traía sua impaciência. Não rogava ele a Santa Madalena para que a vontade de Deus se manifestasse; rogava para que ela inspirasse Dom Guérin a dizer "sim":

> A resposta do Sul chega a mim hoje. Também é "sim", provavelmente ao menos: "Ocupo-me de você. Talvez isso possa funcionar, mas em dois momentos. Você permaneceria um tempo em Aqabli, onde não há posto algum, e se instalaria nos primeiros alojamentos, a fim de aprender o tuaregue. Depois, assim que falar o suficiente e for conhecido dos caravaneiros, o deixaremos solto. Escrevo a M., pois não gostaria de instalá-lo no anexo sem o parecer dele... Creio que com prudência seu programa possa ser executado sem temermos perigo algum".[6]
>
> Vou responder que esse avanço *em dois tempos* me convém perfeitamente... É, com efeito, bastante prudente. Aqabli seria um primeiro marco. Eu tinha escrito que gostaria de um lugar sem guarnição alguma.
>
> É Santa Madalena que me traz esse "sim" para sua celebração. Que essa mãe do deserto vos inspire a me dizer também "sim", pois é de vós que agora depende, parece, que o divino tabernáculo vá se estabelecer no extremo Sul e que a cada ano

---

[6] Laperrine não enviaria Foucauld a esse oficial, conhecido como anticlerical feroz, sem apresentá-lo. Ignorava, porém, que Métois passara por Béni Abbès, fora ver irmão Charles e lhe propusera que se instalasse em seu setor.

todos os postos, todas as guarnições que vós não atendeis, inclusive Taghit, contem com o benefício da santa Missa e dos sacramentos. [...]

Estou profundamente grato com os dois sins, que tão rapidamente chegaram, e espero o vosso, bem-amado e venerado padre... Minha ideia, caso eu o receba, não é partir de imediato. Além de precisar, como bem vedes, esperar outra carta do Sul absolutamente decisiva, gostaria de terminar a leitura de São João Crisóstomo e também de passar dois ou três dias em Taghit... Eu me pautarei, contudo, conforme as circunstâncias e o que me disserem no Sul... procurando realizar o melhor possível a obra do Pai celeste, verdadeiro pão de cada dia e único necessário.

A resposta episcopal finalmente chegou em 25 de julho, datada do dia 9. Dom Guérin, que não havia recebido as duas últimas cartas, estava surpreso e confessava acolher aqueles projetos com certa desconfiança. Não ousava dizer um "não" firme e definitivo. Pedia ao Irmão Charles que refletisse:

O que quer, caro padre? Eu o considero mais marroquino do que tuaregue, e hesito em vê-lo se afastar do Marrocos. Se devia haver mudança, sua direção não deveria antes ser o Oeste ou Figuig? Tenha mais um pouco de paciência: a Providência se manifestará, tenho nisso uma confiança íntima.

Irmão Charles respondeu-lhe de imediato, em 25 de julho, escrevendo sua quinta carta. Argumentava:

Quanto ao Marrocos, ao Oeste, tenho a vos dizer que ir a uma região tuaregue não é, para mim, a meus olhos, renunciar ao Marrocos. Antes, significa me preparar para o Marrocos e realizar a obra mais útil no momento. Figuig, não, não é meu lugar... Figuig, aliás, para ser sincero, não é Marrocos, mas

Argélia [...] Centro de populações, lugar de abastecimento de nômades, seria um lugar bem situado para fundar uma escola e um dispensário, o que se ajusta a vossa vocação e a vossos meios, mas não aos meus...

Sentia ele dever partir para o Sul. Parecia disposto a aceitar qualquer coisa, desde que o mandassem partir. Aprender a língua tuaregue só poderia ser útil do ponto de vista marroquino. No Sul talvez houvesse mais oportunidades para encontrar marroquinos do que em Béni Abbès. Chegou a esquecer a vida de Nazaré e a escrever: "Além disso, as relações com os autóctones me trariam treino, mais experiência e segurança do ponto de vista de *missão, evangelização*", o que haveria de agradar a Dom Guérin.

E prosseguia com uma argumentação cada vez mais incisiva:

Enfim, sinto que, de um lado, é preciso aproveitar as oportunidades, as boas vontades do momento, e, de outro, não deixar essa grande região ao abandono, a fim de esperar que portas se abram em outros lugares... Vamos agora aonde podemos ir. Quando portas se abrirem em outros lugares, então lá iremos. Cada dia com seu fardo: façamos agora o que for melhor! Em todos os instantes que se sucedem e compõem a via, aproveitemos a graça presente, os meios que Deus dá; nada nos preparará melhor para aproveitar as graças futuras e recebê-las do que o bom uso que se faz das graças do presente...

Foi justamente a colocação em prática da espiritualidade do momento presente que ele pôde descobrir com o padre de Caussade.[7] Fora de seu contexto, essa frase tem todo um outro

---

[7] Sobre o padre de Caussade e seu livro, Charles de Foucauld escreveria a uma irmã branca, em 24 de dezembro de 1904: "é um dos livros que mais vivencio. Sob o título de *L'Abandon à la Providence*, contém muitas outras coisas, com as quais podemos viver em conformidade. Cf. Charles de Foucauld, *Correspondances sahariennes*. Paris: Cerf, 1998, p. 957.

alcance, e não é preciso citá-la somente quando se quer fazer algo que um superior não queira.

Nesse mesmo 22 de julho, dia de Santa Madalena, enquanto Irmão Charles rogava a essa santa que inspirasse o bispo a dizer "sim", este lhe escrevia, depois de muito rezar:

> Muito pensei em você e rezei por você durante este dia que lhe é, eu sei, particularmente caro. Com toda a alma, pedi a Jesus, por intermédio de sua santa serva, que lhe conceda nesta hora as graças da luz que você tanto deseja receber, a fim de descobrir seu caminho.

Dom Guérin não queria dar uma resposta definitiva. Queria ainda consultar Padre Livinhac. Mais tarde, ele lhe falaria de seu embaraço diante de uma vocação tão pouco comum como a de Charles de Foucauld: "Admirável obediência que não é muito fácil conduzir!".[8]

Dom Louis de Gonzague tivera as mesmas dificuldades: "Diga-se que o subordinado, quanto a seus desejos e vontades, é bastante tenaz, para não dizer outra coisa".[9] A mesma coisa se verifica quando Dom Martin escrevia ao Irmão Charles: "Você parece transformar muito facilmente suas ideias pessoais, quando o objetivo é bom, em ordem do céu".[10]

Talvez o céu não tivesse outro modo de comunicar suas ordens à terra. É o que compreendia um pouco Dom Guérin, que em carta de 22 de julho lhe dizia:

---

[8]   FOUCAULD, Charles de. *Correspondances sahariennes*. Paris: Cerf, 1998, p. 1.012.
[9]   Id. *"Cette chère dernière place". Lettres à mes frères de la Trappe*. Paris: Cerf, 1991, p. 154.
[10] Op. cit., p. 283.

Caro amigo, você me pede conselhos, me pede ordens! Se é fácil obedecer, para mim é bem pouco simples discernir os caminhos de Deus e dar uma ordem em nome da divina Sabedoria. Contudo, caro padre, com toda a humildade, eu me permito lhe dizer o que sinto no momento com respeito a suas questões. Um projeto como o seu exige um longo aprofundamento: sua partida agora, de imediato, parece-me bastante precipitada e pouco conforme ao modo habitual de ação da Providência. Não posso crer, aliás, que tal partida seja o desejo da Providência nesta estação do ano. Seria ao menos necessário esperar outubro ou novembro.

E ele continua sua resposta negativa entrando em detalhes. Dificuldades materiais para o abastecimento e o culto, vida solitária impossível, vida a reboque de um acampamento militar nômade:

Seu lugar seria mesmo esse, a reboque de um acampamento essencialmente nômade, você que sonha apenas com a vida monástica? Não sei. Veja, caro amigo, não quero concluir a questão prematuramente; gostaria de ouvir conselhos e ver uma manifestação mais clara da vontade de Deus. Mas sou muito mais categórico quanto à questão da oportunidade de uma partida imediata. [...] Não seria assim tão categórico, se se tratasse apenas de aproveitar uma ocasião para ir saudar em Timmi seu amigo dedicado.

Em seguida, pensava Dom Guérin na impossibilidade em que se encontraria Irmão Charles de celebrar sozinho a missa, sem ajudante, já que a autorização solicitada a Roma ainda não havia sido obtida. Prosseguia ele:

Compreendo sem dificuldade quanto esses projetos devem arrebatar sua natureza ardente, mas, do fundo da minha alma, rogo a Deus que o ajude a não ser vítima de uma ilusão que poderia ser fácil. Sua estada em Béni Abbès não foi, aliás, até o momento inútil para a glória de Deus: foi proveitosa para franceses e autóctones, e sua influência, prolongando-se, certamente só se poderia tornar mais eficaz. Gostaria que você aproveitasse a presença do comandante L. que, na sua opinião, pode logo ir-se; eis aí, sem dúvida uma consideração a fazer, mas não sei muito bem qual facilidade você poderia ter entrando no território de Tidikelt ou de Hoggar com o capitão M.

De fato, todo mundo sabia que o capitão Métois não toleraria a presença de um padre em seu território. O próprio Padre Guérin e seu companheiro haviam sido muito mal recebidos em In-Salah, quando por lá passaram. Contudo, sem que ninguém soubesse, Charles de Foucauld já mantinha relações de amizade com esse oficial.

Foi em 1º de agosto que o Irmão Charles recebeu essa resposta negativa e decepcionante. Consideraria ele não se tratar ainda de uma resposta? Com efeito, no dia 12 escrevia à prima: "Eu me ofereci... Mas não tenho a resposta de Dom Guérin". Antes disso, em 5 de agosto, ele escrevera sua sexta carta a Dom Guérin, uma carta breve, pois nada tinha a acrescentar:

As cartas com que vos cumulei há algum tempo mostraram plenamente meus desejos. O que vos peço é simplesmente permissão para tentar penetrar em região tuaregue. Minhas cartas explicavam que não era minha intenção abandonar o Marrocos, mas fazer o melhor que eu pudesse no Sul – se os caminhos me fossem abertos –, enquanto esperava que vós enviásseis outros obreiros ou que uma porta se abrisse para o Oeste, para esse Oeste que no momento está fechado para mim. Vistes que minha ideia era aproveitar dessa estada no Sul para oferecer os sacramentos nas diversas guarnições dos Oásis, uma ou duas vezes por ano.

E diante da forte objeção de Padre Guérin, que considerava a estação inadequada, Irmão Charles respondeu com uma alusão aos recentes combates:

> O capitão Regnault partiu de Béni Abbès em 15 de julho e retornou em 30 de julho; depois de ter caminhado dia e noite e travado um combate sangrento, viu uma bala furar a alça da espingarda que ele empunhava e caírem feridos ou mortos os cinco homens que lhe eram mais próximos. Vedes que os soldados *da terra, esses homens,* não temem a *estação.*[11] Que sirvam eles de exemplo a nós, soldados de Deus, e não permitamos que nosso Mestre novamente ouça: "Os filhos deste mundo são mais sagazes que os filhos da luz"... Sempre roguei a JESUS não fazer menos a seu serviço do que já fiz para outras criaturas... Não digo que quero obstinadamente partir de imediato... Nada disso. Mas há apenas uma coisa a examinar: em que momento é melhor partir para a realização da "obra de nosso Pai"... E partir nesse momento, qualquer que ele seja, mais cedo ou mais tarde... A questão da temperatura é menos relevante para nós do que para o capitão Regnault... Só uma coisa importa: a obra de Deus...

Também, quando, em 26 de agosto, ao receber uma resposta de Laperrine, decidira partir "sem hesitar" e sem esperar outra resposta de seu bispo. A opção que ele tinha era 5 de setembro ou 15 de outubro... Partira na primeira oportunidade, comunicando sua decisão a Dom Guérin em uma carta datada desse mesmo dia, muito reveladora de sua concepção prática e real da obediência:

---

[11] Id. *Correspondances sahariennes.* Cerf: Paris, 1998, p. 213, nota 1: "Padre de Foucauld sublinha a palavra 'estação'".

Recebi esta manhã uma carta de meu amigo do Sul. Ele disse que está tudo acertado com o capitão M.[12] e que basta eu ir... que há muito bem a ser feito a partir do conhecimento dessas almas, do contato a ser estabelecido com elas... que vai esperar-me e colocar no comboio de 6 de setembro ou de 15 de outubro (datas de partida de Béni-Abbès).

Não recebi resposta alguma de vossa parte... Como é possível viajar em 6 de setembro graças ao comandante L., ao capitão R., à presença do comboio, partirei em 6 de setembro.[13]

Se eu receber depois ordem vossa de não permanecer no Sul, não permanecerei.

Não parto tão depressa por falta de obediência a vós, bem-amado e venerado padre, mas porque a mais perfeita obediência, e isso faz parte da perfeição, comporta em certos casos a iniciativa.

Se parto *sem hesitar*, é porque estou pronto para voltar sem hesitação; voltarei com a mesma facilidade com que parto agora.

Parto às pressas, porque quem sabe se aquilo que é possível no dia 6 ainda o será um mês depois.

[...] Os comboios são neste momento extremamente incertos. Sabeis que Taghit acaba de ser, durante quatro dias, sitiada por quatro mil Beraber.[14]

Creio estar fazendo o melhor. Se quiserdes que eu volte para cá, escrevei-me dizendo isso. Nesse caso, voltarei com a alegria de obedecer a JESUS: "Quem vos ouve, me ouve"... e, confesso, alegria profunda também por reencontrar o tabernáculo de que estarei privado por algum tempo.

E acrescentava em pós-escrito:

Seja junto aos militares, seja junto a todos, seguirei escrupulo-samente vossa recomendação e não me darei de modo algum

---

[12] Métois.
[13] Laperrine, Regnault.
[14] Taghit, guarnição situada a cem quilômetros de Beni Abbès.

como tendo sido enviado por vós, mas como tendo agido por minha própria iniciativa. Mantenha minha viagem em sigilo. Advirto vagamente os meus que me ausento por algum tempo, a fim de ir a outro oásis, e digo, sem detalhes, que continuem a me escrever em Béni Abbès. Somente vós e o sr. Huvelin têm conhecimento do que faço.

OBEDIÊNCIA E INICIATIVA

"A mais perfeita obediência comporta a iniciativa." Onde ele teria aprendido essa definição de perfeita obediência? Podemos procurar nos manuais de teologia moral que ele estudou, mas é mais esclarecedor lembrar o que pensavam alguns de seus amigos na mesma época, principalmente Laperrine, que acabava de escrever ao capitão Regnault:

> Caro companheiro, autorizo Foucauld a vir a Tidikelt.[1] Não tenho esse direito, mas espero me desembaraçar disso como de costume, com algumas cartas *de injúrias e ameaças* da subdivisão, aprovadas por todos os escalões superiores. É curioso, a gente se acostuma aos pontapés no... Isso quase surte mais efeito em mim. Eu lhes dedico uma pasta especial nos arquivos, e eis tudo... Seríeis bem amáveis dizendo se tendes ordens especiais para Foucauld, a fim de que eu possa me defender e me esquivar com injúrias decorrentes unicamente da minha iniciativa.[2]

Pensava que o capitão Regnault havia certamente recebido instruções para supervisionar Foucauld ou pelo menos tinha

---

[1] Região de In-Salah, ao norte de Hoggar.
[2] GORRÉE, Georges. *Les Amitiés sahariennes du Père de Foucauld*. Paris: Arthaud, 1946, tomo 11, p. 60.

ordens a transmitir. E de fato foram encontrados em outras guarnições documentos que registravam a passagem de Foucauld e quem o tinha recebido, prova de que ele era supervisionado.

Também Lyautey, que logo assumiria o comando dessa subdivisão, escrevera em agosto de 1901:

> Ah, a iniciativa! Dentre todas as virtudes ativas é a que mais aprecio. Que alegria encontrar pessoas que não erigem em dogma as fórmulas estabelecidas, pessoas que sabem, em nome do bom senso e do progresso, passar por cima das regras da burocracia.[3]

Pode-se atribuir esse espírito de iniciativa à formação militar de Charles de Foucauld. Ele próprio mais tarde criticaria a falta de iniciativa de muitos oficiais. Não seria, porém, o caso de restringir a iniciativa à definição que se poderia extrair dessa situação, em que se limita ao fato de antecipar a decisão de um superior. Essa "virtude ativa" é suscetível de lançar uma luz útil para uma melhor compreensão do sentido de sua vida. É como uma marca distintiva de sua personalidade, tanto quanto de Laperrine e Lyautey. Trata-se de uma qualidade de homem de ação, sempre pronto a fazer e empreender o que lhe pareça um dever, e muitas vezes um dever urgente que exige a antecipação do parecer e da decisão de um superior.

À luz desse aspecto de um temperamento decidido, orientado para a ação, poderíamos rever toda a vida de Charles de Foucauld, destacando os momentos em que a ele se impõe, como um dever, a vontade de fazer alguma coisa, especialmente quando se trata de fazer algo que os outros ainda não fizeram, não conseguiram fazer ou simplesmente não pensaram fazer. Esse é um

---

[3] LYAUTEY, Hubert. *Paroles d'action*. Paris: Armand Colin, 1927, citado em *CCF*, n. 1, p. 128.

aspecto de sua personalidade que nada, nem ninguém, poderá lhe tirar, nem sua incredulidade, nem sua vida de fé, nem qualquer voto de obediência. Ele viveria conforme aquilo o que ele era, nas diferentes situações em que a vida o haveria de colocar.

Sua obediência então seria essencialmente uma "submissão de seu senso", uma confiança muito grande naqueles que tivessem o encargo e a responsabilidade de guiá-lo. A direção de consciência, de que ele frequentemente falaria e aconselharia a todos que quisessem viver segundo o Evangelho, explica-se nessa perspectiva de um homem que sempre precisou de um controle e de um freio. O diretor espiritual praticamente nunca teria que sugerir, incitar, estimular, mas sempre diminuir o movimento.

Raros foram os momentos em que ele não teve iniciativa, mas foram momentos significativos. Podemos citar o próprio ato de sua conversão: teve iniciativa de um gesto que ninguém forçou, um gesto que deve ter sido um longo movimento de aproximação e que de repente se transformou num ato não previsto, não programado, o salto no vazio que lhe impôs o Padre Huvelin na Igreja de Santo Agostinho. Seria também a peregrinação que ele aceitou fazer, dois anos depois, seguindo os passos de Jesus na Terra Santa. Esse gesto, que não foi de sua iniciativa, o colocaria num caminho novo, pessoal, descoberto nas ruas de Nazaré, caminho no qual ele deveria se lançar, caminho que ninguém ainda tinha tomado, o de Jesus de Nazaré, caminho em que ele teria tudo a inventar, tudo a explorar.

Compreende-se que um espírito tão inventivo, sempre pronto a conceber, a fazer projetos, a organizar, tivesse que viver uma forma especial de obediência. Tratava-se de obedecer a Deus, de fazer "o que ele quer de mim", e a pergunta seria sempre: "O que preciso fazer?". Seria essa a pergunta de toda a sua vida. E tinha ela dois componentes: um "é preciso" e um "fazer". O "é preciso" se manifestava como um desejo que se transformava em dever e se impunha como uma necessidade interna, uma exigência interior que vinha do mais profundo do ser, como uma necessidade à qual não é possível escapar sem se negar a si próprio. Não era uma coação que o forçava de fora a agir; era uma força que o movia a partir de dentro, suscitava o desejo de fazer alguma coisa e provocava a iniciativa.

A obediência seria, de um lado, o meio de assegurar que esse desejo que o habitava, esse "é preciso" que se impunha, era mesmo a vontade de Deus sobre o si mesmo, o meio de se assegurar de que fazia o que Deus queria que ele fizesse, e isso graças à mediação de outra pessoa a quem se dirigia, dizendo: "Diga-me qual é a vontade de Jesus" e a quem se aplica a palavra de Jesus: "Quem vos ouve me ouve". Duas pessoas teriam esse papel na vida de Charles de Foucauld: o Padre Huvelin, especialmente, e, depois da morte deste, o assistente-geral dos padres brancos: o Padre Voillard, que ele escolheria como diretor espiritual. Mas Irmão Charles precisou seguir diretivas de muitas outras pessoas e receber ordens ao longo da vida, tanto na Trapa, de seus superiores e confessores, quanto em Nazaré, das clarissas. As pequenas coisas da vida monástica e a "submissão de seu senso", como ele disse, foram sempre uma prova, fosse o modo de cortar a lenha e arrumá-la ou os estudos a serem feitos, as viagens a que o obrigariam, os serviços de que o incumbissem. Não era aí que essencialmente se manifestava a busca da vontade de Deus no que lhe dizia respeito, mas por meio disso tudo ele buscava submeter sua vontade própria.

A obediência se situa, por outro lado, na passagem ao ato do "fazer". É a adequação do desejo, do querer e do fazer. Para Charles de Foucauld, o "fazer" às vezes será apenas um escrito, uma realização ideal colocada no papel. É um outro aspecto de seu temperamento. Mais frequentemente será uma espécie de medo suscitado pela perspectiva de uma mudança a se operar em sua vida. É nesse sentido que se pode ler a frase que lhe é atribuída: "O medo é o sinal do dever",[4] e sua versão mais evangélica: "Uma das coisas que absolutamente devemos a Nosso Senhor é nunca ter medo de nada".[5]

Dom Louis de Gonzague tinha uma concepção monástica da obediência quando, em 11 de fevereiro de 1897, escrevia a seu irmão Dom Martin, falando do outrora Frei Marie Albéric: "Ele pode se tornar um santo, é o que desejo, mas, em sua cabeça, não obedecendo". É evidente que ele não tinha nem a mesma cabeça, nem a mesma santidade, mas há muitos lugares na morada do Pai, e cada um deve encontrar seu caminho na obediência diante dos acontecimentos, através das circunstâncias da vida.

É esse um outro aspecto de seu caráter, é preciso por fim notar e reconhecer sua notável capacidade de enfrentar situações novas. Não seria essa uma outra forma de obediência? Dom Guérin reconheceria no ano seguinte que Charles de Foucauld, "como todos aqueles que o Espírito de Deus dirige, sabe maravilhosamente apreciar as circunstâncias".

"A Providência fala claramente"

Em 29 de agosto, Irmão Charles recebeu a resposta de Dom Guérin, datada de 19 e 21 de agosto. Depois de consultar Padre Livinhac, o prefeito apostólico acabou cedendo a contragosto,

---

4   Encontramos essa frase nos primeiros escritos da Fraternidade e nas primeiras Regras de vida. É citada pela primeira vez num artigo do jornalista Jean Lefranc, jornalista, publicado em janeiro de 1917 em *Le Temps* e em *L'illustration*. Durante a conversa entre os dois, Irmão Charles perguntou ao jornalista se ele era casado. Este respondeu negativamente, explicando que o casamento lhe dava medo, ao que Irmão Charles retrucou: "O medo é sinal do dever".

5   BAZIN, René. *Charles de Foucauld, explorateur au Maroc, ermite au Sahara*. Paris: Plon, 1921, p. 127.

não sem manifestar sérias reservas. Precisou de nove páginas para explicar que, embora deixasse Irmão Charles livre para partir, essa viagem não lhe parecia oportuna: tanto a direção quanto o momento eram mal escolhidos:

> Mas por nada no mundo quero dissuadi-lo se, depois de ter refletido seriamente sobre as observações que lhe fiz com toda simplicidade, você se julgar ainda chamado por Deus a partir neste momento; que você tenha a autorização necessária para fazê-lo. Creio ser necessário, aliás, do ponto de vista militar e administrativo, que saibam que você parte por sua conta, aceitando riscos e perigos, e que não está de modo algum sendo *enviado* por mim.

Vendo apenas a liberdade que lhe era concedida para dar seguimento a seu projeto, Irmão Charles escreveu à prima em 31 de agosto:

> O correio de 29 de agosto me trouxe a autorização do Dom Guérin... Uma excelente ocasião para partir se apresenta: um comboio militar está indo para essas regiões e parte daqui em 12 de setembro (provavelmente)... [...] Se eu não acreditasse com todas as minhas forças que palavras como "suave, penoso, alegria, sacrifício" etc. devessem ser suprimidas de nosso vocabulário, diria que estou um pouco triste por me ausentar de Béni Abbès: triste por deixar por algum tempo o divino tabernáculo, triste por me sentir menos solitário aos pés do Bem-Amado, preocupado com meu infortúnio e minha insuficiência, acabrunhado com minha covardia e minha incapacidade.

Nesse começo de setembro de 1903, melhor do que as cartas de Dom Guérin, as circunstâncias iriam colocar em xeque os projetos do Irmão Charles. Como houvesse combates sendo travados em meados de agosto perto de Taghit, julgou que o dever lá o chamava. Estava pronto para partir e sentia que isso podia retardar sua viagem para o Sul: "Pode ser, aliás, que o ataque de Taghit, por causa dele mesmo ou dos acontecimentos que possa desencadear, [...] retenha-me aqui ou me leve para o Oeste".[6] Mas nada disso teve seguimento, e foi então que ele decidiu partir para o Sul.

Contudo, em 2 de setembro houve um novo ataque em El Mungar, a trinta quilômetros de Taghit. Assim que tomou conhecimento disso, Irmão Charles montou num cavalo e, sem perder um minuto, seguiu para Taghit. Chegou em 6 de setembro e lá passaria um mês ao lado dos feridos.

O desejo de partir para o Sul se fazia menos urgente, e em 10 de setembro escrevia a Dom Guérin:

> Minha viagem a Tidikelt torna-se muito problemática. Deixo-me guiar pelos acontecimentos. Mas seria necessário um apaziguamento inesperado para que eu parta. Não posso afastar-me num período tão turbulento.

Em 15 de setembro, à prima, expôs a mesma questão de princípio quanto ao futuro: "Realizarei depois meus projetos de viagem para o Sul? Não sei... [...] Vivo o dia a dia". No entanto, em 25 de setembro, ele lhe confidenciava: "Dizem (não é certeza) que os marroquinos fizeram uma pequena razia no extremo Sul, lá aonde eu queria ir. É o tipo de coisa que me faz ir lá".

Contudo, em 29 de setembro, renunciava definitivamente a essa viagem, conforme escreveu a Dom Guérin:

> Penso voltar a Béni Abbès em dois ou três dias. Desisto de ir aos Oásis, pois nossas regiões estão demasiado turbulentas para que eu possa me ausentar neste momento... e tudo está

---

[6]   *LMB*, 22.8.1903.

tão inflamado no Oeste que me parece melhor ficar na Fraternidade, levando em silêncio e prece a vida de "irmãozinho" aos pés do tabernáculo.

No mesmo dia, deu também conhecimento disso à prima, em termos semelhantes, e concluiu dizendo: "Levarei em silêncio e no claustro minha vida de eremita".

Era exatamente o que o aconselhava Dom Guérin em carta datada de 25 de setembro, que Irmão Charles recebeu depois de retornar a Béni Abbès:

> Só posso certamente aprovar seu projeto de permanecer neste momento em Taghit ou em Béni Abbès. Seu sacerdócio é aí mais útil do que em qualquer outro lugar, e isso sem dúvida por um período um pouco longo. A Providência fala claramente neste momento; permaneçamos em suas mãos. Quando uma decisão diversa tiver que ser tomada, ela se fará então ser entendida; é preciso contar com isso. Você deve ter ouvido por aí rumores, cada dia mais sérios, de uma expedição para o Marrocos. O que resultará disso não sei; mas lhe seria o caso de manter-se na expectativa dos acontecimentos.

Esses meses de verão; a luta encarniçada que ele travou para a aprovação de seu projeto de partir para o Sul; o desejo forte de ir para junto dos Tuaregues, que de modo evidente surgia como sendo a vontade de Deus, não teria tudo isso sido apenas um intervalo em sua vida de eremita, uma tentação ou um excesso de zelo?

Charles aos 3 anos, no colo da mãe.

Charles aos 5 anos.

O pai de Charles de Foucauld.

Coronel Beaudet de Morlet, avô de Charles.

Sr. e sra. de Bondy na época de seu casamento.

Charles aos 15 anos.

Charles aos 18 anos
(Saint-Cyr).

Charles aos 20 anos
(Saumur).

Charles aos 25 anos
(ao voltar do Marrocos).

Marie Titre, de quem foi noivo em 1885.

Charles aos 28 anos (conversão).

Padre Huvelin.

Charles aos 32 anos
(partida para a Trapa).

Sra. de Bondy em 1890.

Depósito de ferramentas onde morava Charles de Foucauld em Nazaré (1897-1900).

Vista geral de Nazaré
desenhada por Charles de Foucauld, 1900.

A fraternidade de Béni Abbès, em construção, 1902.

Diante da fraternidade de Béni Abbès, 1903.

Capela de Béni Abbès.

Saída de missa em Béni Abbès.

Em Taghit com os feridos, setembro de 1903.

Em Beni Abbès com Dom Guérin, março de 1903.

Comandante Laperrine, 1903-1904.

Em In-Salah, durante a viagem de 1904.

Em Beni Abbès, com Lyautey.

Durante a viagem de 1905.

Agosto de 1905, construção da casa de Tamanrasset.

Casa terminada – "A fragata", primeira casa do povoado.

"A fragata" e as duas zeribas (cabanas), 1906.

Diante de uma das zeribas.

O SEGUNDO CHAMAMENTO
DE HOGGAR E OS PRIMEIROS PASSOS
FORA DO CLAUSTRO

Depois do verão de 1903, cheio de projetos de viagem, depois do mês de setembro passado em Taghit na companhia de legionários feridos, Irmão Charles desistiu de deixar Béni Abbès. Em outubro retomou as atividades de monge, "levando em silêncio e prece a vida de "irmãozinho" aos pés do tabernáculo[1] e o cultivo do jardim. Era a vida que ele julgava dever levar até a morte, só ou em companhia de outros. Quanto tempo isso haveria de durar? Afora umas poucas semanas, não poderia ele levar essa vida de jardineiro sem outras atividades, sem trabalho linguístico, sem projeto de viagem, sem cuidar de organizar a vida social e econômica dos outros.

Em 30 de outubro, abriu sua alma ao Padre Huvelin:

> Sim, tratarei de me suportar... sinto realmente que há uma languidez, não sei que espécie de cansaço em minha condição... Leio quando não consigo rezar, trabalho mais frequentemente com as mãos, o que é bom e humilde e me faz bem; trato de

---

[1] Carta a Dom Guérin de 29.9.1903. In: FOUCAULD, Charles de. *Correspondances sahariennes*. Paris: Cerf, 1998, p. 230.

compensar, aperfeiçoando a caridade para com os pobres e a pobreza, aquilo que falta em fervor às minhas preces e em calor a meu coração.

Talvez sentisse demasiado o relaxamento após a tensão dos meses anteriores. E continua:

Ver-me envelhecer e descer a encosta é para mim uma alegria perfeita: o começo da dissolução que nos é boa [...] Estou feliz e tranquilo [...] Desisto definitivamente de meu projeto de viagem e de me estabelecer mais ao Sul. Depois de ter refletido bem e rezado, creio ser mais útil ao Evangelho permanecendo em Béni Abbès, ponto absolutamente central entre o Marrocos, a Argélia e o Saara.

Essa era a opinião que Dom Guérin lhe expressava em 20 de outubro:

Aprovo absolutamente, você pressentiu, seu projeto de permanecer agora em Béni Abbès ou Taghit. Por certo é aí seu lugar atual! Como a Providência se encarrega de assinalar a cada hora o dever do momento!

Irmão Charles respondeu-lhe em 2 de novembro:

Renuncio à ideia, ao projeto, de passar um tempo em Aqabli. Creio que faço melhor permanecendo aqui, ponto central e próximo ao Marrocos... Mas se não enviardes nenhum padre aos Oásis, tratarei, num momento de calma, de aproveitar a ocasião para ir me confessar em El Goléa, passando por Timimun, e também oferecer os Sacramentos nas principais guarnições dos Oásis... Mas, como passastes em junho, não há motivo de pressa e, a não ser que surja alguma ocasião excepcionalmente favorável, esperarei até o verão... As comunicações com o Norte estão mais difíceis que nunca.

No dia 24, porém, ele se tornou mais insistente:

> Pensais enviar este ano, isto é, em 1904, algum padre que percorra os Oásis, Tuat-Tidikelt etc., para confessar aqueles que queiram? Eu *gostaria muito*. Muitos oficiais e suboficiais saarianos que passam por aqui expressam o desejo de não permanecer muito tempo sem padre e sem Sacramentos... Caso não nos envieis ninguém, consideraríeis um pouco, muito ou nada desejável que eu faça, em algum momento de 1904, o percurso dos Oásis, a fim de lá oferecer os Sacramentos? (Tenho definitivamente autorização militar)... Só irei lá forçado pelo dever. Minha vocação é o claustro, de onde só devo sair por motivo imperioso [...] Deixo que se desenrolem os acontecimentos e que o bom Deus mostre o que é preciso fazer. A única coisa importante a saber, para mim, é se fazeis questão que eu percorra os Oásis, pois nesse caso eu teria que me organizar um pouco antes com meus amigos dos Oásis... Gostaria que me enviásseis outro... Se soubésseis como sou um peixe fora d'água quando saio do claustro! Não fui feito para sair dali.

Durante o mês de novembro, Irmão Charles leu e copiou em parte o pequeno livro do Padre Crozier, *Excelsior*. No dia 28, escreveu à prima:

> Começo amanhã meu retiro anual de 1904, adiantando dois meses a época de costume; estando tranquilo neste momento, quero aproveitar, pois quem sabe o futuro? Posso ser chamado de novo para junto dos feridos ou impedido por quem sabe quem.

De fato, no primeiro dia de seu retiro, ele foi chamado a Taghit para cuidar de dois soldados gravemente doentes. Partiu à noite e só voltou na manhã de domingo, 6 de dezembro. Assim que voltou, retomou o retiro. Suas reflexões pessoais encontram-se numa carta ao Padre Huvelin, datada de 13 de dezembro, último dia de seu retiro.

Essa carta compreende duas partes. A primeira é um exame de sua vida ou, como de costume, ele anota suas impressões gerais e negativas sobre sua pessoa. Uma só questão denota uma tomada de consciência positiva. É quanto ao modo de dar aos pobres. Tinha compreendido que não podia continuar como no passado. Quanto a esse plano, sua maneira de agir iria evoluindo, à medida que ia conhecendo melhor as pessoas e suas vidas.

A segunda parte dessa carta é menos um pedido de conselho que uma expressão de sentimentos complexos e do desejo do eremita. Durante o retiro, recebeu uma carta de Laperrine, que o convidava a ir para o Sul. Era o segundo chamamento de Hoggar. Esquecendo-se de todas as suas resoluções e decisões, Irmão Charles encontrou-se de novo na mesma situação do mês de agosto. Tentou então se perceber com clareza:

> Tenho também uma grande incerteza: é quanto à viagem que tinha planejado para o Sul, para os Oásis de Tuat, Tidikelt, onde não há padre algum, onde nossos soldados jamais têm missa, onde os muçulmanos nunca veem um ministro de JESUS [...] Lembrai-vos de que, tendo recebido as três autorizações, de vós, de Dom Guérin e das autoridades militares, eu ia partir em setembro, quando fui chamado a Taghit para junto dos feridos...? Agora que a calma parece restabelecida, seria preciso dar seguimento a meu projeto? Eis um grande ponto de interrogação para mim. Sei de antemão que Dom Guérin me dá liberdade; é então a vós que peço conselho: se o Dom Guérin pudesse e quisesse mandar para lá outro padre, eu certamente não iria; meu bem claro dever seria permanecer em Béni-Abbès. Mas creio que ele não quer enviar ninguém para lá; creio até que não *pode* mandar ninguém. Contudo, tendo amizades pessoais, posso ir lá, e sou provavelmente o único padre que

possa fazer isso no momento, e por algum tempo ainda, até que tantas coisas tristes tenham mudado.

Nessas condições, não deveria ir, criar um alojamento, digamos, no extremo Sul, aonde eu possa ir a cada ano passar dois ou três, três ou quatro meses, e aproveitar essa viagem para administrar ou ao menos oferecer os Sacramentos nas guarnições e fazer que os muçulmanos vejam a Cruz e o Sagrado Coração, enquanto lhes fale um pouco de nossa Santa Religião?...

Não seria o caso de fazer isso?

Isso, neste momento, não poderia ser mais fácil para mim. Convidam-me para ir lá, esperam-me.

A natureza tem horror a excessos. Estremeço, e me envergonho disso, diante da ideia de deixar Béni Abbès, deixar a calma ao pé do altar e me lançar a viagens pelas quais tenho agora um horror excessivo.

A razão me mostra os inconvenientes disso: deixar vazio o tabernáculo de Béni Abbès e me afastar daqui, onde talvez (embora seja pouco provável) vá haver combates; me dispersar em viagens que não são boas para a alma. Não glorifico mais a Deus adorando-o na solidão? A solidão e a vida de Nazaré não são minha vocação?

Depois de a razão me dizer tudo isso, vejo essas vastas regiões sem nenhum padre, vejo-me como o único que *pode* ir lá, e me sinto extremamente impelido, e cada vez mais, a ir ao menos uma vez, e, conforme o resultado, segundo o que mostrar a experiência, lá voltar ou não.

Apesar dos motivos que a razão me opõe, e tendo a natureza um verdadeiro horror dessa ausência, sinto-me extremamente, e cada vez mais, interiormente impelido a fazer essa viagem.

Um comboio parte para o Sul em 10 de janeiro. Seria o caso de tomá-lo? Neste momento isso me é fácil e me esperam. Seria o caso de esperar outro? Talvez não haja outro nos próximos meses, e tenho razões para recear não ter as mesmas facilidades de agora.

Seria o caso de não partir de modo algum?

*Meu sentimento, minha opinião bem clara é que devo partir
em 10 de janeiro.*

Eu vos suplico que me escreva uma linha sobre esse assunto.
Eu vos obedecerei.

Se não receber nada de vossa parte até 10 de janeiro, provavelmente partirei.

Se receber, farei o que me disserdes, o que quer que seja. Es-
crevei ou telegrafai (Béni Abbès, por Béni Unif, Sul de Oran),
e obedecerei à vossa palavra como à de Jesus: "Quem vos ouve
me ouve".

Dessa carta se depreende uma tripla distinção que poderia
talvez lançar uma luz sobre toda a vida desse homem aparentemente fragmentado e, poderíamos crer, em perpétua contradição
consigo mesmo. Ela opõe a "natureza" que reage à "razão"
que fala, mas afinal é um impulso interior que sai ganhando, o
"desejo vivo", o que ele sente que precisa fazer.

O Padre Huvelin já não hesitava em ver o Espírito através daquilo que ele denominava "o instinto" a ditar o comportamento
do Irmão Charles. "Vá aonde o Espírito o levar", ele lhe escreveu
em 5 de julho. Estava habituado a essas perguntas e não tinha
nenhuma ilusão quanto ao valor da ordem ou do conselho que
lhe pudesse dar. Ele nunca responderia a essa carta.

No dia seguinte, 14 de dezembro, uma simples frase em uma
carta à prima confirmava a mudança que acabava de se operar:
"Não é impossível que eu parta por volta de 10 de janeiro, a
fim de fazer a viagem de alguns meses que eu queria fazer em
setembro... Isso ainda não é certeza". Ele não falaria disso a
nenhuma outra pessoa, a não ser a Dom Guérin em uma carta
de 16 de dezembro. É bom comparar essa carta com a escrita ao
Padre Huvelin três dias antes. O tom é completamente diverso.
Já não havia interrogação nem hesitação. A "natureza" não

precisa expressar-se, e se a "razão" fala é para apoiar o que o coração sente dever fazer.

Recebi do Sul uma carta dizendo que lá me esperam... Todos os nossos feridos e doentes foram curados... Parece que Saura e Zusfana estão por algum tempo em paz... Os tristes acontecimentos em França me fazem crer que vos será impossível enviar este ano um padre ao Sul.

Parece-me muito desejável que, cada ano, os sacramentos sejam oferecidos a nossos soldados dos Oásis e que, ao menos de tempo em tempo, os muçulmanos dessas regiões vejam um ministro de Nosso Senhor, tanto que creio dever aproveitar a ocasião que me é oferecida para ir lá agora, enquanto tenho autorização, enquanto isso me é fácil.

Em razão do que me escrevestes em setembro, e também Padre Huvelin, *provavelmente* partirei para o Sul com o próximo comboio (por volta de 10 de janeiro, não antes disso), com a intenção de ir a Aqabli, onde se encontra um grupo de pesquisa, e lá construir com a ajuda de Deus uma pequena instalação, pequena mas que me permita ir lá a cada ano passar alguns meses. Assim, eu me dividirei entre Aqabli e Béni Abbès, solitário e enclausurado nesses dois postos (passando, por exemplo, o verão em Béni Abbès e o inverno em Aqabli), aproveitando as viagens de ida e volta para passar pelas guarnições e ver os autóctones.

Digo que partirei *provavelmente*, pois obstáculos inesperados podem surgir... Além disso, o sr. Huvelin, a quem acabo de escrever sobre esse assunto, pedindo-lhe uma resposta, pode me reter com uma carta ou um telegrama. Também vós, meu bem-amado padre, podeis me reter, se não com uma carta que talvez não chegasse, ao menos com um telegrama.

Minha ideia é alugar um camelo que carregue a mim e minha pequena bagagem... Tenho uma capela portátil bem acondicionada... Uma coisa realmente importante e que contribuiu para me inclinar a partir é que terei um ajudante de missa catecúmeno... Um jovem escravo, libertado em 8 de setembro de 1902, havia passado sete meses na Fraternidade e recebido instrução religiosa durante esse tempo, com a hospitalidade... Tinha partido em abril de 1903 e voltado pouco depois de vossa passagem por aqui... Desde julho, quando retomou seu lugar na Fraternidade, comporta-se de modo conveniente e por iniciativa própria me pediu para continuar recebendo instrução religiosa. Penso levá-lo para me ajudar na missa e em questões materiais.

Irmão Charles precisou, porém, responder a uma carta de 18 de dezembro de Dom Guérin. Esperou até o último minuto. Foi em 10 de janeiro, véspera da partida, que ele escreveu:

Esperei até hoje para vos agradecer a carta paternal de 18 de dezembro e dizer se parto ou não para o Sul... Sim, eu parto. Nem vós nem o sr. Huvelin me deram parecer contrário, nada recebi de nenhum lado; parto, portanto, porque é para mim muito fácil ir agora lá e porque depois talvez nem eu nem vós possamos fazê-lo.

Parto no dia 11 ou 12 com um grande comboio e um oficial dos Caçadores da África, do Tuat, sr. Yvart. Chegaremos, se Deus quiser, no dia 25 a Adrar. Penso permanecer muito pouco tempo lá e logo partir para Aqabli. Farei uma curta visita a In-Salah, no momento em que me indicar meu velho companheiro, por cujos pareceres muito me orientarei. Em Aqabli, passarei algum tempo, a fim de fazer contato, e esperarei vossas cartas. Depois disso, vou me orientar, conforme os acontecimentos e, principalmente, por aquilo que me escreverdes.

Dom Guérin respondeu em 4 de janeiro à carta do Irmão Charles datada de 16 de dezembro, mas esta só chegaria ao destinatário semanas depois. Vendo que não poderia impedir essa viagem, Dom Guérin deu sua aprovação, mas com a vaga esperança de que as circunstâncias o levassem a decidir de outro modo. Na mesma oportunidade, abandonava seu projeto de ir ele mesmo para o Sul, como propunha quinze dias antes.

> Talvez você esteja para partir para o extremo Sul! Recebi sua carta pelo último correio e respondo de imediato.
>
> Parta, caro amigo, seu Deus o impele; só posso repetir o que já disse há alguns meses. Sem induzi-lo a partir, não quero de modo algum opor obstáculo a isso se, depois de tudo ter sido considerado no que lhe diz respeito e nas circunstâncias presentes, crê você reconhecer um chamado divino. Eu me alegrarei de todo o coração com as graças que o divino Mestre, por meio do ministério do irmão, espalhará por todas essas regiões, seja entre os autóctones, seja entre os cristãos isolados em todas essas guarnições! [...]
>
> Se já tiver partido, esta carta o seguirá, espero. Em Adrar, você certamente a terá recebido [...]
>
> Mas, em vez disso, pode ser que você permaneça em Béni Abbès. Que o Espírito Santo o encontre sempre fiel a segui-lo! É este o último de meus votos, e sempre serei feliz em repeti-lo.

Podemos tentar entender a situação em que se encontrava Irmão Charles no momento em que se ocupava dos últimos preparativos. Note-se que, desde outubro, não se cogitava nunca de Hoggar ou dos Tuaregues. Seu objetivo, em novembro, era apenas percorrer postos militares. Em dezembro, já era um pouco diferente. Pensava ir a Aqabli, lá construir uma pequena instalação e voltar a Béni Abbès. Já não era uma simples viagem, era uma verdadeira fundação que ele tinha em vista. Ele se dividiria entre Béni Abbès e Aqabli.

Em janeiro, enquanto preparava a bagagem para um ano inteiro, planejava uma esticada até In-Salah e ir a Aqabli, onde esperaria a sequência dos acontecimentos. Essa sequência permaneceu misteriosa para nós, seria ditada pelos conselhos de seu velho amigo e pelas ordens do Dom Guérin. Seria preciso esperar um pouco para saber se essa partida foi realmente uma resposta ao que chamamos de "o segundo chamamento de Hoggar".

Em todo caso, é bem provável que Irmão Charles soubesse por alto o que aconteceria durante essa viagem. Para nos certificar disso, falta-nos a carta de Laperrine, mas sabemos por outras fontes que este último preparava um grande giro sem ter recebido todas as autorizações necessárias para empreendê-lo. Além disso, era preciso que seus superiores não soubessem nada sobre esse projeto. Daí o segredo e o silêncio absoluto que Irmão Charles manteve em sua correspondência, que podia ser lida indiscretamente. Isso explica, ao menos em parte, sua atitude para com Dom Guérin, a quem ele não podia passar certas informações. Também tinha consciência de ser o único a poder empreender o que possuía em mente e sabia que nenhum padre branco estaria autorizado a fazê-lo.

Enfim, se já não encontramos menção a Hoggar e aos Tuaregues, é por essa mesma razão. Ele falava apenas de Aqabli, que considerava um ponto de partida para ir mais longe. Basta ler sua carta de 22 de julho a Dom Guérin para darmos conta de que se tratava do mesmo projeto.

Se o "primeiro chamamento de Hoggar" nos fez conhecer um pouco melhor o que era a prática da obediência para Irmão Charles, o "segundo chamamento de Hoggar", completando essa primeira descoberta, introduz-nos no mistério de sua vocação. Questão difícil em meio a tantas. Sua vocação seria mesmo a solidão e o claustro, conforme ele escreveu e acreditava? O silêncio, o retiro e a inatividade, que engendravam nele langor e introspecção, seriam propriamente seu caminho?

Ou se tratava, ao contrário, de seguir seu desejo? De responder a todos os chamamentos que para ele adquiriam a força de uma ordem de Deus? Seria um refúgio o que ele buscava no claustro ou uma evasão esse desejo de ir para outro lugar? Como distinguir o que é o dever nesse momento preciso e aquilo que é apenas pretexto? Irmão Charles nos parece em plena busca diante de todas essas questões. Ele precisava escolher, mas de acordo com quais critérios?

Em 13 de janeiro de 1904, pela manhã, Irmão Charles partia de Béni Abbès. Anotou em seu Caderno:

> Não tenho resposta alguma nem do sr. padre nem do Dom Guérin a respeito de minha viagem a Tuat, Tidikelt etc. Um comboio parte esta manhã para essas regiões. Tenho a possibilidade de lá ir, o que talvez nenhum padre tenha em vários anos. Creio portanto ser meu dever partir. Retirarei esta manhã a Santa Reserva do Santo Tabernáculo e partirei às 8 horas da manhã para Adrar, capital de Tuat, a pé, com o catecúmeno Paul, que me ajudará na missa. Um jumento carregará o que for necessário para a celebração da missa durante cerca de um ano.

Em sua carta de 10 de janeiro a Dom Guérin, ele detalhava:

> Parto com o pequeno negro de que vos falei[2] para me ajudar na missa; uma jumenta para carregar a capela e as provisões; e um jumentinho que não carrega nada. Para mim, levo sandálias novas e dois pares de alpercatas... No comboio em que estou, há cinquenta homens de infantaria. Cuidarei de caminhar como eles; se não conseguir acompanhá-los, farei como os maus soldados: pedirei que me coloquem de tempo em tempo num camelo do comboio.

Irmão Charles atribuía então uma grande importância ao fato de se locomover a pé. Em sua carta de 3 de junho de 1903 a Dom Guérin, lê-se:

---

[2] Trata-se de Paul Embarek.

> Ontem tive uma longa visita de dois homens de Tafilalet: dois marabutos. Eles ouviram falar de vós e me perguntaram se tínheis ido a Tafilalet. "Não, ele irá lá uma outra vez!" "[...] Ele viaja a pé?" "Não, a camelo..." Essa pergunta dos marabutos me fez refletir. Eles viajam a pé, conduzindo seus jumentos... Nós somos discípulos de JESUS, queremos que JESUS viva em nós, "o Cristão é um outro Cristo", falamos constantemente de pobreza; eles são discípulos de Maomé: a pergunta deles me faz refletir bastante.

Era uma espécie de pesar ou crítica secreta no tocante às consequências da passagem dos bons padres que viajavam a camelo. Naquele momento, em nome da santa pobreza, ele fazia questão de andar a pé, pois era certamente mais próximo da perfeição. Irmão Charles não tardaria a adotar um ponto de vista menos perfeccionista e mais realista. Mas para a primeira parte da viagem não encontrou dificuldades, as etapas eram curtas: de 15, 32 quilômetros excepcionalmente, como no primeiro dia.

Ao deixar o enxame ruidoso de sua "fraternidade" para avançar na imensidão do deserto, ele entrou no reino do Silêncio e do Absoluto, no qual pudesse encontrar Deus? É difícil encontrar vestígios de tais pensamentos no Caderno ou nas cartas. Podemos encontrá-los em Psichari e em outros, mas é preciso evitar transpô-los para Charles de Foucauld, como tão facilmente se fez. Ele amava a solidão, mas sabia que não era numa viagem em caravana que seria possível encontrá-la. Para ele, a caminhada no deserto seria sempre um tempo de "ministério", essa vida para a qual ele não se sentia chamado. Tampouco gostava das viagens e sonhava ainda com uma vida semelhante à de Madalena em Sainte Baume, um ideal que ousava chamar de "sua vocação". Mas, ao fazer então o que julgava ser a vontade de Deus, fazia, sem saber e sem pensar nisso, a aprendizagem da vida com Deus, compartilhando a vida dos homens.

Em uma carta de 21 de janeiro à prima, descreveu ingenuamente suas primeiras experiências:

> Minha viagem prossegue bem... Pude até o momento celebrar a Santa Missa todos os dias... Encontro muitas aldeias autóctones e me acolhem bem... – Além de um benefício temporal, para mim os remédios e as esmolas são principalmente um benefício espiritual: são um meio de entrar em relações boas e amigáveis com os autóctones, de romper o gelo, de estabelecer confiança e amizade entre mim e eles. Ao chegar a uma aldeia, pergunto quais são os quatro ou cinco mais pobres, dou-lhes uma pequena esmola e digo a todos os doentes que estou à disposição para lhes dar remédios... Isso tem dado muito certo até agora; dei mais remédios nestes oito dias do que em dois anos em Béni-Abbès, onde os distribuía diariamente a várias pessoas...

É possível acompanhar Irmão Charles durante esse ano de viagem graças a seu diário, editado no *Caderno de Béni Abbès*. O diário informa as distâncias percorridas, os lugares, as aldeias visitadas, os lugares de pouso, a qualidade da água e das pastagens, as pessoas encontradas. Essas anotações cotidianas se transformam às vezes em considerações históricas ou geográficas e muitas vezes em meditações espirituais.

Em 1º de fevereiro, Irmão Charles reencontrou o comandante Laperrine em Adrar e passou uma semana lá, onde recebeu a carta de 4 de janeiro de Dom Guérin. Respondeu-lhe no dia 9:

> Fico feliz, meu bem-amado padre, por ter vindo aqui, pois me parece que este pequeno giro fez bem a vários cristãos, e também aos autóctones, espero, tanto os de Saura quanto os dos Oásis... Longe de lamentar esta viagem, estou cada vez mais convencido de que o bom Deus a queria, e agradeço que me tenha feito sentir sua Vontade, atendendo a minhas súplicas de ser-lhe fiel.

Em seguida, ele fala de seus projetos para as semanas seguintes. Nesse mesmo dia, disse também a Marie de Bondy:

> Estou muito feliz com minha viagem: o que vejo me é prova evidente de que a devia fazer; agradeço ao bom Deus e lhe rogo que atenda a minhas súplicas de ser-lhe fiel e fazer o bem que ele quer... [...] Diga ao senhor padre que estou feliz, que bendigo a Deus, que há ainda mais trabalho do que eu pensava, bem mais do que pensava, e que ele rogue a Jesus para que eu seja bom obreiro.

Essas impressões completam as de Laperrine, que escreveu ao capitão Regnault em 19 de fevereiro:

> De Foucauld se conduz bem, trabalha firme o tuaregue... Deve agora estar em In-Salah e espero encontrá-lo em Aqabli, onde deve instalar-se na casa confiscada de Ag Guerradji[3] (amghar dos Tuaregues Taitoq), a fim de estudar o tuaregue longe dos europeus.
>
> Prometi levá-lo em viagem e, caso veja que ele se dá bem com os Tuaregues, eu o deixarei; lamento que ele não tenha chegado quinze dias antes; ele teria visto Mousa agg Amastan em In-Salah e talvez tivesse podido partir com ele.
>
> Sonho fazê-lo o primeiro cura de Hoggar, capelão de Moussa, talvez chefe da aldeia de Tadjmut, que será formada pelos cativos sob a proteção dos Tuaregues, e nossa por decorrência.
>
> Sua cabeça trabalha, mas ele sabe muito bem que todo sonho deve ser precedido pelo conhecimento da língua; o árabe é o inimigo hereditário; nós somos os importunos, os desconhecidos, mas nos detestam menos que os Chaamba.
>
> Quem viver verá. Em todo caso, fiquei muito feliz em passar novamente alguns dias com ele. Colocado diante da vida aventureira, o Foucauld do Marrocos se situa, reclama do sextante,

---

[3] Trata-se de Sidi agg Akaraji.

copia mapas etc.; estou certo de que ele encontrará tempo, em meio a esmolas, distribuições de medicamentos e preces, para fazer um estudo muito interessante da região e do homem (do Tuaregue e de seu cativo).

Se minha viagem não me permitir deixá-lo em região tuaregue, eu o deixarei em Aqabli ou no acampamento de Tidikelt, mas preferiria que ficasse longe de nós, que nos acostumemos a vê-lo sem baionetas ao redor.[4]

Logo no primeiro dia, Laperrine expôs a seu amigo a situação resultante da submissão de três das seis grandes facções que formavam o povo tuaregue. Em 1º de fevereiro de 1904, anotou Irmão Charles em seu Caderno:

Essas notícias são muito sérias, pois mostram toda a região tuaregue, até agora tão fechada para os cristãos, aberta a partir de hoje. Comandante Laperrine está disposto a todo custo a facilitar minha entrada lá, minhas viagens, meu estabelecimento. Ele me ofereceu por conta própria acompanhá-lo na próxima viagem que espera fazer entre seus novos comandados, em Ahnet, Adrar e Hoggar [...] Talvez na próxima viagem, que começará em cinco ou seis semanas, o comandante Laperrine chegue até Timbuctu [...] Dar remédios, de vez em quando sementes de hortaliças e, quando for o caso, esmolas; segundo o comandante Laperrine, e também segundo informação geral, eis aí o modo de eu entrar em relação com eles; mas *principalmente aprender a língua*. O melhor lugar para estudar o tuaregue ("tamahaq") é Aqabli, onde todos os habitantes o falam e onde há constantemente caravanas tuaregues. Está portanto decidido que lá irei estudar o tuaregue com todo o empenho até que, em algumas semanas, o comandante Laperrine venha me pegar para segui-lo em sua viagem.

---

[4] LEHURAUX, Léon. *Au Sahara avec le P. Ch. de Foucauld*. Paris: St. Paul, 1946, p. 53.

Irmão Charles partiu de Adrar no dia 10, chegou a In-Salah no dia 16, partiu novamente no dia 18 e chegou no dia 20 a Aqabli. Instalou-se, como previsto, na casa confiscada de agg Akaraji. O que significa "instalar-se" nesse contexto? Seria apenas colocar a Santa Reserva no tabernáculo, o que ele fez logo no dia seguinte? Ou seria apenas o prazer de se sentir em casa numa choça qualquer após quarenta dias de vida nômade? Não, é outra coisa. Numa carta do dia 5 de março, ele se abriu com a prima a esse respeito:

> Continuo feliz... Dentre outras alegrias, tive uma que pedia a Jesus há muito tempo: ficar, por amor a ele, em condições análogas em termos de bem-estar àquelas em que estive no Marrocos, para minha satisfação... Aqui, no que diz respeito ao alojamento, é a mesma coisa...

Mas e o depósito de ferramentas no jardim das clarissas em Nazaré, o eremitério de Jerusalém e a cela em Nossa Senhora das Neves? Não seria essa uma revelação importante que ele nos fazia, tornando bem relativas as condições de ascetismo dos anos anteriores? Na Trapa ele se queixara: "Somos pobres para os ricos [...], não tanto quanto eu era no Marrocos".[5]

Não foi, no entanto, "Sainte Baume" que ele encontrou nesse lugar. Mas já não pensava nisso. De três cartas à prima, podemos extrair suas motivações. Na de 9 de fevereiro, lê-se: "É um centro a partir do qual eu me irradiarei". Na de 21 de fevereiro: "Tenho o que fazer aqui; assim, ficarei por um tempo". Na de 27 de fevereiro: "Por aqui sempre há caravanas com gente do Sul; é o que me faz ficar. Neste lugar de passagem, pode-se fazer o bem a todos os que vão e vêm".

---

[5] *LAH*, 30.10.1890.

Essas frases traduzem numa linguagem da época sua preocupação apostólica. Na verdade, porém, ele não estava lá para cuidar dos transeuntes. Enviaram-no a essa aldeia onde não havia europeus, a fim de que ele aprendesse a língua dos tuaregues, o tamahaq. Lê-se em seu Caderno, com data de 21 de fevereiro:

> A partir de hoje começo a ter aulas de tamahaq com Mohamed Abd el Qader, homem dos Settaf que por muito tempo viajou entre os Tuaregues e morou em Timbuctu.[6]

Assim começou o que daí por diante seria a obra principal de sua vida. Se soubesse aonde o conduziria esse caminho, ele hesitaria. Estava, porém, longe de imaginar a sequência dos acontecimentos. Laperrine, como vimos, era mais lúcido. Evitou falar-lhe disso e contentou-se em apreciar o realismo do monge sonhador, traduzido por uma vontade de eficácia e uma obstinação pelo trabalho que nunca deixaram de surpreender.

Para falar sobre esse assunto com a prima, em 5 de março, ele empregou uma outra linguagem:

> As populações dessa região e as do Marrocos falam menos o árabe que o berbere, velha língua do Norte da África e da Palestina, língua falada pelos Cartagineses, língua de Santa Mônica cujo nome, berbere e não grego, significa "rainha", língua que Santo Agostinho "amava" por ser a de sua mãe, diz ele em suas Confissões; que aprendi outrora, e esqueci; eu a retomo um pouco para poder conversar com todo mundo.

Seu período de trabalho em Aqabli terminou em 14 de março. Em seu Caderno, lê-se:

---

[6] Irmão Charles escreveu "Touareg", sem o "s", já que em árabe esse é o plural de Targui. Logo, porém, abandonaria essa grafia para adotar a que se tornou comum: um Tuaregue, os Tuaregues, a língua tuaregue.

> Partida de Aqabli com o comandante Laperrine para acompanhá-lo em sua viagem. Sua intenção é visitar as populações recentemente dominadas e seguir até Timbuctu... Nosso provável itinerário é o seguinte: In Ziz, Ahnet, Adrar, Timissao, Attalia, Timbuctu; depois voltar por Adrar e Hoggar... Se os ânimos permitirem, nossa ideia é que na volta me deixem em Hoggar e que eu lá me fixe.

Em 16 de maio, porém, a fim de evitar em Timiauin um enfrentamento com uma coluna francesa vinda de Timbuctu, o comandante Laperrine decidiu tomar a direção de Hoggar. Irmão Charles estudou a possibilidade de se instalar em Silet, Abalessa ou Tit. Em 28 de maio, contudo, anotou em seu Caderno: "Menos por medo dos Tuaregues que dos franceses, Laperrine não me autoriza permanecer agora em Tit nem em outra parte de Hoggar; depois veremos".

Em 14 de junho, antes de subir novamente com Laperrine, Irmão Charles preferiu ficar com o tenente Roussel, que devia passar vários meses no norte de Hoggar. Foi durante os meses de junho e julho que trabalhou na tradução dos Evangelhos para a língua tamahaq.

O destacamento do tenente Roussel voltou a In-Salah em 20 de setembro. Dois dias depois, Irmão Charles partiu novamente, com um soldado a servir-lhe de guia, em direção a Adrar, Timimun, El Goléa. Tendo sido acolhido em Metlili por Dom Guérin em 11 de novembro, chegou a Ghardaïa. Durante mais de seis semanas, compartilhando a vida da casa, Irmão Charles rezou, desfrutou do silêncio e passou nove dias em retiro.[7] Com Dom Guérin, acabou chegando à conclusão de que não fora feito para as viagens, mas, ao contrário, para a estabilidade em algum

---

[7] FOUCAULD, Charles de. *Seul avec Dieu*. Paris: Nouvelle Cité, 1975, pp. 153-198.

lugar, portanto para um retorno a Béni Abbès, aonde chegou em 24 de janeiro, depois de um ano e doze dias de viagem, muito cansado das longas caminhadas[8] e do trabalho realizado.[9] Estava decidido a não sair do claustro em que queria se encerrar, a fim de manter-se fiel a sua vocação. Será, no entanto, visto novamente em Hoggar alguns meses depois. Por que essa reviravolta? Para compreendê-la, é preciso observar de perto a etapa seguinte.

---

[8] 5.994 quilômetros a pé ou a camelo, em 377 dias!

[9] Estudo intensivo do tamahaq, cuidados que prodigalizou a pessoas encontradas e aos militares da escolta, croqui dos itinerários, redação de um diário com anotações abundantes que registram suas observações, correspondência, principalmente 15 cartas a Dom Guérin e 20 cartas ou bilhetes a sua prima.

Meditações de 4 e 5 de fevereiro de 1905, em Béni Abbès

O TERCEIRO CHAMAMENTO DE HOGGAR – DE 24 DE JANEIRO A 3 DE MARÇO DE 1905

Nós o seguiremos, dia após dia, durante esses cem dias em Béni Abbès, tentando compreender o que se passava dentro dele e analisando as circunstâncias dessa mudança de orientação. Esse período constitui um todo, mas podemos facilmente apresentá-lo em dois tempos: primeiramente, os dois primeiros meses, marcados pelo cansaço; depois, os últimos quarenta dias, em melhores condições de saúde.

Três dias depois de seu retorno a Béni Abbès, soube Irmão Charles da chegada de Lyautey. Tendo chegado inopinadamente, este só ficaria trinta e seis horas, mas nessa curta estada teria a oportunidade de encontrar várias vezes Irmão Charles, que ele até então só conhecia por meio do cunhado Raymond de Blic e do primo Louis de Foucauld, seus velhos conhecidos.

Ao chegar a seu posto em Aïn-Sefra como general comandante da subdivisão, em 1º de outubro de 1903, Lyautey só podia preocupar-se com a presença de Charles de Foucauld em seu território. Esse padre não lhe era desconhecido e sua reputação de santidade já era bem difundida no setor. Ora, contrariamente ao que pensava Irmão Charles,[1] Lyautey não gostava muito dos missionários que muito davam o que falar. As palavras seguintes, posteriormente relatadas por um de seus próximos, são significativas no tocante à sua desconfiança de então; teria dito: "Que mandem esse padrezinho de volta à França; ele está minando as bases de minha política autóctone". Essa política autóctone Lyautey já definira em 1900 num artigo intitulado: "O papel colonial do exército".

Era um homem que, na época, dizia-se um "espírito livre do ponto de vista confessional", significando que manifestaria sempre um profundo respeito pela religião dos outros. A título de exemplo, sabe-se que em EI-Abiodh-Sidi-Cheikh, na *kuba* onde está enterrado Sidi-Cheikh, o fundador da confraria, ele teve um sentimento de presença sobrenatural tão forte quanto na capela de Béni Abbès. O zelo missionário de Foucauld não iria em sentido contrário a essa abertura? Nesse momento, porém, o monge de Béni Abbès havia partido ao encontro de Laperrine para uma expedição que, aliás, não deixava de colocar problemas. Sua visita ficara, portanto, para depois. Lyautey conhecia pouco Laperrine, esse subordinado de espírito independente, bastante semelhante ao seu... Uma razão a mais para se preocupar com o papel representado por Charles de Foucauld nessa viagem.

Sua visita improvisada a Béni Abbès não é provavelmente puro acaso. As conversas com o humilde Irmão Charles devem tê-lo tranquilizado, e uma relação muito forte se estabeleceria entre os dois homens, relação de confiança e de estima recíprocas, marcada pelo respeito das diferentes missões de cada um. Mais

---

[1] "Sua estada em Madagascar deve tê-lo feito conhecer os serviços dos missionários. É provável que encontreis nele um apoio." Carta ao Dom Guérin de 24.11.1903. In: FOUCAULD, Charles de. *Correspondances sahariennes*. Paris: Cerf, 1998, p. 236.

tarde, Lyautey evocaria a missa a que participou no domingo de 29 de janeiro em companhia de todos os oficiais:

> Uma choça, esse eremitério! Sua capela é um miserável corredor com colunas, coberto de juncos! Uma tábua serve de altar! Como decoração, um painel de algodão grosseiro com a imagem de Cristo e lamparinas de metal branco! O chão é de areia. Pois bem, nunca assisti a uma missa como a rezada por padre de Foucauld. Eu me sentia numa Tebaida. Foi uma das impressões mais fortes que tive na vida.[2]

É evidente que Lyautey ficou impressionado com o monge e também com o homem. Gostou dele, assim como gostou a maioria daqueles que o conheceram. A correspondência entre os dois só começaria em 1908. Infelizmente as cartas de Lyautey, sempre muito interessantes, perderam-se todas, já que Charles de Foucauld não guardava as cartas recebidas; e das vinte e uma que ele escreveu a Lyautey, apenas sete foram encontradas.

Também é preciso falar de Laperrine. Durante os meses de vida em comum em meio aos deslocamentos pelo deserto, uma amizade muito forte nasceu entre os dois. Foucauld respeitava o agnosticismo de Laperrine, e este respeitava as devoções do monge. Sabia compreender a vocação do irmão universal, bem como utilizar suas competências e a força de pacificação que a humildade e a vontade de fraternidade de seu amigo representavam. O sentido do bem comum e o interesse geral que Foucauld descobriu em Laperrine seria a base segura da comunhão de pensamento entre os dois, formando uma grande unidade de perspectivas quanto ao modo de promover o progresso da região. Uma confiança total e recíproca selaria uma amizade singular

---

[2] GORRÉE, Georges. *Sur les traces de Charles de Foucauld*. Lyon: Éditions de Ia Plus Grande France, 1936, p. 187.

que se colocaria à frente de todas as relações do Irmão Charles. Isso se traduziria em uma correspondência bastante assídua (mais de 230 cartas em 14 anos), uma carta a cada entrega de correio nos últimos anos, isto é, a cada quinze dias, o mesmo tanto que para sua prima Marie de Bondy.

Por algum tempo, ficou a anotar para si mesmo e copiando para o Dom Guérin e para a Irmã Augustine, superiora das irmãs brancas de Gardaïa, o que ele reteve das conversas com seu amigo Laperrine a respeito de uma possível instalação no Sul dos padres brancos e das irmãs brancas. É de pasmar a ingenuidade dos projetos de um homem com tendência para tomar seus sonhos por realidade e crer que o impossível está ao alcance daqueles que realmente o querem. Ele escrevia como se os padres brancos e as irmãs brancas dispusessem de todo um pessoal apto a fundar postos mais ou menos espalhados pelo Sul, a fim de aproveitar a boa disposição de Laperrine, que nem sempre haveria de existir. Na carta a Dom Guérin, ele não transcreveu as críticas de que foram alvo os padres brancos nos meios militares. Costumavam ser criticados por serem motivo de preocupações das autoridades, por se mostrarem inábeis e se envolverem em questões que não lhes diziam respeito. No tocante às irmãs, a situação era bem outra, eram sempre recebidas com satisfação.

Durante essa estada em Béni Abbès, Irmão Charles também receberia a visita do adjunto de Laperrine, o capitão Nieger, que voltava para a França por causa da morte de seu pai. Também ele se tornara um "amigo caro e verdadeiro" durante as andanças do ano anterior. "É jovem (tem 33 anos), mas tenho por ele especial estima."[3] Chegou até a lhe pedir que fosse visitar Madame de Bondy, o que só fazia com os grandes amigos. Infelizmente, da

---

[3] LMB, 21.3.1905. In: GORRÉE, Georges. *Amitiés sahariennes*. Paris: Arthaud, 1946, tomo I, p. 285.

centena de cartas que recebeu, Nieger guardou apenas três, tendo a última sido escrita na véspera da morte do Irmão Charles.

Há também todos os oficiais a quem ele se ligara e que já não estavam lá, como o capitão Regnault, "caríssimo amigo, entre os demais", "amigo e irmão insubstituível". Há ainda toda uma série de cartas escritas aos oficiais encontrados ao longo desse ano, particularmente o tenente Bricogne, a quem devia um "reconhecimento eterno" pela tenda recebida de presente, onde o Irmão Charles pôde celebrar a missa diariamente durante as viagens. Esse oficial morreria na frente de batalha, atingido por um obus em 1916. Alguns dias antes de ele próprio morrer, Irmão Charles escreveria à mulher de Bricogne; seria a última das numerosas e belas cartas de condolências escritas por um homem de coração grande, fiel em suas amizades.[4]

Menos conhecida é outra relação, esta bem diferente. Trata-se de Irmã Augustine. Tinham-se conhecido há menos de três meses, durante a estada do Irmão Charles em Gardaïa. Tendo lido o livro do padre de Caussade, *L'Abandon à la Providence divine* [O abandono à Providência Divina], mas principalmente o do Padre Crozier, *Excelsior*, oferecido por Irmão Charles, Irmã Augustine escreveu-lhe a respeito de suas dificuldades e do desejo de uma vida mais inteiramente dedicada a Deus, em condições diferentes das suas responsabilidades de então. Seguiu-se um intercâmbio de cartas íntimas que, além de tratar dos problemas gerais da implantação de comunidades no Sul, diziam respeito à direção espiritual. Essa correspondência, de um tipo especial, não era conhecida, mas foi publicada em *Correspondances sahariennes*.[5]

---

[4] É possível ler a carta de 28 de janeiro de 1905, quando de seu retorno a Beni Abbès, escrita ao Dom Guérin, que acabava de perder sua mãe. Charles de Foucauld. *Correspondances sahariennes*. Paris: Cerf, 1998, p. 311.

[5] Op. cit., a partir da página 954.

Seria possível pensar que o essencial de seus dias era preenchido com encontros e correspondência. Ora, isso representa apenas uma parte ínfima de seu emprego do tempo. Quais seriam as atividades que o impediriam de cultivar o jardim, mesmo quando suas forças físicas o permitiam?

Era principalmente o trabalho intelectual. Irmão Charles podia se dedicar a esse tipo de trabalho, apesar do cansaço e da saúde precária, pois se tratava apenas de "cópias". "Passo meus dias em vida monástica e solitária, trocando o trabalho manual por cópias em tuaregue e estudos elaborados durante o ano de viagem..."[6] Paulatinamente ele ia enviando essas cópias a Dom Guérin. O primeiro trabalho enviado é a prestação de contas de sua viagem, intitulada "Chez les Touaregs (Taïtoq, Iforas, Hoggar) mai-septembre 1904" [Entre os Tuaregues (Tailoq, Iforas, Hoggar) de maio a setembro de 1904]. Também queria fazer quanto antes duas ou três cópias de sua tradução das Santas Escrituras para o tamahaq, na perspectiva de ver as irmãs brancas se prepararem para ir ao encontro dos tuaregues. Além disso, queria refazer a anotação sobre o modo de viajar pelo Saara, mas outras ocupações e o cansaço persistente não lhe deixaram essa possibilidade durante os dois primeiros meses.

É preciso assinalar a importância que tomava a dimensão missionária em suas preocupações. Irmão Charles viajara durante um ano, e era preciso que isso servisse aos outros. Ele aprendera muito e estabelecera metas. Via as urgências e, como tinha desistido de empreender ele mesmo essas atividades, os padres brancos deviam dar-lhes continuidade. Eram páginas e páginas de projetos, organizações, previsões que enviava a todas as pessoas envolvidas. Essa vontade de propor fundações e de

---

[6] *LMB*, 18.2.1905.

organizar seu desenvolvimento era bem característica de seu gênio criador e de seu temperamento.

Em meio a todas essas atividades, Irmão Charles tentava viver segundo o Regulamento que previa um tempo de meditação mental ou escrita do Evangelho. Durante toda a sua vida no Saara, ele escreveu bem poucas meditações, ao contrário do que fez na Trapa ou em Nazaré. Foi somente durante cem dias que escreveu de modo regular, quase cotidiano.

Essas meditações escritas[7] começaram em 2 de fevereiro e se estenderiam até a Páscoa. Com exceção da primeira que trata do oferecimento de Jesus como vítima, todas as meditações do mês de fevereiro têm como tema a fuga para o Egito. É possível encontrar aí a própria experiência do Irmão Charles e, em decorrência das viagens, o cansaço sempre presente. Ao mesmo tempo, conservava o temor de precisar recomeçar, mas continuava pronto para partir novamente, apesar do cansaço. Essas meditações eram feitas à noite; ele reconstituía o lugar e tecia considerações. Pareciam atender às prescrições do método adotado: 1) Fazer-se presente pela concentração do espírito em uma cena imaginária. 2) O que você tem a me dizer? 3) O que eu tenho a dizer para apresentar minha resposta? Todas as meditações terminam do mesmo modo, resumindo a cada dia o que ele expressou com palavras diferentes:

> Meu Deus, eu vos amo, vos adoro, a vós pertenço, a vós me entrego, que não seja eu que viva, mas vós que vivais em mim. Fazei que eu seja e faça a todo instante aquilo que mais vos agrade; e que assim também seja com todos os vossos filhos. Amém.

---

[7] FOUCAULD, Charles de. *L'Esprit de Jésus*. Paris: Nouvelle Cité, 1978, pp. 165-286.

Na meditação, o importante é unir-se à vontade de Jesus para fazer na vida aquilo que mais lhe agrade. Seria contemplando Jesus que ele descobriria o que devia fazer para lhe agradar? Não. Na prática, constata-se que o processo era o inverso. Primeiramente ele via o que devia fazer, por intuição ou porque sentia no mais profundo de si mesmo o que devia ser feito; não seria então por fidelidade ao que ele próprio era? Pensava que, fazendo aquilo a que se sentia chamado, ele faria o que agradava a Jesus. Encontrava em seguida nas palavras e nos atos de Jesus a confirmação daquilo que ele sentia dever fazer. Era preciso não se deixar enganar pelo vocabulário da imitação, que só servia para expressar uma vontade de viver unido a Jesus, de deixar que Jesus vivesse nele.

Um segundo período de quarenta dias, de 24 de março ao começo de maio, pode ser analisado como um todo. É o momento central daqueles meses, o da decisão que iria orientar definitivamente a vida do Irmão Charles. Esse período coincidiu com uma renovação primaveril que lhe devolveu todo o vigor. Em 29 de março, escreveu a Marie de Bondy: "A situação não deixou de melhorar desde minha última carta. Já não sofro de modo algum. Retomei meu ritmo de vida habitual". E em 11 de abril, novamente para a prima:

> Eu me recompus espantosamente. Estou no período de bem-estar que se segue a um período de cansaço, quando se retoma o controle da situação... Não creia que o clima de Béni Abbès seja mau; ao contrário, é excepcionalmente saudável.

Em 1º de abril, chegou uma carta de Laperrine convidando Irmão Charles a voltar ao Sul, para uma nova viagem a Hoggar com o capitão Dinaux, que devia partir no começo de maio de In-Salah. No dia 8, uma nova mensagem renovava o convite.

Nenhuma reação aparente, nenhuma alusão em suas meditações. Irmão Charles apenas respondeu a Laperrine que não podia deixar Saura antes do outono e que então se decidiria por uma de três soluções: vida de viagem, vida de claustro em Béni Abbès ou vida de claustro em Silet.

Lê-se, porém, em uma carta de 11 de abril escrita à prima:

> Não é impossível que eu seja obrigado a me ausentar para ir ao Sul... Não penso fazer isso, mas estou preparado... Telegrafei ao Padre Guérin pedindo que consultasse o senhor padre e que me telegrafasse dando a resposta [...].

Em seu Caderno, com data de 15 de abril, ele anotou:

> Estou perplexo: de um lado, minha vocação é a vida de Nazaré [...] De outro, os Oásis e os Tuaregues estão sem padre algum, e nenhum padre pode ir até lá: não apenas me permitem ir lá, convidam-me também.

Em 18 de abril, ele escreveu ao Padre Huvelin falando de sua perplexidade. Em seu Caderno, depois dessa carta, anotou também sua resolução de retiro completo no Natal, em Gardaïa. A "perplexidade" expressa em seu Caderno, na carta ao Padre Huvelin e em uma carta a Dom Guérin, também era comunicada em 19 de abril a Marie de Bondy:

> O que me deixou perplexo num primeiro momento é que é sempre penoso por si só, produz um péssimo efeito nos outros e, principalmente, em quem crê um pouco, o fato de ver que uma grande região sem padre e fechada aos padres é oferecida a um deles, e ele se recusa... Além disso, essa recusa indispõe aqueles que fizeram o convite e os leva a dizer aos que um dia quiserem ir: fizemos o convite, vocês recusaram; pois bem,

agora recusamos nós... Creio, no entanto, que a vontade do bom Deus é que eu fique aqui, e eu fico.

Na véspera, Irmão Charles escrevia à Irmã Augustine:

Estou em Béni Abbès, sem intenção de sair daqui: no claustro, não vejo para mim outro horizonte nem outro futuro, senão o de me ocultar na vida de Nazaré e aos pés do tabernáculo.

Dom Guérin, nesse momento na França, encontrou o Padre Huvelin e lhe explicou o sentido das resoluções que o Irmão Charles tomara em Gardaïa, bem como as decisões que se seguiram. Padre Huvelin fez ver a utilidade de uma nova viagem para a missão, tanto mais que Irmão Charles era "instado" a fazê-la, e concluiu:

Que ele parta então! Com a graça de Deus... ou, ao menos, deixemos-lhe a liberdade de apreciar por si próprio as circunstâncias no local. Estamos muito longe dele e com poucas informações. Vamos dizer que essa ideia de fazer uma nova viagem não nos é desagradável, que até mesmo a aprovamos.[8]

Em 19 de abril, Dom Guérin enviou um telegrama ao Irmão Charles, que o recebeu no dia 21 e leu com grande espanto: "Inclinados a aceitar o convite, deixando-o livre para apreciar a oportunidade, conforme as circunstâncias". Tendo já tomado a decisão de não partir, Irmão Charles recebeu o telegrama como se fosse uma ordem:

Sagrado Coração de Jesus, como sois bom por dar-me hoje, pela voz daqueles a quem dissestes: "Quem vos ouve me ouve",

---

[8] Id. *Correspondances sahariennes*. Paris: Cerf, 1998, p. 337.

uma ordem tão inesperada, que surpreende o espírito e lança em dificuldades, dores e cansaços... Como sois bom, Sagrado Coração de Jesus, por manifestar vossa vontade a vosso indigno servidor, por dar-lhe a conhecer *infalivelmente* pela voz daqueles a quem dissestes: "Quem vos ouve me ouve".[9]

Irmão Charles escreveu imediatamente a Laperrine, perguntando-lhe se ainda era tempo de partir e, na meditação do dia seguinte, Sábado de Aleluia, repetiu:

> És um servidor inútil: deves fazer com todas as tuas forças, com todo o empenho e ardor possíveis, não apenas tudo o que ele ordena, como também tudo o que te aconselha por ligeira insinuação, tudo, por menos que seja, o que ele deseja te ver fazer: por amor, por obediência, por imitação [...] Tanto é certo que deves obedecer e trabalhar com todas as tuas forças [...] tanto é certo que és um servidor inútil, que aquilo que fazes pode Deus fazer por meio de outros ou sem nenhum outro, ou, em todo caso, sem ti: és um servidor inútil.[10]

O conjunto de meditações desse ano termina com esse tema do servidor inútil.

Enquanto esperava a resposta de Laperrine, Irmão Charles se preparava intensamente. Gostaria de terminar a cópia dos Evangelhos, mas antes precisava enviar a Dom Guérin o texto sobre o modo de viajar pelo Saara. No dia 29, soube que tudo se arranjava providencialmente para facilitar sua partida, marcada para 3 de maio. Tendo concluído em dois lances, na véspera da partida, alguns trechos do Evangelho em tamahaq, já podia partir com Paul Embarek, na direção de Adrar, aproveitando uma boa ocasião que se apresentava.

---

[9]   Id. *L'Esprit de Jésus*. Paris: Nouvelle Cité, 1978, p. 284.
[10] Op. cit., pp. 285-286.

A CAMINHO DE HOGGAR –
DE 3 DE MAIO A
11 DE AGOSTO DE 1905

Depois de cem dias sem sair dos poucos metros quadrados do claustro, Irmão Charles partiu de Béni Abbès em 3 de maio. Caminharia a passos rápidos para juntar-se ao capitão Dinaux, que então partia de In-Salah. Em 8 de junho, encontraria o destacamento, do qual também faziam parte os professores E-F Gautier, explorador e geógrafo, e R. Chudeau, geólogo, um funcionário dos telégrafos, M. Etiennot, um oficial intérprete, M. Benhazera, um jornalista, P. Mille, alguns suboficiais e brigadistas, além de alguns Tuaregues com Sidi agg Akaraji, chefe dos Taitoq.

A expedição fez uma parada de três dias e retomou viagem em 12 de junho. O acontecimento principal se deu no dia 25 com a chegada de Mousa agg Amastan. O capitão Dinaux preocupou-se um pouco quanto à reação que pudesse ter o *amenokal*, isto é, o chefe tuaregue, ao ver em meio aos militares aquele homem de vestes estranhas que se distinguia dos outros devido ao coração vermelho costurado no hábito abaixo de uma cruz. Já tendo, porém, certa desenvoltura em tamahaq, Irmão Charles facilmente serviu de intérprete e pôde falar sem intermediação com Mousa agg Amastan, que permaneceria com eles por quase três semanas.

Parece que os dois homens exerceram um sobre o outro uma sedução recíproca. Isso se manifestou na primeira apreciação escrita a Dom Guérin, em 13 de julho, algum tempo depois da partida de Moussa:

> Moussa é notável, homem inteligente, de ideias grandes, temente a Deus, verdadeiramente piedoso. Trata-se de um homem honesto que quer de fato a paz e o bem tal como o compreende... Tem 35, viveu bem até agora, e é muito amado em sua terra. Caso ele continue, há muito o que esperar dele, por ele e para ele [...] Tem um forte desejo de ir a Alger e até mesmo a Paris.

O efeito que o pedido de Moussa produziu sobre o Irmão Charles foi imediato. Levando muito a sério esse desejo, sem ignorar os inconvenientes da viagem, nela via principalmente as vantagens; assim, propôs a Dom Guérin um programa detalhado para Alger e Paris, evidentemente ao encargo e à custa dos padres brancos. Incorrigível esse monge dedicado à vida de Nazaré, mas em perpétua criatividade em favor dos outros! Em outubro, ele retornaria a essa ideia, que não abandonaria nunca, e até se ofereceria como acompanhante, sempre dizendo não ser a pessoa apropriada para fazê-lo.

Nessa carta de 13 de julho a Dom Guérin, acrescentava, a fim de ater-se ao momento presente: "Estou preparando um pequeno léxico e uma pequena gramática tuaregue para os companheiros, para quem precisar". No pós-escrito de sua carta, dizia contentar-se com um projeto em curto prazo:

> Cuidarei de preparar, de começar um estabelecimento em Hoggar, mas um estabelecimento bem pequeno. Nenhuma grande instalação como em Béni Abbès: uma cabana e duas

cabras perto d'água [...] Não escolhi o lugar: Abalessa? In Amgel? Tit? Algum ponto entre Tit e Tamanrasset? Verei isso quando estiver lá.

Fez também alusão à esperança, transformada em quase certeza, de logo ter um companheiro na pessoa do Padre Richard, de El Goléa. Se no ano anterior hesitava em recebê-lo, estimando a vocação desse padre branco demasiado distante do engajamento ativo e apostólico, agora se dispunha a ir procurá-lo em Alger. Esse companheiro, porém, nunca lhe seria proporcionado.

Irmão Charles escreveu também à sua prima:

> Parece indispensável que eu tente me estabelecer em Hoggar e lá passe ao menos algum tempo todos os anos... Isso parece decorrência da decisão da parte do senhor padre de me fazer realizar essa viagem... Farei o que julgar melhor.[1]

Por fim, nesse mesmo dia, também escreveu ao Padre Huvelin uma carta que o cair da noite interromperia, mas importante para seu questionamento:

> Não esqueço seu dia. Depois de amanhã, dia de Santo Henrique, minha pobre prece estará convosco para ainda mais do que de costume... [...] A viagem se realiza bem, muito bem. Vejo muitos autóctones... Uma coisa me falta, trata-se de eu mesmo... Estou satisfeito com tudo, menos comigo mesmo.
>
> Além dos infortúnios inumeráveis, uma questão me aflige:... gostaria de recitar o breviário, ter as horas de oração, de meditação, as pequenas leituras da Santa Escritura, como quando não estou em viagem, ao menos em certa medida... Caso eu tente fazer isso, não me sobra tempo algum para conversar com os Tuaregues, para estudar a língua deles, para *preparar*

---

[1] *LMB*, 13.7.1905, p. 138.

o mais possível o caminho para os obreiros que vierem depois de mim... Não podendo juntar as duas coisas, deixo a primeira e faço com que a segunda me pareça a mais desejada pelo bom Deus... Mesmo julgando agir bem, essa vida com pouco tempo dedicado exclusivamente à prece, esse abandono dos exercícios de piedade, bons e fortalecedores, afligem-me, e com frequência me pergunto se a impossibilidade de juntar as duas coisas é real ou é apenas decorrência de minha falta de fervor.

[...]

Desde a partida de Béni Abbès, quase sempre substituí o breviário pelo rosário, e às vezes o rosário, deixado para a noite, não chega ao fim... Durante a caminhada, penso em JESUS o mais que posso, mas, ai de mim, tão miseravelmente! O tempo não ocupado com caminhada e com descanso é empregado *no preparo do caminho*, na busca de fazer amizade com os Tuaregues, na elaboração de léxicos e nas traduções indispensáveis àqueles que virão trazer JESUS...

Se for um engano agir assim, se for preciso abandonar esse método e adotar outro, é só dizer que obedecerei... Apesar do que lamento nessas ocupações tão exteriores, creio, até que me digais que eu faça de outro modo, agir bem assim fazendo. Para o futuro, preciso de vossos conselhos... Aceitam-me... mas não vejo que aceitem outros... Enquanto não aceitarem outro padre entre os Tuaregues, será preciso ficar com eles, permanecer ao lado deles uma boa parte do ano. Quanto mais penso nisso, mais me parece que sim, que é preciso manter essa porta aberta até que outros possam entrar, que é preciso fazer amizade, inspirar confiança, dar boa impressão, preparar o solo até que os obreiros possam entrar em campo; mais me parece, já que JESUS, por vossa boca, enviou-me aqui, ser preciso que eu continue cuidando de realizar aqui sua obra, até que outros me substituam [...]

No momento, cuido de preparar um pequeno estabelecimento entre os Tuaregues: não um começo de fraternidade do Sagrado CORAÇÃO, como em Béni Abbès, mas uma simples cabana onde, sem terra grande nem pequena, sem cultivo, eu possa viver em oração e fabricando cordas e gamelas de madeira durante uma boa parte do ano, dedicando-me à terra o menos possível. A noite chega. Fique com Deus, bem-amado padre.

Ele era incapaz de escrever três linhas sem programar um seguimento, conforme seu sonho. Basta-nos saber que não faria nem cordas nem gamelas!

Em 20 de julho, a tropa voltou-se para o Norte, avançando por etapas de 25 quilômetros, depois 45, 50 e até mesmo 60 quilômetros. Mousa agg Amastan a recebeu num povoado denominado Tamanrasset.[2]

O Caderno começado em Béni Abbès já estava todo preenchido em 21 de julho. Tinha, porém, anotado com a data de 4 de julho tudo o que dizia respeito às últimas semanas até o dia 21, inclusive a decisão tomada com Mousa de instalar-se em Hoggar. Dispondo de outro caderno em que copiara em árabe, começando portanto pelo fim, o Evangelho segundo São Mateus, dele se serviu para continuar seu diário, a partir do começo, mas continuando também pelo final, a fim de inserir suas notas, listas de pessoas pobres e todas suas despesas, de modo que as duas partes do caderno avançavam para o centro, no qual um dia haveriam de se encontrar. Vê-se bem que a edição de *Carnets de Tamanrasset* não foi nada simples.

A mudança que então se operou não é assinalada apenas pela passagem de um Caderno a outro. A primeira reflexão escrita nesse novo caderno no dia de Santa Madalena, 22 de julho, é um dos textos mais reveladores da evolução do Irmão Charles no tocante ao modo de conceber Nazaré. Lê-se então o seguinte:

---

[2] Nessa altura, Charles de Foucauld sempre escrevia Tamenghaset. Depois substituiria o "gh" por um ponto sob o "r". Uniformizamos a ortografia conforme a transcrição tradicional: Tamanrasset.

Nenhum hábito — como Jesus em Nazaré; nenhum claustro — como Jesus em Nazaré; não é uma habitação distante de qualquer lugar habitado, mas perto de um povoado — como Jesus em Nazaré; não menos de oito horas de trabalho por dia (manual ou de outro tipo, mas, sempre que possível, manual) como Jesus em Nazaré; nem terreno grande, nem casa grande, nem grandes despesas, nem mesmo grandes donativos, mas extrema pobreza em tudo — como Jesus em Nazaré... — Em tudo: Jesus em Nazaré. Serve-te do regulamento dos irmãozinhos, como de um livro pio, a fim de encontrar ajuda para levar essa vida; afasta-te decididamente de tudo o que não sirva à imitação perfeita dessa vida. Não procures organizar, preparar o estabelecimento dos Irmãozinhos do Sagrado Coração de Jesus: apenas vive como se devesses permanecer sempre só. Se estiverdes em dois, três, alguns, vivei como se não devesseis nunca serdes muitos. Reza como Jesus, tanto quanto Jesus, dando como ele grande espaço para a prece... Dá também importância ao trabalho manual, que não é um tempo subtraído à prece, mas *dado* à prece; *o tempo de teu trabalho manual é um tempo de prece*. Recita fielmente a cada dia o breviário e o rosário. Ama Jesus de todo o teu coração "dilexit multum", e a teu próximo como a ti mesmo por amor a ele... Tua vida de Nazaré pode ser levada *em toda parte*, leva-a aonde for mais útil para o próximo.

Na manhã de 6 de agosto, depois de rever Abalessa, no povoado de Ennedid, ele se decidiu por Tamanrasset, que nunca vira. Escreveu então a Dom Guérin:

Vou muito provavelmente me estabelecer em Tamanrasset, povoado no coração de Hoggar. Vendo meus camelos, construo uma cabana, ali coloco o Santíssimo Sacramento e me instalo, com a intenção de ali passar pelo menos o outono e o inverno... Tendo refletido muito, prefiro Tamanrasset, que é bastante central, mas fora dos lugares que possam receber postos mili-

> tares ou ser passagem de uma linha telegráfica... Eu fico, em vez de retomar rapidamente a direção do Norte, conforme meu primeiro projeto, pois, se partisse agora, o estabelecimento que hoje me é possível talvez deixe de ser. A ocasião parece uma dádiva de Deus que é preciso aproveitar... Farei uma casa bem pequena, de dois cômodos, dois por dois metros, um deles para a capela, o outro para a cela.

Nesse dia então ele decidiu não voltar para o Norte com o destacamento militar, mas instalar-se em Tamanrasset, decisão a ser confirmada quando visse o lugar. Pela primeira vez Tamanrasset é mencionada explicitamente. Pode-se concluir que esse assunto fora tratado durante as conversações com Mousa agg Amastan, que tinha projetos para esse lugarejo perto do qual ele acampava com frequência.

No povoado de Tit, a quarenta quilômetros de Tamanrasset, ele permaneceu de 6 a 10 de agosto e escreveu mais cinco cartas. No ano anterior, em 26 de maio de 1904, pensara estabelecer-se nesse lugar e anotara suas reflexões quanto à localização preferível: no topo da montanha ou nos rochedos à beira da margem direita do *ued*, isto é, rio temporário, onde os terrenos cultivados poderiam mais tarde abrigar uma fraternidade.

> O primeiro ponto é que tem a vantagem de ser imediatamente ocupável, preparável em bem pouco tempo e com pouco trabalho, de ser fácil logo de início, e desde o princípio pode ser o lugar que mais tarde uma fraternidade ocupará, se ela se estabelecer aqui; o segundo ponto é que tem a vantagem de estar longe dos homens, do ruído e de proporcionar a solidão com DEUS.

Depois de repassar inconvenientes e vantagens, ele prosseguiu:

Que o Esposo se digne me dizer qual dos dois lugares ele quer hoje para mim: hoje e amanhã, se puderes, estabelece-te no primeiro lugar, nos rochedos semelhantes aos de Belém e Nazaré, onde tens ao mesmo tempo a perfeição de me imitar e a da caridade; quanto ao recolhimento, é o amor que deve te acolher em mim internamente, e não o distanciamento de meus filhos: vê-me neles; e assim como fiz em Nazaré, vive perto deles, perdido em Deus. Nesses rochedos aonde eu próprio te conduzi, apesar de ti mesmo, tens a imitação de minhas moradas de Belém e de Nazaré, a imitação de toda a minha vida de Nazaré, a caridade para com os habitantes do lugar, a proximidade dos viajantes, a caridade para com o próximo a diminuir-lhes as fadigas, o recolhimento a suprimir as distrações desse longo trabalho de construção sobre uma montanha, a pobreza a suprimir os custos dessa construção difícil, a humildade em ter como eu uma morada simples, pobre e escondida, em vez de uma que se vê de longe, a esperança de fazer mais o bem por estar mais em contato com as almas, e a de um dia ter irmãos a ocupar um lugar em que se possam multiplicar e tornarem-se uma fraternidade regular; enfim, o que é imenso, tens em pouco tempo a presença do Santíssimo Sacramento no tabernáculo, pois em alguns dias podes instalar um oratório.

Além dessas, as reflexões feitas em 22 de julho, dia de Santa Madalena, assinalam um novo avanço na realidade de Nazaré, um aprofundamento de sua vocação. Irmão Charles se dava conta de que o Regulamento escrito em 1899, embora corrigido várias vezes, já não podia gerir "o provisório" que seria daí por diante a dinâmica de sua vida. Com efeito, esse "provisório" iria obrigá-lo a escrever frases que lhe eram inabituais, frases que destacamos em sua carta de 6 de agosto a Marie de Bondy:

> Creio que vou estabelecer-me por alguns meses, talvez mais, nesta região, no povoado de Tamanrasset... Tentei esse estabelecimento no verão passado, sem êxito; já este ano parece

possível [...] Segundo toda probabilidade, vou me estabelecer lá ao menos no verão, no outono, no inverno, e talvez por muito mais tempo: instalo-me sem fazer projetos: de um lado, não sou eu, mas o senhor padre e Dom Guérin que tomam as decisões; de outro, tantos acontecimentos sobrevêm e tão pouco prevemos o futuro! [...] Voltarei a Béni Abbès? Quando?... Não sei... Cuido de fazer o melhor a todo momento, sem fazer projetos.

Povoado de Tamanrasset

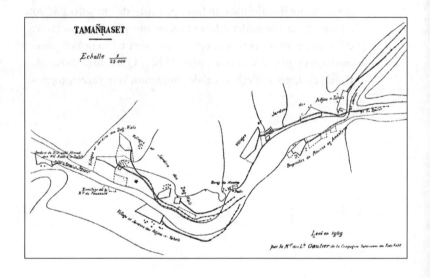

ESTABELECIMENTO EM TAMANRASSET

Em agosto de 1905, Irmão Charles chegou a Tamanrasset, depois de passar a noite a apenas vinte quilômetros de lá. Anotou em seu Caderno:

> Escolhi Tamanrasset, povoado de vinte famílias em plena montanha, no coração de Hoggar e dos Dag-Ghali, sua principal tribo, distante de todos os centros importantes: parece que nunca haverá neste lugar nenhuma guarnição nem telégrafo, nem europeu, e que por muito tempo não haverá missão alguma; escolhi este lugar *abandonado* e aqui me fixo, rogando a Jesus que abençoe esse estabelecimento onde quero levar minha vida tomando como exemplo apenas sua vida em Nazaré; que ele se digne, com seu amor, converter-me, tornar-me como ele quer que eu seja, fazer-me amá-lo de todo o meu coração; amá-lo, obedecê-lo, imitá-lo o mais possível em todos os instantes de minha vida! *COR IESU Sacratissimum... adveniat regnum tuum*! Nossa Senhora do Perpétuo Socorro, pegue-me em seus braços. Santa Madalena, São José, ponho minha alma em vossas mãos.

Seduzido pela localização e pelo clima, ele escreveu em 13 de agosto a Dom Guérin:

Tamanrasset, a 1.200 ou 1.500 metros de altitude, em plena montanha, coração de Hoggar, nunca será um grande centro, nunca um lugar de guarnição, de posto telegráfico etc. Lugar afastado, com pouca água, quinze pobres famílias haratins; fica no meio de uma região de pastagem onde acampam o tempo todo os Dag Ghali, principal tribo de Hoggar em número e importância. Clima perfeito, verão de Touraine ou de Anjou.

Nesse mesmo dia, Mousa encontrou o grupo militar que acampava no *ued* Sersuf, perpendicular ao *ued* Tamanrasset. O *amenokal* ficou feliz em saber que o marabuto preferira instalar-se nesse povoado em vez de em outro lugar, o que confirma ter sido dele essa ideia. Assim Irmão Charles pôde nesse mesmo dia escrever a Marie de Bondy:

> Começo amanhã a construir aqui minha cabana, e aqui ficarei por não sei quanto tempo... o bom Deus facilita tanto meu estabelecimento que vejo nisso uma indicação de sua vontade... Que seja bendita... Não é pequena a graça que me faz Jesus instalando-me aqui: o lugar permaneceu fechado durante tantos séculos!... Preciso ser fiel a essa graça e fazer o bem que é esperado... Serei o único europeu a permanecer aqui, e as autoridades estão convencidas de que não há nisso nenhum perigo; a região é inteiramente submissa e pacificada.

Na segunda-feira, dia 14, Irmão Charles começou a fazer as fundações no local escolhido, um pouco afastado das choupanas e dos jardins, ao norte do povoado. Ao lê-lo, poderíamos crer que todos os problemas estavam resolvidos. Mas foi então que surgiram as dificuldades. Com efeito, os Dag Ghali, convocados por Mousa, lá estavam em bom número e pouco compartilhavam o entusiasmo de seu *amenokal*, que pensava conseguir que facilmente aceitassem a instalação do marabuto. Mousa conseguiu por certo convencê-los da utilidade da presença do Irmão

Charles entre eles, mas os Dag Ghali não estavam dispostos a compartilhar a água de suas *foggaras* com um estrangeiro. As anotações do capitão Dinaux revelam a complexidade dos problemas: não se irriga uma horta onde há árvores frutíferas do modo como se faz com um campo de trigo ou de sorgo. Podemos imaginar as conversas sobre essa questão econômica que teriam feito fracassar o projeto de Mousa e de Irmão Charles.

Não tendo trabalhado em 15 de agosto, Irmão Charles escreveu em seu Caderno uma bela prece de entrega à Mãe da Sagrada Família:

> Santíssima Virgem, eu me entrego a vós, Mãe da Sagrada Família. Fazei que eu leve a vida da divina Família de Nazaré. Fazei que eu seja vosso digno filho, digno filho de São José, verdadeiro irmão mais novo de Nosso Senhor Jesus. Ponho minha alma em vossas mãos, eu vos dou tudo aquilo que sou, a fim de que façais de mim o que mais agradar a Jesus. Se eu tiver que tomar alguma resolução especial, fazei que eu a tome. Acolhei-me. Só uma coisa quero: ser e fazer a todo instante o que mais agrade a Jesus. Eu vos dou e a vós confio, bem-amada Mãe, minha vida e minha morte.

Mousa precisou, por fim, ceder e, para evitar conflitos com os Dag Ghali, propôs ao marabuto que abandonasse a ideia de Tamanrasset e fosse instalar-se em Ennedid, onde eles poderiam cavar uma *foggara* em comum. Não era fácil, porém, convencer o marabuto, que escolhera Tamanrasset e lá queria ficar; as razões que o haviam levado até ali o faziam recusar outra solução. Chegou-se enfim a um acordo: Irmão Charles se instalaria na outra margem do *ued*, que não ficava nas terras Dag Ghali. Lá poderia cavar um poço e cultivar uma horta sem incomodar ninguém. Além disso, estaria mais seguro do outro lado, pois sempre havia acampamentos ao sul do povoado. Paul Embarek, que escavara as primeiras fundações no Norte, só retivera esse último argumento, quanto à segurança, para explicar a mudança.

No dia 17, o local foi escolhido com Mousa e, no dia 18, deu-se início às fundações. No dia 19, o marabuto colocou a primeira pedra de sua construção, uma cabana de pedra e terra com seis metros de comprimento e um metro e setenta e cinco de largura. Depois haveria de ser construída uma *zeriba*, cabana de juncos, que serviria de locutório, refeitório, cozinha, quarto de Paul e quarto de hóspedes.

Uma vida nova começava, um modo novo de viver Nazaré, sem clausura monástica. Irmão Charles estava bem longe de imaginar que sua curta vida terminaria onze anos depois nesse povoado onde por um tempo indeterminado ele se instalava.

O TEMPO VIVIDO EM TAMANRASSET

Uma alternância de estadas e deslocamentos marca o ritmo de vida de Charles de Foucauld em Tamanrasset. Uma divisão esquemática em cinco períodos do tempo em que ele viveu em Hoggar permite situar os fatos. Uma longa viagem ao Sul e por Hoggar, em 1904, depois outra mais curta, em 1905, precederam seu estabelecimento em Tamanrasset.

No primeiro período, a viagem pelo Norte o levou a Béni Abbès, depois a Alger. Charles de Foucault voltaria com um irmão de quem se separaria em In-Salah, onde fez uma estada, e partiu novamente, passando a viajar pelo Sul até julho de 1907.

O segundo e o terceiro períodos curiosamente se assemelham: cada qual com dezoito meses de estada e cinco meses de viagem à França.

O quarto período compreende uma estada de vinte e quatro meses, dos quais cinco em Asekrem, e uma viagem à França que o manteria ausente por sete meses.

Cada um desses segmentos de vida durou cerca de dois anos; somente o quinto, por causa da guerra, se estenderia por três anos sem deslocamento.

Só é possível resumir em linhas muito gerais esses onze anos que também se caracterizariam pela diversidade das atividades e das relações.

1º período: de agosto de 1905 a julho de 1907 → 23 meses

TAMANRASSET	Viagem→ Alger	Pelo Sul
13 meses	7 meses	3 meses

2º período: de julho de 1907 a maio 1909 → 23 meses

TAMANRASSET	1ª viagem à França
18 meses	5 meses

3º período: de junho de 1909 a maio de 1911 → 23 meses

TAMANRASSET	2ª viagem à França
18 meses	5 meses

4º período: de maio de 1911 a novembro de 1913 → 31 meses

TAM	ASEKREM	TAMANRASSET	3ª viagem à França
3 meses	5 meses	16 meses	7 meses

5º período: de dezembro de 1913 a dezembro de 1916 → 36 meses

TAMANRASSET
36 meses

Primeiro período

Instalado em Tamanrasset desde agosto, Irmão Charles logo se deu conta de que encontrava pouca gente. Essa vida "muito retirada" ele desejava no tocante ao mundo que havia deixado e aos militares que o haviam levado até ali e agora estavam longe. Essa era, porém, uma experiência nova, e ele se ressentia da dureza desse isolamento que o privava de correio. Além disso, outra forma de solidão viera se impor. Ele precisara despachar

Paul Embarek, que considerava um catecúmeno. Sem ele, não podia celebrar a missa, mas preferira privar-se da Eucaristia a mantê-lo consigo. Com efeito, o jovem rapaz, completamente desambientado num meio muito diferente daquele em que fora criado, não tinha o comportamento exemplar desejado por seu patrão.

O fato era que o Irmão Charles então se encontrava no meio de uma população nômade da qual queria tornar-se próximo. É o que as relações estabelecidas nos acampamentos tuaregues, quando do encontro com Mousa agg Amastan, o levavam a esperar. Mas, na verdade, não via quase ninguém: apenas alguns nômades pobres e os jardineiros do povoado iam até sua porta. Em carta de 18 de março de 1906, ele explicou a Marie de Bondy:

> O tempo transcorrido desde minha última carta, de meados de janeiro, escoou-se como um dia: sem que eu visse cristão algum, apenas bem poucos autóctones. No inverno, os Tuaregues friorentos e malvestidos circulam pouco; não têm, aliás, nenhuma pressa em vir me visitar. Há um gelo a ser rompido, o que se dará com o tempo... Não me afastei cem metros da capela.

Sentiria falta do "enxame ruidoso" de Béni Abbès? Não tinha, porém, a intenção de renovar essa experiência, chegando até mesmo a decidir limitar doações que por certo atrairiam muita gente. No momento, aliás, nada tinha para dar. Pensou nas duas viagens feitas em companhia dos militares em anos precedentes. Os contatos pareciam fáceis; os acampamentos eram numerosos; os povoados, acolhedores. Não encontrara tanta gente ao percorrer milhares de quilômetros e beneficiar-se da acolhida reservada obrigatoriamente aos militares? Será que já se esquecia de que em vários lugares os chefes de povoado não lhe haviam permitido que lá se instalasse para levar sua vida de monge?[1]

Logo também compreendeu que seu dever o chamava a "fazer algumas visitas nos povoados e acampamentos da região, a fim de ir até aqueles que pouco veem a mim". Isso, porém, não era possível, pois não tinha permissão para sair sozinho por terras onde ainda reinava a insegurança.

Esperava, portanto, com impaciência a chegada de seu amigo Motylinski, especialista em estudos árabes e berberes, cuja vinda ele solicitara. Com ele haveria de chegar o correio de vários meses, seria possível celebrar a missa e, juntos, poderiam visitar os arredores e ver gente, já que Motylinski viajava em companhia de uma pequena escolta militar de meharistas.

Assim que chegou esse amigo, no começo de junho de 1906, os dois se lançaram ao trabalho com um hartani de Tamanrasset que lhes serviu de professor durante os meses de junho e julho.

De 2 a 9 de agosto, Motylinski esteve em Abalessa. É provável que o Irmão Charles o tenha acompanhado. Na volta, porém, foi picado por uma cobra e tratado por um dos meharistas de Motylinski: "Pude ser tratado imediatamente, e não me creio em perigo [...] Meu pé, no entanto, ainda dói muito, e talvez uma grave ferida se forme", escreveu ele à prima em 16 de agosto.

Acabou precisando desistir de acompanhar Motylinski, que ia atravessar Atakor de Oeste a Leste. A pequena tropa deve ter encontrado numerosos acampamentos. Com efeito, as pastagens estavam excepcionalmente belas, pois havia chovido muito. Essa grande afluência impressionou Motylinski, que transmitiu ao Irmão Charles uma apreciação claramente superestimada da densidade da população que vivia nas montanhas. Este haveria

---

[1] FOUCAULD, Charles de. *Carnet de Beni Abbès*. Paris: Nouvelle Cité, 1993, pp. 150-151 (29.7 e 4.8.1904).

sempre de ater-se à ideia de uma importante concentração de nômades nas montanhas, o que faria nascer o desejo de lá se estabelecer; sempre que lá ia, não encontrava ninguém, mas julgava tratar-se de fato excepcional.

Resultou de seu trabalho com Motylinski uma nova abordagem no estudo da língua. Antes, atinha-se ele a traduzir do francês para o tamahaq. Com Motylinski, passou a ouvir as pessoas, a analisar-lhes o modo de se expressarem, a anotar suas histórias e a observar-lhes o modo de vida. Juntos recolheram uma grande quantidade de textos, que se tornariam os *Textes touaregs en prose* [Textos tuaregues em prosa].[2] Aos olhos do Irmão Charles, esses textos seriam a base de todo o estudo da língua e o ponto de partida dos dicionários.

Embora seu pé não estivesse completamente curado, iria aproveitar a companhia do amigo para ir ao Norte, aonde, julgava ele, o dever o chamava. Em 12 de setembro de 1906, puseram-se os dois a caminho de In-Salah, aonde chegaram no dia 30. "Meu pé está bem curado", escreveu ele a Marie de Bondy em 1º de outubro. "Não só pude viajar como também fiz um bom terço do caminho a pé." Separaram-se nesse povoado; Motylinski voltou a Constantine e o Irmão Charles partiu para Béni Abbès. Dali, prosseguiu para Alger, a fim de encontrar Dom Guérin. Voltou de lá com um companheiro, Irmão Michel. Juntos, passaram por Béni Abbès, depois se puseram a caminho de Hoggar. Chegaram, no começo de fevereiro de 1907, a In-Salah, onde Irmão Charles comprou uma casa. Foi lá que trabalhou na finalização de seu primeiro léxico Francês-tuaregue.

---

[2] FOUCAULD, Charles de; CALASSANTI-MOTYLINSKY, A. de. *Textes touaregs en prose* (dialeto de Ahaggar). Alger: Carbonnel, 1922 (editado por René Basset). Edição crítica e tradução de Salem Chaker, Hélène Claudot, Marceau Gast, Edisud, Aix-en-Provence, 1984.

Em 7 de março, decidiu dispensar seu companheiro, julgando-o incapaz de ir mais longe. No dia 16, chegou-lhe a triste notícia da morte de Motylinski, ocorrida em 2 de março. No ano seguinte, mandaria editar com o nome do falecido amigo o léxico que acabava de concluir, do qual Motylinski nem sequer tinha conhecimento. No dia 18, partiu de In-Salah para Hoggar e o extremo Sul.

Durante essa terceira viagem ao Sul, nas proximidades da fronteira com o Mali, quando de suas estadas em acampamentos tuaregues de abril a julho de 1907, recolheu e anotou mais de seis mil versos de poesias tuaregues, com os quais trabalharia ao longo dos nove anos seguintes, traduzindo-os e situando-os no contexto histórico.

"Estou contente com minha viagem. Vamos ver muitos autóctones durante o mês que passaremos mais ou menos estacionários nessa região; é o que eu desejava", escreveu ele a Marie de Bondy em 28 de abril. E, em 28 de maio:

> Aproveito a presença de muitos Tuaregues para conhecê-los e recolher documentos sobre sua língua, bendizendo a Deus por essa estada e esse contato; ainda não tinha tido um tão próximo.

Daí surgiu o projeto de se instalar a seiscentos quilômetros ao sul de Tamanrasset, na região de Tin Zawaten, além do projeto do ano anterior, no coração das montanhas.

Segundo período

Em 6 de julho de 1907, Charles de Foucauld retornou a seu eremitério em Tamanrasset: "Foi bom ter voltado. Fui bem recebido pela população, bem mais afetuosamente do que ousava esperar. Parece que aos poucos ganham confiança".[3]

Contudo, mal tendo chegado, desejou partir novamente para In-Salah por causa do trabalho linguístico. Com efeito, desejoso de terminar quanto antes esse trabalho que atrapalhava sua vida, quis ir ter com seu informante. Acabou encontrando um melhor, ali mesmo onde estava, na pessoa de Ba-Hammou, de quem não iria mais querer se separar.

Sempre fazendo projetos de viagem, passaria dezoito meses sem sair do lugar. Esse período é certamente um dos mais significativos de sua vida saariana por causa de uma doença, em janeiro de 1908, a respeito da qual falaremos mais adiante.

No começo de 1909, Irmão Charles voltou à França pela primeira vez depois de 1901. Durante a estada em Paris, encontrou o Padre Huvelin e informou-o de seus projetos de fundação na montanha e no Sul. O Padre, que tomara a decisão de deixar seu dirigido seguir "o instinto" que o movia, deu-lhe aprovação e encorajamento. A ausência de Hoggar durou apenas cinco meses, tendo sido bem curta a estada em Béni Abbès, tanto na ida quanto na volta.

Terceiro período

Em 11 de junho de 1909, estava de volta a Tamanrasset para mais uma permanência de dezoito meses. "Minha vida retomou o curso habitual como se não tivesse havido interrupção, afora um pouco mais de movimento e de visitas no primeiro dia" (*LMB*, 14 de junho). Irmão Charles entrou na vida das pessoas de Hoggar, e esse período de dezoito meses que começava seria bem

---

[3] *LMB*, 11.7.1907.

diferente do anterior. O correio era regular, mais frequentes as passagens de militares, e quase cotidianas as visitas dos nômades.

"Minha vida não mudou nada, vida de claustro em Tamanrasset", escreveu ele a Regnault em 11 de abril de 1910, estando a duzentos quilômetros do "claustro". Na verdade, escreveu essa carta por ocasião da segunda das duas saídas que demarcam esse período. A primeira se deu em fins de agosto de 1909, tendo escrito a Marie de Bondy em 2 de setembro:

> Não é de Tamanrasset que lhe escrevo, mas de um povoado vizinho... Laperrine está há quinze dias visitando os povoados e acampamentos vizinhos num raio de 120 quilômetros. Eu o acompanho, pois essa é para mim uma ocasião para conhecer bastante gente, o que é muito importante.

Sempre o mesmo objetivo, mas essas visitas demasiado rápidas só faziam aumentar nele o desejo de permanecer entre as pessoas que ele não via em Tamanrasset. Em 14 de junho de 1909, ele escrevia ao Padre Huvelin:

> Os dois outros eremitérios em regiões tuaregues, destinados a me pôr em relação com as tribos que não vejo aqui, relações que me aconselhaste a estabelecer, estão em bom caminho; quanto a isso só tenho a agradecer a Deus.

Na verdade, não era bem assim. Na primeira quinzena de setembro de 1909, ele visitaria Asekrem. Em 13 de outubro, falou a Marie de Bondy de seus dois projetos: o primeiro se situava a quinhentos quilômetros ao sul; o segundo, a cem quilômetros a leste de Tamanrasset.

Em 31 de outubro, no entanto, escreveu do Forte Motylinski novamente a Marie de Bondy, a fim de pedir-lhe o dinheiro necessário para a construção de mais dois eremitérios, não na localização mencionada na carta anterior, mas "um em plena montanha, a cerca de sessenta quilômetros a nordeste de Tamanrasset; o outro, a seiscentos quilômetros a sudoeste". Os lugares eram os mesmos, mas as distâncias e as orientações haviam sido retificadas. O primeiro só podia ser Asekrem. A construção se daria em maio-junho de 1910, sem sua presença.

O ano de 1910 foi marcado pela partida de seu amigo Laperrine, que voltava para a França, e pela morte de outros três amigos: Dom Guérin, em Gardaïa; Lacroix, em Alger; e o Padre Huvelin, em Paris.

No começo de janeiro de 1911, Irmão Charles saiu de Tamanrasset para realizar uma segunda viagem para a França. Tinha um objetivo triplo: encontrar seu novo bispo em Alger, lançar a confraria que projetava havia dois anos e fazer o impossível para encontrar um companheiro. Sua ausência só duraria cinco meses.

Quarto período

No caminho de volta, antes de chegar a Tamanrasset, falou de seus projetos a Marie de Bondy numa mensagem de 2 de maio: "Espero estar amanhã em Tamanrasset. Ficarei lá alguns dias e em mais ou menos dez dias me instalarei em *sua* casa de campo de Asekrem". Na verdade, ele lá se instalaria com Ba-Hammou somente em 6 de julho, tendo levado, além de livros e manuscritos, provisões para duas pessoas, o bastante para dezesseis meses.

Em sua mesa empilhavam-se milhares de folhas incessantemente relidas e corrigidas. Com esse ritmo de trabalho e a chegada do frio, admirou-se de não resistir e atribuiu seu cansaço e a febre à falta de ovos e de legumes. Acabaria se dando conta de que o excesso de trabalho o pusera naquela condição. Ba-Hammou não esperou esse momento para se queixar. Desde a chegada dos dois, não parava de gemer e agora ameaçava ir embora. Irmão Charles então decidiu voltar para Tamanrasset e, exausto, parou de trabalhar no começo de dezembro.

Em 15 de dezembro, estava de volta a Tamanrasset e só retomaria o trabalho em janeiro de 1912. Por enquanto, sua vida seria só rezar e receber seguidamente os vizinhos que começavam a ser velhos amigos. É o que disse a Marie de Bondy em carta de 25 de dezembro, depois de lhe ter pedido ajuda financeira devido à miséria ao redor: "Encontrei Tamanrasset e as populações vizinhas numa condição de miséria assustadora e julguei dever doar bem mais do que previa".

Retomado o trabalho, ele constatou: "Como demora esse léxico! Quanto mais se sabe, mais se vê, além daquilo que se sabe, outras coisas que não são sabidas. É minha história de cada dia". Em 31 de março, escreveu a Marie de Bondy: "O léxico me exige um tempo que ultrapassa minhas previsões; fazendo bem as contas, creio que não o terminarei antes de cinco ou seis meses". Mas não era só o léxico, e, em 16 de maio, ele confessava: "Não terei terminado tudo antes de três ou quatro anos". Trabalhava menos assiduamente, pois frequentemente tinha visitas e circulava com mais facilidade pelo povoado.

Em 28 de abril de 1913, partiu de Tamanrasset para fazer sua terceira viagem à França. Ia acompanhado do jovem Aragous, sobrenome Ouksem, segundo filho de seu amigo Chikat.

Em 28 de setembro de 1913, embarcaram em Marselha. Estariam de volta a Tamanrasset na manhã de 22 de novembro, tendo passado, como na ida, por Alger, Gardaïa, El Goléa, In-Salah, com um desvio por Timimun.

Quinto período

Depois da viagem à França, começou um período de três anos de grande estabilidade imposto pelos acontecimentos e para a conclusão de seu trabalho linguístico. Foi um período bastante diferente dos anteriores por estar completamente ligado à vida de Hoggar. Nada lhe era estranho. Mesmo sem querer, tornou-se o ponto de atração tanto para os Tuaregues como para os franceses que se sucediam nessa região. A amizade de uns e outros lhe era agradável, e ele repetia isso de bom grado. Mas permanecia firme e até mesmo "rígido" quando se tratava do bem comum. É o que se dizia e que certas cartas suas demonstravam. Estava também atento ao que se passava no mundo, principalmente às necessidades da África e dos deveres da Europa. Sentia-se numa missão universal e não parava de trabalhar pela "União" que acabara de fundar e na qual conseguira inscrever 49 pessoas durante sua estada na França.

Em 3 de setembro, um correio rápido levou a Tamanrasset uma mensagem comunicando que, em 3 de agosto, a Alemanha havia declarado guerra à França. Irmão Charles, no entanto, mantinha seu ritmo de trabalho de dez horas e quarenta e cinco minutos por dia. A finalização do Dicionário Completo Tuaregue-francês avançava regularmente. Em 1º de janeiro de 1915, estava na página 1.100 e o trabalho todo terminaria em 24 de junho, na página 2.028. Não podemos aqui entrar em detalhes sobre essa obra[4] que mobilizou a maior parte de seu tempo. Mesmo dizendo a todos ser seu dever permanecer ali

---

[4] Sobre esse assunto, há a obra de Antoine Chatelard, "Charles de Foucauld linguiste ou le savant malgré lui". Paris: INALCO, Études et Documents berbères, n. 13, 1995, pp. 145-177.
Consta na bibliografia anexa a lista de obras linguísticas de Charles de Foucauld.

mesmo, logo se lhe impôs a questão de partir para se juntar aos combatentes.

No começo de 1915, teve um novo ataque de escorbuto, do qual logo se recuperou. Estava então preocupado com a situação de insegurança reinante devido às razias. A ideia de um castelo--depósito ou sótão fortificado, onde os habitantes do povoado pudessem se refugiar em caso de perigo, impunha-se cada vez mais. A fabricação de tijolos de barro cru começou em 9 de junho, nas proximidades do local escolhido com o chefe da tribo dos Dag Ghali. A construção iniciada em 17 de agosto com Paul Embarek, que voltara a trabalhar para ele 1914, seria inteiramente realizada com a colaboração dos moradores do povoado, sem nenhuma ajuda financeira dos militares. A pedido de seus vizinhos, Irmão Charles lá se instalou em 23 de junho de 1916. Sua presença permanente deveria facilitar a utilização coletiva, além disso ele estaria "mais perto deles". Irmão Charles continuava a copiar as poesias tuaregues, trabalho que ele terminaria em 28 de novembro, três dias antes de morrer.

As ameaças se tornavam mais intensas sob o impulso da Confraria da Senusia, que organizava a guerra santa desde a Tripolitana. Assim nasceram os grupos armados, um dos quais atuaria em Tamanrasset em 1º de dezembro de 1916, causando a morte de Charles de Foucauld.[5]

---

[5] Esse último período de sua vida, bem como as circunstâncias de sua morte, é desenvolvido no livro: Antoine Chatelard. *La mort de Charles de Foucauld*. Paris: Karthala, 2000.

A FORÇA NA FRAQUEZA

Agora nos deteremos num momento privilegiado que, no coração de sua vida saariana, foi uma experiência nova na vida de Charles de Foucauld. E também consequência de uma escolha voluntária de imitar o Cristo pobre e de viver, perto de homens e mulheres pobres, uma situação de pobreza não programada que, imposta pela força da situação, foi para o eremita de Tamanrasset um avanço notável no comungar e compartilhar com as pessoas.

Doença

Segunda-feira, 20 de janeiro de 1908: em sua cabana de 8 metros por 1,75 metro, que acabara de ser ampliada para ter um cômodo a mais, ele tinha sua capela, seu leito, sua mesa de trabalho, sua biblioteca, seus papéis. Ei-lo pregado ao leito. Não podia se levantar sem o risco de sufocamento. Sentia a proximidade do fim. Em seu Caderno, anotou nessa data: "Estou doente. Obrigado a interromper meu trabalho. Jesus, Maria, José, eu vos entrego minha vida".

Tinha cinquenta anos, estava na metade de sua vida saariana (1901-1916), ainda viveria mais oito anos. Desde o começo do ano, sentia-se cansado, dormia mal, não tinha apetite. Não sabia o que tinha e atribuía seu estado ao frio, ao excesso de trabalho, à falta de sono. Estava com escorbuto, carência alimentar que se manifesta sob a forma de anemia. Não era de espantar, devido ao regime sem carnes, sem verduras, com poucos legumes. Se antes tinha trigo e tâmaras em abundância, ao voltar de viagem em julho, vendo que as pessoas nada tinham para comer, ele distribuíra o que tinha em estoque, sem prever para si uma reserva suficiente.

> O ano está sendo difícil para a região: dezessete meses sem chuva; é fome total para uma região que vive principalmente do leite e onde os pobres vivem quase exclusivamente do leite. As cabras estão tão secas quanto a terra, e as pessoas tanto quanto as cabras.[1]

É comovente o seguinte trecho de meditação em Nazaré:

> Partilhemos, partilhemos, partilhemos tudo com eles (os pobres), vamos dar-lhes a melhor parte e, se não houver o suficiente para dois, vamos dar-lhes tudo. É a Jesus que damos. [...] e se depois de ter dado tudo, por ele, para ele, pelos integrantes de sua comunidade, morrermos de fome, que sorte mais abençoada! [...] E se, não morrendo, ficarmos doentes por carência, por ter dado muito a Jesus pelos integrantes de sua comunidade, que bendita, que bem-aventurada doença! Como seríamos felizes, favorecidos, privilegiados, que graça de Deus, que felicidade adoecer por esse motivo!

Não previra ele muito tempo antes essa situação? Será que ainda pensava nisso?

Segundo suas teorias ascéticas: quanto menos se come, mais se é perfeito. "Não se importar com a saúde ou com a vida mais

---

[1] *LMB*, 17.7.1907.

do que árvore se importa com a folha que cai", não escrevera ele na época de sua vida de eremita em Nazaré? Agora começava a ver as coisas de outro ângulo. Em 7 de janeiro, escreveu a Laperrine para pedir-lhe provisões, dentre as quais leite concentrado e vinho. Quando essa carta chegou a In-Salah quinze dias depois, o destinatário compreendeu a gravidade da situação. Em 3 de fevereiro, ele escrevia a Dom Guérin: "Vou dizer a ele asneiras e me valer de vós para lhe dizer que a penitência que toma o rumo do suicídio progressivo não é admissível".[2] Pouco depois: "Fiz-lhe uma admoestação, pois creio firmemente que as penitências exageradas são em grande parte a causa de sua fraqueza e que a sobrecarga de trabalho na elaboração do dicionário fez o resto".[3]

Tratava-se também de excesso de trabalho. Há três meses que ele se esfalfava para terminar a tradução dos textos em prosa herdados depois da morte de Motylinski. Na verdade, ele refez completamente o texto com Ba-Hammou, "um tuaregue muito inteligente e muito falante", trabalhando do nascer ao pôr do sol. Esse trabalho ele deixaria inacabado, as milhares de folhas ordenadas em sua mesa iriam se perder?

Solidão do coração

Essa doença também podia ter causas psíquicas. Nos dois meses anteriores, Charles de Foucauld só vira passar dois europeus: o sr. Dubois, um etnólogo, em outubro, e o tenente Halphen, em dezembro. Foram as únicas visitas que ele recebeu em onze meses. Isso significa que o correio partia raramente, em ocasiões incertas, e chegava ainda com menor frequência. Em 7 de janeiro,

---

[2] BAZIN, René. *Charles de Foucauld, explorateur au Maroc, ermite au Sahara*. Paris: Plon, 1921, p. 355.

[3] Op. cit., p. 355.

ele recebeu a primeira e única carta de sua prima que antes lhe escrevia de quinze em quinze dias. Privado do apoio eficaz dessa afeição vital, ele renovou o oferecimento feito no primeiro dia de separação e evocou isso em carta que escreveu no mesmo dia:

> Eu vos escrevo no começo deste dia de 15 de janeiro, em que pela primeira vez recebemos, um ao lado do outro, o eterno Bem-amado. Que possamos, mãe querida, estar juntos a seus pés no céu! Vós sentis o quanto estou convosco hoje. Se eu disser que estou convosco mais do que o habitual, não sei se estarei dizendo a verdade; estou convosco sempre, mas hoje com mais emoção, revivendo aquele dia há dezoito anos e suas últimas horas, pensando ainda mais no eterno encontro, na esperança de que, apesar de meus pecados e de minhas misérias, o Bem-amado não me repila eternamente, pois naquele dia eu lhe dei verdadeiramente tudo o que era meu... Que Jesus vos abençoe, mãe querida, que ele vos dê a bênção que me destes naquele dia, e que ele seja vosso quinhão eterno na pátria.

A ferida permanecia aberta como no primeiro dia; ele sabia que nunca mais devia vê-la, que o sacrifício devia durar até o fim. Esse fim teria chegado? O que o mantinha em esperança e paz era pensar que, tendo dado a Deus com total desprendimento o que lhe podia oferecer de mais precioso, e sem nunca ter procurado diminuir o sacrifício, Deus não o repeliria.

Nunca havia sentido tanto o isolamento que o mantinha afastado das pessoas que lhe eram caras. Para estimar essa privação, é preciso saber a importância que tinha a correspondência em sua vida. Esse era o único modo de se expressar, de trocar, de comunicar. Nada mais vinha do Padre Huvelin, mais nenhuma carta lhe chegava havia dois anos. A solidão é um peso quando não é desejada, e é desnecessário mencionar o que ele escrevia dois anos antes, a fim de tranquilizar a prima quanto a essa solidão preocupante. Ele sabia, tanto agora quanto em 1905, que nunca se está só quando se tem Jesus no Sacramento, o melhor dos amigos a quem falar dia e noite. Nesse momento, porém, ele queria alguém que falasse com ele, queria ouvir uma voz fraterna e amiga. Estava tão só quanto no Marrocos, onde vira a morte próxima, assim como agora. "Nenhum cristão com quem falar", queixava-se. Inútil dizer a si mesmo que não era para sua glória, mas para a glória de Deus; esse pensamento não bastava para reconfortá-lo.

Isolamento

Maior era a decepção por não ver nenhum de seus vizinhos ir vê-lo há meses. Os sedentários do povoado que cultivavam os jardins, umas quarenta pessoas, logo fizeram esgotar as possibilidades de doação. Já não tinham motivo para ir procurá-lo. Dispersos pela seca, os nômades não manifestariam pressa alguma em ir vê-lo, e não era apenas por causa do frio como ele queria crer. Por discrição, e principalmente por princípio, não se afastava das três cabanas que, com sua "capela-sacristia", constituía seu "claustro" simbólico.

Tinha, no entanto, ido até aquelas montanhas ao encontro de um povo ao qual se julgava enviado. Nas viagens que fizera em anos anteriores, encontrara numerosos homens e mulheres nos locais onde as pastagens faziam os nômades se reunirem. Chegara a pensar em se instalar num ponto mais central, 600 quilômetros ao sul, na direção de Tin Zawaten, e também ainda mais ao alto na montanha, onde o frescor e as chuvas atraíam os nômades. Seus esforços para se aproximar das pessoas se mostravam inúteis e havia tão pouca gente.

Pior ainda, sua simples presença parecia provocar uma reação islâmica. Mousa agg Amastan, *amenokal* de Ahaggar, também se instalara por perto, acima do povoado. Pensava fazer de Tamanrasset sua "capital". Com um zelo religioso notável, propôs transformar esse povoado numa verdadeira cidade muçulmana. Para isso, mandou vir de Tuat alguns Tolbas que ensinavam o Corão e o árabe. Aos olhos do marabuto, estes difundiam na população um espírito contrário a tudo o que fosse francês e cristão. Além disso, para mandar construir uma mesquita e uma zauia, Mousa mandou coletar dinheiro.

Angústia pela salvação dos homens

Nesse estado de esgotamento físico e moral, a preocupação com a salvação dos homens tornou-se uma verdadeira angústia. Ele via o espírito do mal lutar contra ele, opor-se a sua obra. Queria trabalhar pela salvação daqueles homens e mulheres, tão próximos e tão distantes, mas nada podia fazer. Lembrou-se de uma ideia que tivera em seu último retiro, em setembro: como os padres e os religiosos não respondiam a seus apelos e preces, não devia ele dirigir-se aos leigos e suscitar um movimento de opinião, a fim de que os cristãos tomassem consciência de seus deveres para com os povos que haviam colonizado? Pensara encomendar um livro para isso. Pensava agora criar uma associação de fiéis e de padres que se ajudassem mutuamente no cumprimento desse dever. Mas não morreria ele antes de escrever esse projeto?

Uma vida inútil

Reduzido à impotência total, podia apenas constatar o fracasso de sua obra e até mesmo de sua própria vida, pois ele não

A FORÇA NA FRAQUEZA

se convertera verdadeiramente. Não teria sido melhor escolher um tipo de vida mais útil, um lugar mais propício? Que fora ele fazer ali? Depois de ter reencontrado a fé havia mais de vinte anos, que fizera ele? Fugira para os desertos do Oriente Próximo, a fim de colocar entre ele e o mundo uma distância segura. Para salvar sua vida, buscara a proteção de um claustro, depois a obscuridade de uma vida solitária de eremita, longe do mundo e dos homens, a fim de viver para Deus. Deus o fizera sair dessa doce solidão para levá-lo de volta entre os homens. Julgara-se encarregado da missão de ir até os que estavam mais distantes, em lugares aonde outros não podiam ir. Teria se julgado melhor que os outros, capaz de fazer o que os outros não podiam?

Sem Eucaristia

Partira depois da ordenação para levar o banquete que ele mesmo serviria. Quem se interessava por aquilo que ele queria compartilhar? Por que voltara àquela região onde nem sequer podia celebrar a Eucaristia? Nos seis meses anteriores, só pudera fazer isso cinco vezes, aproveitando a passagem dos dois únicos cristãos que quiseram "assistir" à sua missa. Não teria sido melhor ficar em Béni Abbès, onde podia celebrar a Eucaristia diariamente? Não seria isso o que de mais útil podia ele fazer pela salvação dos homens? Até mesmo no Natal ele ficou só, pela primeira vez sem missa desde sua conversão. Apesar disso, preferira voltar e se instalar em meio a pessoas indiferentes. Por quê? Seria esse seu mais recente erro? Quem o levara a agir desse modo e a justificar sua escolha?

Não devia, antes de se imobilizar no leito, retirar do tabernáculo o Santo Sacramento? O que aconteceria se ele morresse? Mas teria a coragem de se privar dessa presença que considerava sua única razão de ser? Acreditava firmemente que essa presença sacramental se irradiava fisicamente para o mundo. O tabernáculo estava a alguns metros de seu leito, e essa proximidade era importante para ele. Nunca se sentira autorizado a comungar, mas se questionara a respeito. Esperava principalmente obter um dia permissão para celebrar sozinho, embora essa autorização nunca tivesse sido dada. Jesus era o senhor do impossível. Essa privação contradizia de tal modo suas convicções passadas que não ousava falar dela com a família e com os amigos. Felizmente para ele, ignorava o futuro; algumas semanas depois ficaria sabendo que não podia guardar o pão sagrado no tabernáculo quando estivesse sozinho. Retirou-o então, com a morte na alma. Por seis meses permaneceria com o tabernáculo vazio, levado novamente a rever seus princípios e convicções, pois ficaria lá assim mesmo.

"Eu me abandono a ti"

Charles de Foucauld não conhecia a "prece do abandono" que seus discípulos descobririam em seus próprios escritos. Embora sob outras formas, essa era naquela hora sua única prece.

Tanto desejara esse momento que lhe permitiria encontrar seu Bem-amado irmão e Senhor, e eis que se agarrava desesperadamente ao pouco de vida que ainda tinha. Seu desejo de viver só fazia aumentar. Nunca tivera tantas razões para querer viver. Não era possível morrer assim sem ninguém que o substituísse. Havia muito por ser feito para aqueles homens e mulheres.

Os Tuaregues, conscientes da responsabilidade em relação àquele hóspede, apressaram-se a fazer com seus pobres meios o que podiam para salvá-lo. Alguma coisa aconteceu naquele dia, cuja dimensão é difícil apreciar, tanto na vida daquelas pessoas quanto na de Charles de Foucauld. "Trouxeram-me todas as cabras que tivessem, num raio de quatro quilômetros, um pouco de leite em meio àquela seca terrível."[4] "Foram muito bons para comigo."[5] Ele se comoveu com essa bondade, mas não se deu conta da mudança que se operava na relação com aquelas pessoas, da real conversão que ele estava realizando.

Rico demais

Com efeito, ele se pretendia pobre por ideologia monástica, principalmente devido à vontade de imitar Jesus que, sendo rico, se fez pobre. Era sua referência. Sob certos aspectos, vivia mais pobremente que alguns de seus vizinhos. Nunca, porém, ninguém pôde vê-lo como pobre; ele se alimentava mal, não sabia vestir-se corretamente, o que não tinha nada a ver com a pobreza. Sua casa era cheia de coisas para serem doadas. Ele estava lá para dar, era seu papel, sua função de marabuto cristão, diversamente dos marabutos locais, que pegavam doações do povo em troca de *baraka*, isto é, bênção, ou de sua ciência. Por certo já não fazia grandes doações como em Béni Abbès; suas doações eram personalizadas; ele podia contabilizar suas doações em dinheiro e em produtos, fazer listas de pobres por categorias, como se verifica em seus Cadernos. Continuava, porém, sendo um benfeitor, pronto para socorrer e distribuir conforme as necessidades de cada um.

O que ele doava eram seus bens, seus haveres, que obtinha solicitando a sua família em favor dos pobres. Ele se considerava como o pai que, a exemplo de São Paulo, devia dar e não

---

[4]   Carta ao Dom Guérin, 24.01.1908. In: FOUCAULD, Charles de. *Correspondances sahariennes*. Paris: Cerf, 1998, p. 591.

[5]   *LMB*, 8.3.1908.

receber (como observou, em 1903, em Béni Abbès a respeito do *Bureau Arabe*). Em 1904, em seu relato sobre o modo de viajar no Saara, detalhou em seis páginas em que consistiam as doações a serem feitas (dinheiro, tecidos, alimentos) conforme as situações (em marcha ou em residência). Numa perspectiva de bom missionário, concluiu então: "Nada aceitar, a não ser que seja indispensável e só se trate de coisas de muito pouco valor".[6] Sente-se aí o temor de se deixar comprometer ou comprar. Mas como compartilhar sem estar disposto a receber alguma coisa?

Demasiado poderoso, demasiado sábio

Ele se pretendia pequeno e abordável. No entanto, só podia constatar a distância que o separava daqueles de quem queria tornar-se próximo. Havia chegado com os militares, perguntando a si mesmo se um dia as pessoas saberiam fazer a distinção entre padres e militares. Apesar das doações e do hábito religioso, continuava sendo, só e sem armas, o representante da administração estrangeira de quem desconfiavam e tinham medo. Aos olhos das pessoas, ele representava um poder.

Não chegara ele próprio como conquistador? Ainda que recusasse o título de missionário, o monge que ele queria ser só pensava na conquista das almas. Ele falava em "domesticação", assim como os militares de quem emprestara o vocabulário. Vinha como portador da civilização e da fé, muito imbuído de seu saber e de suas experiências. Só pensava em servir e promover o bem comum das tribos, além dos interesses particulares. Programara o desenvolvimento econômico e a instrução para o progresso. Teria pensado que antes era preciso descobrir pessoas de uma civilização diferente, vivendo uma fé e uma cultura di-

---

6 Id. *Carnet de Beni Abbès*. Paris: Nouvelle Cité, 1993, pp. 116-117.

ferentes das dele? Interrogando Ba-Hammou, começou a entrar num verdadeiro diálogo, mas ainda cuidava de poder transmitir seu próprio saber e suas convicções. Seu trabalho o punha no caminho da escuta atenta, condição primeira de um compartilhar válido. Como poderia pedir aos outros que o ouvissem, se ele não estava disposto a ouvi-los?

A situação se inverte

Nesse dia, Irmão Charles já não tinha nada, não podia fazer nada. Foi justamente no momento em que ficou reduzido à impotência total, quando se viu incapaz de dizer alguma coisa, totalmente dependente dos vizinhos, entregue nas mãos deles, que estes se sentiram responsáveis por ele e entraram em sua vida. Fora preciso esse estado de prostração ao qual a doença o pusera para que seus hospedeiros lhe oferecessem alguma coisa e o abordassem como um igual. Com ele, partilhariam o que tinham: um pouco de leite para salvar-lhe a vida. Fizeram o que podiam dentro de seus conhecimentos, o que sabiam ser o melhor para o bem do doente. Fizeram o que estava a seu alcance, conforme as possibilidades do momento. Não refletiram, não calcularam o resultado. Fizeram o que era normal para salvá-lo.

Ao final do mês de janeiro, foi uma ressurreição. O doente recuperou algumas forças. No dia 31, recebeu uma mensagem de Laperrine comunicando-lhe que ele tinha autorização para celebrar a missa sem assistente. "*Natal, Natal, Deo Gratias*", escreveu ele em seu Caderno. No começo de fevereiro, começou a celebrar a missa. Tentou retomar o trabalho, mas precisou desistir. Só em meados de fevereiro que o recomeçou, em meio período, à tarde, com Ba-Hammou. No começo de março, chegaram dois camelos trazendo provisões, quatro vezes mais do que ele havia pedido.

Só em 1913 é que passou a anotar as visitas em seu Caderno, mas sua correspondência revela que a partir desse inverno de 1908 elas se tornaram cada vez mais frequentes:

> Estou a trezentos ou quatrocentos metros das cabanas do povoado. Não tenho vizinhos próximos e estou numa grande solidão. Vejo, contudo, bastante gente que vem me ver; não vou ver ninguém.

É o que escreveu ao cunhado em 26 de março de 1908. No final de junho, Laperrine escreveu a Dom Guérin:

> Ele está muito bem, radiante de saúde e alegria... Em 29 de junho veio a meu acampamento, galopando como um subtenente à frente de um grupo de cavaleiros tuaregues. É mais popular do que nunca entre eles e os aprecia cada vez mais.[7]

O estado de fraqueza e a doença lhe permitiram viver uma nova relação com aqueles homens que se tornariam seus amigos. Foi uma verdadeira conversão, um grande progresso no compartilhamento. Talvez tivesse acreditado ser possível dispensar a reciprocidade que define a amizade, pérola preciosa, "coisa rara no mundo", que de agora em diante iria ajudá-lo a viver. Ele, que chegara a pensar em deixar tudo, aceitou receber o cêntuplo neste mundo. Fora-lhe exigido se desprender de si mesmo, de sua busca demasiado voluntarista de perfeição religiosa, de seus projetos excessivamente bem calculados. Precisara aceitar a si mesmo, deixar de se pretender super-homem, tornar-se mais

---

[7] BAZIN, René. *Charles de Foucauld, explorateur au Maroc, ermite au Sahara*. Paris: Plon, 1921, p. 360.

humano, começando por dormir o suficiente e alimentar-se de modo correto. Certamente ele crescera com essa humildade que impressionava quem o visse.

Passou também a aceitar os outros do jeito que eram. Partilhava com aqueles homens e mulheres o pão e o leite, e também tudo o que compõe a vida: notícias boas e más, projetos, desejos, reivindicações; além disso, tornou-se porta-voz de uns e de outros. Já não se contentava em escrever conselhos para Mousa, anotava os conselhos que recebia de Ouksem e de outros e as informações de Ba-Hammou. Deixou-se envolver, deixou-se apegar às pessoas, criaram-se laços. Ele é quem se deixara domesticar. Compartilhava certas ideias de seu tempo a respeito do Islã e pensava que essa religião não resistia à história e à filosofia, como escreveu em 9 de junho a um padre de Versailles. Mas lhe disse também: "Quanto mais vejo, mais creio que não é cabível tentar fazer conversões isoladas neste momento". Nesse mesmo ano, Doutor Dautheville, de confissão protestante, ouvirá dele:

> Estou aqui não para converter os Tuaregues, mas para tentar compreendê-los [...] Sois protestante, Teissère é incrédulo, os Tuaregues são muçulmanos; estou convencido de que Deus nos receberá a todos se o merecermos.[8]

Uma parábola do Reino

Charles de Foucauld não calculou o alcance desse acontecimento nem seu significado. Poderíamos fazer isso em seu lugar e descobrir aí uma parábola do Reino, uma luz que iluminasse sua vida e a nossa? Não se falava nessa época em interpretar os

---

[8] LEHURAUX, Léon. *Au Sahara avec le P. Charles de Foucauld*. Paris: St. Paul, 1946, p. 115.

"sinais dos tempos" nem em discernir os sinais do Reino para reconhecer o Espírito que atua no coração de cada homem. Parece, no entanto, que esse homem foi brilhante nessa interpretação e nesse reconhecimento. Ele os expressou numa linguagem diferente da nossa. Não é sua preocupação nem sua teologia. Dom Guérin, ao escrever em novembro de 1904 ao Padre Livinhac, reconhecia que Irmão Charles, "assim como todos os dirigidos pelo Espírito de Deus, sabia maravilhosamente apreciar as circunstâncias". Não fora a caridade de uma mulher tuaregue que dera origem às motivações que o atraíram a Hoggar?

Se ele não soube reconhecer a importância do que estava vivendo naquele momento, é porque as realidades do Reino têm a particularidade de não se deixarem apreender facilmente. Ficam ocultas, assim como o trigo na terra, o fermento na massa. Difícil dizer: está aqui ou ali, quando está no meio de nós ou dentro de nós. A pequenez desses sinais, sua insignificância é característica: um pouco de leite, um pouco de pão. Considere-se o óbulo da viúva que deu tudo o que tinha para viver. Pouca coisa! Ou da criança que dá alguns pães para alimentar uma multidão faminta. Gesto insignificante que torna o milagre possível.

Esses sinais são intangíveis, porque demasiado comuns: uma visita, uma palavra, um gesto, um sorriso, lágrimas. Não é de sua natureza surgirem de modo inconsciente? "Que tua mão esquerda ignore o que faz a direita!" "Quando te demos de comer?" São como o relâmpago que percorre o céu, rápido como o olhar. Mas nós conhecemos esses olhares que se cruzam e são como o amor instantâneo, verdadeiros encontros, como os olhares de Jesus que transformavam os corações e os fazia arder.

Charles de Foucauld vivia com a preocupação de "dar o bom exemplo". Não parece que essa preocupação calculada tenha produzido efeito. Mas todos testemunharam o efeito que produziu nas pessoas e no qual ele não tinha pensado: uma felicidade radiante, uma extrema bondade, uma doce humildade. Nem sempre é o que aparece em seus escritos. Ele, no entanto, havia retido do Padre Huvelin que o importante não é o que se diz ou se faz, mas o que se é.

De que serve a preocupação quando se vê Satanás perturbar a obra de Deus? Corre-se o risco de destruir as plantas boas junto das más. No sono ou na vigília, com ou sem pensamento de nossa parte, o Reino está em expansão. Só no dia da colheita é que se faz a triagem. Nos projetos de Mousa, havia somente o nefasto. Ele não tardaria, aliás, a constatar o fracasso de seus empreendimentos e a desonestidade daqueles a quem ele havia confiado a coleta.

No acontecimento que evocamos, é preciso constatar que os gestos mais simples da hospitalidade tomaram uma dimensão imprevista. Ao tornar-se pobre e doente, o marabuto permitiu àqueles que foram salvá-lo um dia ouvirem: "Vinde, recebei vosso quinhão do Reino, pois tive fome e me destes de comer, fiquei doente e fostes me visitar". Já não é uma parábola, mas a realidade do Reino. Se pensou nisso, o doente talvez tenha encontrado o conforto de que precisava, ele que com angústia procurava um modo de levar-lhes a salvação.

Se ele não pôde captar o pleno significado daquilo que vivia naquele momento, foi-lhe dado perceber o essencial. Na primeira carta que escreveu à prima depois dessa doença, em 8 de março, ele lhe dava uma resposta à pergunta formulada por tantas vidas aparentemente inúteis, como fora a de Jesus em Nazaré e também no Calvário:

> Que bem Jesus não teria feito evangelizando o mundo durante os anos de obscuridade em Nazaré? No entanto, julgou ele fazer um bem maior permanecendo em silêncio... E nosso pai [o senhor Padre Huvelin], com seus sofrimentos e o bem que

suas doenças o impediram de fazer? Assim é porque o bom Deus estimou fazer um bem maior estando com Jesus na cruz... Duas linhas de São João da Cruz iluminam isso plenamente.

E continuou citando São João da Cruz, assim como o faria no dia de sua morte:

> Nosso aniquilamento é o meio mais poderoso que temos de nos unir a Jesus e fazer o bem às almas; é o que São João da Cruz repete a quase cada linha. Quando podemos sofrer e amar, podemos muito, o mais possível neste mundo.[9]

Outra frase, escrita num momento difícil de sua vida, quando se entregava totalmente à obediência, em dezembro de 1896, um mês antes de deixar a Trapa, transmite-nos a mesma mensagem:

> Foi no momento em que Jacó estava a caminho, só, deitado em terra nua no deserto para descansar de uma longa viagem a pé, no momento em que estava nessa dolorosa situação do viajante isolado em terra estranha e selvagem, sem abrigo, foi no momento em que se encontrava nessa triste condição que Deus o cobriu de favores incomparáveis.[10]

Não nos faltam na vida mudanças de situação como essa, que obrigam a uma passagem pela morte. Quando o espaço para existir se encolhe, quando a situação parece desesperada, quando nossa competência, nossa dedicação, nosso zelo se tornam obstáculos, é bom lembrar um ensinamento antigo que Charles de Foucauld atualizou e que se pode tornar fonte de esperança. Os profetas ensinam que Deus intervém quando o

---

9 *LMB*, 1.12.1916.
10 FOUCAULD, Charles de. *Qui peut résister à Dieu?* Paris: Nouvelle Cité, 1980, M.A.T. Genèse 28, p. 76.

homem já não pode fazer nada. São Paulo repete que coloca seu orgulho na fraqueza, pois aprendeu com o Senhor: "Minha força mostra todo o seu alcance na fraqueza (ou na doença)". Como eco, ouvimos Charles de Foucauld dizer: "A fraqueza dos meios humanos é uma causa de força" para fortalecer a esperança no coração de nossas próprias fragilidades e aflições.

UM NOVO TIPO DE MONGE EM MISSÃO ESPECIAL

Se retornarmos à origem de sua vocação, a mesma, segundo ele, de sua conversão, não nos restará nenhuma dúvida de que apenas uma vida inteiramente contemplativa correspondia a seu desejo de imitar aqueles que outrora se retiraram para grutas ou desertos, a fim de viver para Deus somente. Não se deve aí procurar uma vontade de se integrar à vida do mundo, ao contrário. Desejando "exteriorizar-se em pura perda de si", esse homem de ação, feito para o rendimento e a eficácia, escolheu viver só para Deus, sem nenhum outro objetivo. Devido a seu temperamento, ele não podia fazer as coisas pela metade; do mesmo modo, uma vida totalmente dedicada a Deus só poderia ser levada longe do mundo, longe de seu mundo, na separação mais completa e no afastamento mais definitivo, no silêncio e na clausura. Para não se singularizar demasiadamente, não tinha outra escolha senão a vida monástica, tal como se apresentava na tradição da Igreja de sua época. Compreende-se que, com o Padre Huvelin, ele tenha excluído todas as formas de vida religiosa orientadas para uma obra qualquer ou uma atividade apostólica.

Abandonando tudo o que lhe trazia felicidade, ele se separou de tudo, afastou-se de todos e escolheu se privar de todas as relações afetivas, do amor e da amizade. E isso para começar uma vida de relação com Deus apenas. É preciso insistir nessa relação exclusiva, pois era assim que, naquele momento, ele via seu lugar dentro da missão da Igreja, que reconhece nas instituições de vida contemplativa uma grande importância e as convida a fundar casas nas regiões de missão. Dentro dessa perspectiva, ele exprimiu seu desejo de ir viver em ambiente não cristão. Vivendo esse absoluto de separação e de afastamento, julgava cumprir o duplo mandamento de amor a Deus e ao próximo: trabalhar pela salvação dos homens já não pensando neles, mas buscando apenas a glória de Deus. Ao ingressar na Trapa, não fazia outra coisa senão concretizar o chamado que ouvira, o ideal entrevisto nas ruas de Nazaré, quando de sua peregrinação em 1889. Deus viveu durante trinta anos nessa pequena localidade sem que ninguém o reconhecesse: Que vida oculta! Que vida obscura! Que diminuição! O modo de vida dos trapistas parecia, portanto, o mais conforme a seu ideal devido ao trabalho manual. A trapa de Akbès atendia a seu desejo de pobreza, de afastamento e de viver em país muçulmano.

Descobrindo o que havia sido a vida de Jesus, ele descobria qual seria a sua, uma vida oposta à que vivera até então, uma vida de comodidade financeira, notoriedade, celebridade, glória humana, sucesso e um lugar em que se é conhecido e reconhecido; uma vida repleta de atividades criativas, úteis, de atividades empreendidas e concluídas do modo mais perfeito, com o máximo de precisão e espírito científico. Mudar, só se fosse para o extremo oposto. A partir de então, tomando como modelo a vida de Jesus em Nazaré, somente podia conceber essa vida como o inverso da que era a sua.

Essa intuição seria a novidade, o fermento a fazer crescer a massa de sua vida. Assim como o sal no alimento, daria um gosto especial a seu pão de cada dia. Seria a força que haveria de movê-lo nas situações e nos lugares mais diversos. Esse impulso irresistível o obrigaria a deixar a Trapa "que queria fazê-lo subir" e onde ele não era suficientemente pobre. Durante sete anos de fidelidade a esse tipo de vida, o claustro o separou do mundo, o silêncio perpétuo o isolou dos outros monges, a leitura, a meditação, a prece coletiva e solitária o fizeram viver em outro mundo, mundo em que o trabalho manual era uma ocupação pia e também ganha-pão, tudo isso modelou uma mentalidade de que ele não se poderia desfazer. A Trapa continuaria sendo o ideal de toda perfeição, e os diversos elementos da vida monástica sempre lhe serviriam de referência. Nunca ele poderia falar de sua vida em outros termos, e seu vocabulário permaneceria sempre monástico para exprimir uma vida que seria a de um homem a viver só, mesmo que essa vida fosse ser vivida em pleno mundo e em meio às questões do mundo. Assim ele descreveria sua vida solitária em Tamanrasset como sendo a de um monge que cumpriria ao mesmo tempo as funções de prior, sacristão, hospedeiro, farmacêutico etc. Já em Béni Abbès construiu um mosteiro. A casa de Maria e de José, com Jesus, ele a concebia como um mosteiro.

Essa vida de Nazaré, "inutilmente procurada na Trapa", continuaria sendo seu ideal ao longo dos anos seguintes, perto das clarissas, em Nazaré mesmo. Também aí ele transpunha, idealizava e inventava para si um modelo, à medida daquilo que ele vivia e, principalmente, queria viver com os outros. É difícil encontrar nos textos escritos nesse momento a originalidade de Nazaré e seu fermento de novidade. A Regra escrita em Nazaré, julgando suprimir os usos e costumes da Trapa, seria na verdade uma série de prescrições ainda mais detalhadas que as da Trapa. Em Béni Abbès, ele se dizia monge porque tinha um claustro. Da ocasião em que ia partir de Béni Abbès, lê-se o seguinte:

> Minha vocação é o claustro: dele só devo sair por motivo imperioso. [...] Se soubésseis como sou peixe fora d'água quando saio! Não fui feito para sair do claustro![1]

No mesmo sentido, no ano seguinte: "Quanto a trocar de lugar, *sair do claustro*, por motivo de saúde, tal coisa os *bons* monges nunca fizeram nem nunca farão".[2] Isso, porém, não o impediu de prodigalizar no mais clássico estilo missionário, com inúmeras obras, confrarias pias, predicações, doações, libertação de escravos etc.

Quando de sua chegada a Tamanrasset, a mudança de situação revelou-lhe algo de novo na vida de Jesus e, portanto, em seu modo de conceber Nazaré. Daí por diante, já não podia sonhar viver como monge no claustro. Passou a ver Jesus sem hábito religioso, sem claustro, trabalhando oito horas por dia, sem fazer grandes doações e dando sempre um grande espaço para a prece.

Daí por diante, sua vida seria a de um missionário? Não, ele a recusava claramente: nem solitária, nem de missionário. Em 1906, escreveu ao Padre Caron: "Não sou missionário: o bom Deus não me dotou do necessário para isso. É a vida de Nazaré que procuro levar aqui". No ano seguinte, a Dom Guérin: "Sou monge, não missionário; feito para o silêncio, não para a palavra".[3] Foi recusando o rótulo de missionário que continuou a se definir como monge, monge sem companheiros, monge em região de missão, mas "não missionário". Os missionários no Saara eram os padres brancos. Ora, ele se pretendia diferente

---

[1] FOUCAULD, Charles de. *Correspondances sahariennes*. Paris: Cerf, 1998. Carta de 24 de novembro de 1903 ao Dom Guérin, p. 237.
[2] *LMB*, 11 de abril de 1905.
[3] Id. *Correspondances sahariennes*. Paris: Cerf, 1998. Carta de 2 de julho de 1907 ao Dom Guérin, p. 528.

dos padres brancos e, para marcar essa diferença e defender sua própria identidade, ele se apresentava sempre como "monge". Já o vimos em 1903, depois da visita de seu bispo, dizendo que não continuaria em sua tendência discreta que o induzia à vida apostólica:

> Essa última tendência não a seguirei, pois me consideraria muito infiel para com Deus, que me deu a vocação para a vida oculta e silenciosa, não a do homem de palavras: os monges, os missionários são apóstolos uns dos outros, mas de modo diverso; quanto a isso não mudarei e seguirei meu caminho.[4]

Antes de chegar a Tamanrasset, completamente sobrecarregado nos acampamentos tuaregues com as relações com as pessoas e com o trabalho que queria realizar, falou ao Padre Huvelin de sua preocupação: "Se estou errado procedendo assim, se for preciso abandonar esse procedimento e adotar outro, diga, que obedecerei".[5] Ao examinar como ele viveu em Taghit durante um mês, em meio aos feridos e aos legionários doentes, bem vemos a discrepância entre seu modo de conceber sua vocação e a realidade daquilo que era chamado a viver em seus encontros. Quando o ouvimos falar de seu horror às viagens, pensamos no homem que encontrou o sentido de sua vida aos 23 anos, graças a seu amor pelas viagens e ao gosto pela aventura. Não estaria ele negando sua própria identidade ao dizer-se angustiado com a aventura e com as viagens de que agora tinha um "horror excessivo"? Por quê? "Porque essas coisas não são boas para a alma, por causa da dissipação". Para ele, a solidão e a vida de Nazaré se opunham a suas viagens pelo deserto, vistas como uma vida de ministério que ele não desejava.

---

[4]   *LAH*, 10.6.1903.
[5]   *LAH*, 13.7.1905.

Quando o lemos, isso parece claro e, no entanto, é difícil ser mais complicado. Trata-se, portanto, de fazer a triagem de suas diversas motivações. Como já vimos, há aquelas que vinham da natureza, as que vinham do coração e as que vinham da razão. Parece que ele não dispunha de uma boa grade de leitura para sua própria vida e para expor por escrito todos os seus sentimentos. Talvez seja essa a explicação para o dilaceramento e a causa das contradições aparentes. Na verdade, suas escolhas eram bem mais simples, pois o dever que se lhe impunha não era contrário a seu desejo real, a seu instinto profundo. O que se interpunha entre seu dever e seu desejo não seria uma espécie de ideologia que ele chamava de sua vocação?

Para expressar essa vocação, ele não chegava a dissociar a vida de Nazaré, que era sua vocação, do ideal monástico no qual havia confinado sua ideia de Nazaré. Essa falsa referência o freava e complicava tanto quanto possível sua linguagem. Mas não o impediria de viver e de fazer aquilo a que se sentia chamado. É o que ele exprimia ao dizer e repetir frequentemente em suas cartas: "Meu sentimento, minha opinião bem clara é que devo..." fazer isso ou aquilo. Em decorrência disso, a vida que ele levou no Saara durante quinze anos dificilmente se distingue daquela de outro missionário. Ao comparar suas vidas (da época) à sua, os padres brancos chegaram à conclusão de que faziam a mesma coisa, com a diferença de que ele não tinha escola e não construía hospitais. Na verdade, a diferença se situa em outro nível.

É evidente que ele se opunha aos padres brancos ao não querer pregar. Ora, estes se encontravam na mesma situação no Saara. Mesmo que tivessem orientações e métodos diversos, eles não estavam ali para pregar. Mas, para Charles de Foucauld, sempre estivera claro que essa não era sua vocação, qualquer que fosse o lugar onde ele estivesse, e nisso se distinguia dos franciscanos e de São Francisco, que ele tanto amava. "Como São Francisco, pregar não pela palavra, mas em silêncio."

Enfim, no tocante ao carisma, um aspecto essencial de sua vocação pessoal opunha-o de modo bem claro a outras vocações. É aquele em que se manifesta com grande evidência sua vocação para a vida oculta. É expresso pela palavra "obscuridade", frequentemente encontrada em seu vocabulário e também no do Padre Huvelin. Se ele escolhera ingressar na Trapa, era para ficar na sombra, desconhecido, esquecendo o passado, um passado que lhe surgia como uma busca da glória humana. Dentre outros motivos, fora levado a partir de Nazaré, porque lá o conheciam. Também vimos como sentiu, em Jerusalém, a tentação da visibilidade; embora não tenha empregado essa palavra, o significado era bem esse. "De volta à obscuridade de Nazaré", agradeceu a seu diretor por tê-lo salvado: "Fostes vós que me defendestes dessas tentações [...] às quais sem vossa intervenção eu teria sucumbido!".[6] No ano seguinte, porém, sucumbiu de outro modo, ao cair na armadilha do Monte das Bem-aventuranças. Contudo, até que se saiu bem e com uma forte convicção: embora ele fosse padre, Deus o chamava à vida oculta, à sombra, à obscuridade, mesmo que tudo nele o levasse a buscar a produtividade, a eficácia, a utilidade imediata, a visibilidade.

Hoje sua vida parece a todos uma aventura extraordinária, bem como sua juventude, sua conversão, a vida ascética em Nazaré, a vida pouco comum em Tamanrasset. É o aspecto mediático que suscita o entusiasmo, mas pode ocultar a realidade daquilo que ele viveu no cotidiano e impede o reconhecimento da mensagem central dessa vida. A convicção de dever permanecer na sombra explica sua recusa categórica em aceitar que seu nome aparecesse na edição de suas obras linguísticas. Não faltam, no

---

[6] *LAH*, 08.2.1900.

entanto, argumentos válidos, tanto da parte de amigos como Laperrine, quanto de cientistas como Basset e representantes autorizados da Igreja. Não seria supérfluo nos determos longamente nesse aspecto significativo que explica o que ele colocava sob o rótulo de monge, assim definindo seu próprio caminho.

Em 31 de março de 1907, escreveu a Dom Guérin:

> Pedi a Laperrine que mandasse publicar com o nome de quem ele quisesse, como se fosse algo que lhe pertencesse, isto é, ao comandante militar dos Oásis, a gramática tuaregue e o léxico francês-tuaregue que estão concluídos, bem como o léxico tuaregue-francês em que estou trabalhando e as poesias que coletei; isso sob a condição de que meu nome não aparecesse e que eu permanecesse completamente desconhecido, ignorado.

Ao ler isso, Dom Guérin reagiu consultando o Padre Voillard. Tocaria novamente no assunto numa carta de 1º de setembro, mas que só chegaria a Tamanrasset oito meses depois. Escreveria uma segunda carta e ainda uma terceira que chegaria no começo de janeiro, antes das anteriores. Era o período de grande solidão, sem correio, começado em Tamanrasset em julho de 1907 e que haveria de terminar com o esgotamento e a doença do começo de 1908.

Um correio finalmente chegou a Tamanrasset em 15 de janeiro trazendo algumas cartas. Irmão Charles recebeu então a carta de 18 de outubro em que o Dom Guérin lhe escrevia:

> Permita-me dizer novamente quanto lamento ver publicados sob um nome desconhecido os trabalhos de tamacheq que você já enviou ao sr. Basset ou vai enviar-lhe. Neste momento, como lhe dizia, em que tanto atacam a religião, seus filhos não devem, por falsa modéstia, ocultar o que produzem por mérito próprio.

E acrescentava:

> Seria-lhe ainda possível e fácil dizer alguma coisa a esse respeito ao coronel, que assim como nós lamenta esse procedimento, e simplesmente assinar seus ensaios de léxico ou gramática: de Foucauld não se aproveitaria disso a título de vaidade, e o religioso prestaria à sua madre Igreja uma homenagem de respeito e amor.

Em 15 de janeiro, data significativa, ele renovou o oferecimento do sacrifício. A resposta escrita por Irmão Charles só faz ganhar força diante de seu estado de fadiga. Trata-se de uma longa carta no meio da qual se lê:

> Meu bem-amado e caro padre, nunca, nunca, nunca permitirei que nada seja publicado com meu nome, enquanto eu viver, e proibirei formalmente que o façam depois de minha morte... Não foram esses os meios que JESUS nos deu para continuar a obra da salvação do mundo... Os meios de que ele se serviu na manjedoura, em Nazaré e principalmente na cruz são: *pobreza, abjeção, humilhação, abandono, perseguição, sofrimento, cruz.* Eis nossas armas, as de nosso Esposo divino que nos pede que o deixemos continuar em nós sua vida, ele que é o único Amante [...] a única Verdade... Não encontraremos nada melhor que ele, e ele não envelheceu... Sigamos esse *modelo único* e estaremos seguros de muito fazer o bem, pois, a partir de então, já não somos nós que vivemos, mas ele que vive em nós; nossos atos já não são nossos, praticados por nós miseráveis humanos, mas seus, divinamente eficazes.

No pós-escrito dessa carta, ele retorna ao essencial:

> Desnecessário dizer, bem-amado padre, que faço questão *firme* e *absoluta* de que ignorem minha participação nos pequenos léxicos etc. que se encontram entre as obras de Motylinski.

Deixando que só seu nome apareça, não verei de modo algum com bons olhos permitir que digam ter eu nelas uma boa parte. [...] Perdoai-me, caro, venerado, bem-amado padre, por voltar a esse assunto: monge, morto para o mundo, faço absolutamente questão de sê-lo.

Eis o que ele coloca sob a palavra "monge". Já não é apenas o claustro, embora ainda fale a respeito.[7] Inicialmente, o objetivo do claustro era, com o distanciamento, colocá-lo na condição de obscuridade, de anonimato, não deixá-lo aparecer de modo algum. Esse anonimato, essa vontade absoluta de ser ignorado, era o novo claustro do monge sábio.

A carta que ele acabava de receber nesse 15 de janeiro foi a última escrita por Dom Guérin. As anteriores só chegaram a Tamanrasset um mês e meio depois, em 29 de fevereiro, com toda a correspondência atrasada de seis a oito meses ou mais. Na carta de 1º de setembro de Dom Guérin, Irmão Charles leu o seguinte:

Volto a falar de seus trabalhos linguísticos para lhe transmitir, da parte do Padre Voillard, uma respeitosa manifestação de crítica ou ao menos pesar. Lamenta ele – até mesmo ousa criticá-lo – que você permita a publicação de todos os seus trabalhos ocultando-se completamente. Parece que no momento atual – diante de todos os ataques feitos à Igreja – sua humildade deveria ceder em face do amor e da honra da Igreja e que você não deveria temer, na qualidade de padre e religioso, assinar as obras de sua autoria. E o vejo daqui, caríssimo amigo, rejeitar essas considerações, julgando-as demasiado humanas; não sei, no entanto, se não seriam as mais prudentes e as mais adequadas para que se honre a Deus. Reflita a

---

[7] Em 26 de março de 1908, a seu cunhado: "Vêm me ver; nunca vou ver ninguém. Atenho-me ao claustro".

esse respeito e, quem sabe, acabe você se forçando a retirar do coronel Laperrine e do sr. Basset a proibição de que seu nome apareça. Convença-se de que, neste caso, não se trata apenas de você, mas de que a honra a Deus e à Igreja, que você deve amar, devem ser salvaguardadas e difundidas."\

Nessa mesma entrega de correspondência, ele recebeu outra carta do Dom Guérin, datada de 21 de setembro, em que se lê:

Certamente que, sob todos os pontos de vista, seus trabalhos de tamacheq são muito importantes. Só posso, portanto, encorajá-lo em tudo o que diga respeito a seu desenvolvimento, e creio ser esta uma boa ocasião para lhe dizer quanto me parece bom que você cale um pouco sua humildade, a fim de permitir que os documentos enviados a Alger lá sejam publicados com a assinatura de *Padre* de Foucauld; não de Foucauld simplesmente, mas *Padre* de Foucauld, a não ser que prefira assinar seu nome de religioso "Irmão Charles de Jesus". Essa assinatura proporcionaria neste momento à santa Igreja uma honra que não deve ser omitida. Digo-lhe isso com mais segurança ainda, sabendo que não faço outra coisa senão traduzir o sentimento de pessoas mais autorizadas do que eu.

Essas duas cartas renderam uma nova resposta, datada de 6 de março, aos argumentos de Dom Guérin e do Padre Voillard:

Quanto à questão de colocar minha assinatura nos trabalhos linguísticos, apesar da autoridade do Padre Voillard, por quem tenho tanta confiança e respeito, e apesar da vossa, meu sentimento não muda... O que dizeis, tanto vós quanto ele, seria provavelmente válido para um padre branco, não para mim, dedicado que sou à vida oculta de JESUS em Nazaré, a sua obscuridade, a seu silêncio.

Nota-se uma ligeira diferença entre essa carta e a primeira, escrita em 15 de janeiro; ele já não generaliza. Na primeira: "Não são nossos meios, não são nossas armas", ele se referia a todos de um modo geral. Na segunda, passou a marcar sua diferença diante dos argumentos: "Isso seria provavelmente válido para um padre branco, não para mim". Essa é uma característica de seu carisma. Podemos constatar que a segurança do monge é igual à de seu bispo. Não há a menor hesitação na afirmação daquilo que lhe parece essencial. Ele já não generaliza, mas marca sua diferença, sabe o que deve fazer. Ao resistir com tanta força a opiniões autorizadas, manifestava a consciência que tinha de seu lugar na missão da Igreja.

Não seria a originalidade de sua vocação pessoal? O que ele oculta sob o título de monge? Ele não era missionário ao estilo dos outros. Seus meios de honrar a Deus não eram os mesmos. O que era válido para os outros não era para ele, porque ele era chamado a levar uma vida oculta, obscura, como Jesus em Nazaré. Foi para responder a esse chamado que ele se retirou em um mosteiro, que tentou viver em Nazaré. Agora, em meio às atividades absorventes de uma vida semelhante à dos missionários, dedicado à elaboração de uma obra científica, às voltas com uma multiplicidade de relações de vizinhança e de amizade, continuava querendo atender a esse chamado. Como procurar apenas a glória de Deus, senão recusando tudo o que trouxesse a realização de sua glória pessoal? Ainda que para honrá-la da Igreja. Seria possível dizer que exagerou, mas ele sempre ultrapassou a medida, indo de um extremo a outro. Isso era próprio de seu temperamento que não se satisfazia com o justo meio. Ele precisava visar ao mais-que-perfeito, pois não podia fazer menos do que fizera em sua juventude para seu prazer e para sua própria glória. Também não queria deixar-se levar pelo orgulho

UM NOVO TIPO DE MONGE EM MISSÃO ESPECIAL

de autor, o de sua juventude, que seu amigo, professor Gautier, considerava "o mais venenoso de todos".

Se ele aceitara fazer esse trabalho e levá-lo até o fim com perfeição, é porque tinha a certeza de que o livro apareceria sob o nome de outro. Essa obra, por mais notável que fosse, não podia dar um sentido a sua vida. Ele não se recusava a fazer o trabalho, mas recusava colocar-se em evidência, ainda que para proporcionar honra à Igreja. A seus olhos, não era esse o meio de fazer honrar a Deus. Assim agia ele conforme a essência da mensagem evangélica: "Que tua mão esquerda ignore o que faz a direita". Estamos aí no coração de seu chamado pessoal, e era permanecendo fiel a esse apelo que ele cumpriria sua missão e introduziria na Igreja uma mensagem nova, a mensagem contida naquilo que ele chamava "a vida oculta de Jesus em Nazaré". A Igreja, assim como uma cidade construída em cima de montanha, não pode ser senão visível, mas a tentação do espetáculo, a tentação de atrair os olhares e agir a fim de ser visto pelos homens é sempre real.[8]

Na vida pública de Jesus, há também esse aspecto de mistério, de segredo, de não visibilidade, de rejeição ao espetacular, que não pode ser ignorado. Ao longo de toda a vida, até a morte, ele permaneceu o Jesus de Nazaré. Irmão Charles valorizou esse aspecto, insistindo na obscuridade, no anonimato do Verbo Encarnado que, durante trinta anos em Nazaré, foi, aos olhos de todos, um homem como os outros. O que era oculto em sua vida era sua relação singular com o Pai, seu ser divino, isto é, o essencial. Apesar das aparências, Charles de Foucauld permaneceu fiel a essa intuição inicial até a morte, quaisquer que fossem os lugares, as atividades, no distanciamento ou na proximidade dos homens.

---

[8] Cf. Mt 6,1-5.

Renunciar a seguir a esse chamado para entrar na visão alheia, ainda que de pessoas muito autorizadas, não seria esconder sob o alqueire a luz que lhe fora confiada? Essa luz, essa missão própria, essa vocação, ele não tinha o direito de colocá-la sob o alqueire. É isso que o levava a resistir a todas as solicitações. Ele não refletiu muito sobre o alcance de sua recusa categórica. Agia simplesmente em conformidade com seu ser profundo, deixando-se guiar pelo instinto, pela força que o movia, tal como a fonte que brota e não pode ser contida.

Seria possível objetar que depois, em outras circunstâncias, ele não recusou declarar-se missionário, mas não se pode compreendê-lo sem levar em conta tudo o que acaba de ser dito. Teria ele encontrado uma fórmula nova ao dizer-se "monge missionário"?

Essa denominação se encontra em carta datada de 13 de maio de 1911, dirigida ao Padre Antonin Juillet.[9] Foi dada muita importância a esse texto que difere bastante da chamada Regra de 1899. Foi escrito quando do retorno da segunda viagem à França, quando Charles de Foucauld se esforçava para lançar uma organização calcada sobre a de uma ordem religiosa, "uma espécie de ordem terceira", dizia ele (de uma ordem ainda inexistente), num momento em que o fundador, que começava a assinar "fr. Ch. de Foucauld", não mais "fr. Charles de Jésus, tornava-se mais consciente da inexistência de sua congregação fora dos escritos nascidos de seu sonho e de sua imaginação criadora.

A importância atribuída a esse texto se legitima pelo fato de ter dado origem a cópias para outros destinatários. O último deles foi um monge trapista de Nossa Senhora das Neves, que lhe falara do interesse de vários monges desejosos de levar

---

[9]   Encontra-se também na citada carta de 28 de março de 1908, dirigida ao cunhado; ao tratar do claustro e das visitas, escreveu Irmão Charles: "Continuo sendo monge, monge em região de missão, monge-missionário, mas não missionário".

UM NOVO TIPO DE MONGE EM MISSÃO ESPECIAL

uma vida mais apostólica que a da Trapa. A carta escrita por Charles de Foucauld é por certo uma demonstração para atrair companheiros, provando-lhes que a vida que poderiam levar em Tamanrasset ou em outra parte era exatamente aquela à qual aspiravam. A descrição do tipo de vida não se refere ao que era a vida que ele levava em Tamanrasset, mas ao que se poderia viver em termos ideais se estivessem em dois, três ou ainda mais.

Em 1905, dirigindo-se a um padre secular de Nîmes, Padre Veyras, ele o convidou a vir sem condições:

> O que busco neste momento não é um enxame de almas que entrem num quadro de vida já estabelecido, a fim de estritamente levar um tipo de existência bem delineada... Não, o que busco agora é uma *alma* de boa vontade, que consinta partilhar minha vida, na pobreza, na obscuridade, sem nenhuma regra fixa, que siga sua inclinação, assim como sigo a minha.[10]

Dirigindo-se agora a monges e indiretamente a padres seculares, ele lhes propunha uma vida monástica. Mas, como queriam ser missionários, seriam monges-missionários. O que significava isso? Concretamente, deixariam o trabalho manual para dedicar-se a uma obra mais apostólica em meio período ou até mesmo em tempo integral. O que passava a ser mais importante era fazer todo o possível para a conversão dos infiéis. A vida monástica passava ao segundo plano e retornava-se aos pequenos grupos, como em um dos projetos de outubro de 1898 (três ou quatro, ou até mesmo um ou dois; um arranjo que ele julgava mais eficaz), optando, desde 1899, por mosteiros mais povoados, para que houvesse a exposição permanente do Santo Sacramento. A fim de atrair candidatos, precisava propor um Regulamento diferente daquele dos trapistas; ele o queria

---

[10] Carta ao Abade Veyras de 3.12.1905.

mais flexível e menos excessivamente minucioso que os usos e costumes dos trapistas. A vida de família bem simples que ele propunha, em que tudo se faria "na devida hora e conforme obediência estrita" era, no entanto, a do Regulamento, que comportava prescrições externas ainda mais minuciosas que as da Trapa. Esse era o preço de um temperamento perfeccionista do qual não conseguia livrar-se. Ele não procurava lutar contra essa falha, pois dela não tinha consciência. Na vida do dia a dia, os acontecimentos e as pessoas o faziam viver com liberdade de Espírito, mas, quando colocava seus projetos por escrito, logo caía no perfeccionismo e, ao escrever para os outros, fazia isso num estilo didático; nada devia dar margem à improvisação e à dúvida.

Note-se ainda que ele queria apenas "padres, padres excelentes e de idade madura". Essa limitação do recrutamento respondia a uma necessidade imediata, mas a forma restritiva, limitando o chamado a "indivíduos excepcionalmente virtuosos", se não fossem padres, ou "exemplares", caso fossem, não podia encorajar os candidatos. Quem poderia reconhecer-se no perfil exigido?

Seria um erro deixar crer que essa carta descreve a vida de Charles de Foucauld em Tamanrasset, erro de interpretação que não leva em conta o gênero literário. Basta comparar essa carta com seu horário anotado no mesmo ano para verificar que o horário monástico de 3 x 8 programado nessa carta não corresponde de modo algum ao seu, no qual o trabalho, que não era manual, ocupava dez horas e quarenta e cinco minutos. Sabemos também que ele não se dividia mais, como deixava crer, entre "seus quatro estabelecimentos"; ainda que tenha feito o desvio por Béni Abbès quando do retorno à França, ele lá passou apenas três dias e não voltou mais. Só encontramos a expressão "monge-missionário" em outra carta, escrita na mesma data ao Padre Crozier.

Seria então numa carta isolada, com destinatários bem específicos, que se poderia encontrar a última etapa da evolução de Charles de Foucauld na conceitualização de seu ideal? Padre Peyriguère assim acreditou e "apoderou-se" desse texto para opô-lo à denominada Regra de 1899. Padre Gorrée a publicou pela primeira vez apresentando-se a si mesmo como o primeiro integrante da Ordem dos "Monges-missionários do padre de Foucauld",[11] depois de deixar, em 1934, os Irmãozinhos de Jesus e ter-se afastado do Padre Peyriguère no ano seguinte. Via na denominação "monge-missionário" a feliz expressão da "função dupla que ele (padre de Foucauld) pretendia lhes confiar". Charles de Foucauld teria esperado até 1911 para conceber essa vida de homem de preces e de apóstolo "que entra em contato direto com os autóctones por meio do ministério da caridade".[12] Por outro lado, pode-se perguntar se as formulações teriam parado nessa data, mesmo que ele não tenha deixado de formular e reformular, até sua morte, textos que considerava fundadores.

É possível perguntar ainda: Teria ele aceitado assinar sua obra linguística, se tivesse vivido alguns anos mais? Parecia que ele deu uma última resposta alguns dias antes de morrer. Com efeito, concluiu o texto de *Poesias tuaregues* para ser impresso. A introdução que ele redigiu por último, em 1916, foi datada de 1906, a fim de dar a crer ter sido escrita por Motylinski, morto em 1907. Seria essa a prova de que seu desejo de anonimato não mudou? Esse trabalho ocupou todo o seu tempo, e ele o fez com perfeição. Mas não queria que essa obra monumental

---

[11] GORRÉE, Georges. *Sur les traces de Charles de Foucauld*. La plus grande France. Paris: Lyon, 1936, pp. 321-328.

[12] Op. cit., p. 119.

fizesse esquecer a única verdadeira obra de toda sua vida, que permaneceu oculta aos olhos do mundo. A obra de sua vida ele a resumiu nas anotações de 18 e 19 de junho de 1916: "Amar ao próximo, isto é, todos os homens, como a nós mesmos". E também: "A única coisa que nos concerne cá embaixo, a única ocupação [...] a glória de Deus [...] a salvação das almas".[13]

---

[13] FOUCAULD, Charles de. *Voyageur dans la nuit*. Paris: Nouvelle Cité, 1979, pp. 207-208.

O ATRATIVO DE UMA PERSONALIDADE EXCEPCIONAL

Para situar esse novo tipo de monge, é interessante abordar a personagem sob outro ângulo, através do olhar de um contemporâneo a quem não faltava lucidez nem humor.

O professor Gautier (1864-1940), que se dizia descrente, é um dos que mais bem compreenderam a personalidade de Charles de Foucauld. Professor da Universidade de Alger, esse geógrafo empreendeu numerosas missões no Saara e publicou uma dezena de livros sobre a África do Norte. Conheceu Charles de Foucauld em Béni Abbès, mas principalmente durante a viagem de 8 de junho a 4 de setembro de 1905: "Durante dois meses, duas vezes por dia, fui seu comensal; quase todas as lembranças que tenho dele vêm daí". Em Tamanrasset, ele teria ajudado o marabuto a construir sua casa. Este o apresentava como: "coração excelente e espírito encantador que muito aprecio".[1] Eis alguns trechos de um livro,[2] escrito em 1920:

---

[1] Carta a Louis Massignon, 05.05.1915. In: SIX, Jean-François. *L'aventure de l'amour de Dieu*. Paris: Seuil, 1993, p. 184.

[2] GAUTIER, E.-F. *L'Algérie et la métropole*. Paris: Payot, 1920.

Reconhece-se um oficial quando em trajes civis. Isso, porém, não acontecia com o padre de Foucauld; nada em sua postura denunciava o soldado. Ele era monge dos pés à cabeça, todo ocultamento e humildade.

Mais adiante:

Houve um tempo em que o autor desse livro [*Reconnaissance au Maroc*] não queria lembrar-se de que o tinha escrito. Conheci padre de Foucauld em 1903, em Béni Abbès. Houve o embaraço do primeiro contato e o cerimonioso de uma apresentação. De que poderia eu falar senão do livro que eu tinha lido, consultado e que para as pessoas da minha profissão é um instrumento de trabalho. Em vez, porém, do explorador, eu encontrava o monge, e ele mudou de assunto de um modo que cortava todas as pontes, dizendo algo como: "Quando se está inteiramente tomado pela ideia do absoluto, o relativo já não tem importância". Esse ponto de vista permaneceu sendo o dele durante anos, mas não até o fim de sua vida, bem ao contrário.

E prossegue:

Em 1906, Motylinski, professor de árabe e berbere, foi encarregado de uma missão em Hoggar [...] Tive em mãos uma parte de suas anotações, que me pareceram inaproveitáveis. Essa não foi a opinião do padre de Foucauld. Ele se incumbiu de publicar os resultados da viagem de Motylinski. Mas nem tudo é rigorosamente correto: na carta, o trabalho póstumo de Motylinski aparece como estando sob a supervisão oficial do diretor da faculdade de letras de Alger. E com um prefácio dele. Nesse prefácio, o diretor agradece a torto e a direito, conforme o costume: agradece ao sr. X e ao sr. Y..., sr. Fulano de Tal, sr. Sicrano... A lista é bastante longa. Vem acompanhada de um segmento de frase misterioso: "Agradeço, diz o sr. diretor,

aos senhores X..., Y..., Z..., entre aqueles que posso citar".[3]
Há, portanto, alguém que não pode ser citado. Todo mundo
no Saara sabe que esse alguém é o Padre Foucauld,[4] e sabe-se
também que na verdade é ele o autor das publicações póstumas
surgidas sob o nome de Motylinski. Trata-se de um pequeno
estratagema contra o qual o falecido não podia protestar e do
qual seus colegas e amigos só podiam ser cúmplices, essa a *sine
qua non* imposta pelo padre de Foucauld.

Ele enumera o que encontrou em seus livros e afirma, subes-
timando bastante, que "se trata de um dialeto berbere falado
por algumas centenas de indivíduos" e acrescenta:

> Ele se viu na situação de viver dez anos em Hoggar, com a pre-
> ocupação quase exclusiva de ouvir essa língua, anotar-lhe as
> palavras e as formas, escrever-lhe o folclore que ditavam. Isso
> não pode ser senão muito importante. Tudo isso é legalmente
> obra de Motylinski. É bastante curioso. É um trabalho extenso,
> implica haver no autor, quero dizer o autor verdadeiro, o fogo

---

[3] É René Basset quem assina o prefácio desse primeiro livro [*gramática e léxico francês-tuaregue*] em 15 de dezembro de 1907, atribuindo-o a Motylinski, conforme as instruções que recebera, quando na verdade Mo- tylinski não participara desse trabalho. Cita vários nomes "entre aqueles que estou autorizado a mencionar", explica ele. Ao lado de Ben Messis, cita Ba-Hammou [...] que apenas fornecera o alfabeto que servira para transcrever o árabe. Motylinski não vira nem um, nem outro, o que não tem importância, já que se está no terreno da ficção!

[4] O professor Gautier escreveu depois da morte do padre de Foucauld. No entanto, logo após seu surgimento, esse léxico suscitou algumas reações. Assinalemos a de Cid Kaoui, autor do primeiro dicionário francês-tuaregue [...] Cid Kaoui sabe quem é o verdadeiro autor, e ironiza no tocante a essa "Obra-prima que com satisfação nos apresentam hoje como uma obra nova, de um autor novo... a pessoa demasiado modesta que o sr. René Basset diz 'não estar autorizado a citar' e 'que também não citarei'. Ele o designa como sr. X... e faz algumas reflexões humorísticas a respeito de certas palavras nas quais se sente a influência das traduções bíblicas: 'O que faz a palavra 'apóstolo' nesse léxico?".

sagrado, sem o qual nada resulta, o fogo sagrado laico, intelectual, a gana de compreender. O que faziam esses sentimentos num monge? É verdade que esse monge, ao nos aproximarmos dele, se nos parecia muito refinado, muito culto, muito curioso. Via-se muito bem que o intelectual não morrera, e é natural que isso tenha acabado por prevalecer. Essa manifestação de velhos instintos certamente provocou medo no cristão. Medo das armadilhas do maligno, pode-se dizer; medo do orgulho do autor, certamente um dos mais nocivos. Também por certo sentia ele a puerilidade disso, o nada das coisas o penetrava; tinha ele o sorriso, a satisfação de um pequeno gracejo bem-sucedido, do mesmo modo que seus sentimentos, um pouco laicos, podem adquirir um aspecto religioso. Imagino que ele fosse profundamente grato a esse macabeu acadêmico, em cujo nome ele fora capaz de pensar sem pecado ou ao menos agradecido a Deus por tê-lo colocado oportunamente em seu caminho.

"Esse pseudônimo seria duradouro? Foi algo muito bem organizado; e poderia ter permanecido inalterado."[5]

É certamente o que quis o próprio de Foucauld. Isso, aliás, não tem importância alguma. Que seus livros levem seu nome um dia ou que continuem a levar exclusivamente o de Motylinski, o fato é que são dele, e fazem um bom par com sua obra de juventude. Tudo isso é muito sólido. Terá a espécie de imortalidade que as bibliografias técnicas conferem. Não será possível se ocupar cientificamente da África do Norte sem ler de Foucauld. Eis evidentemente o que se dirá ou se escreverá em seu túmulo, aquilo a que nosso público laico é antes de mais nada sensível. Com certeza ele próprio não atribuía importância a sua obra impressa. E confesso que eu também, apesar de meu vício profissional, fiquei bem menos impressionado pelo explorador e pelo filólogo do que pelo monge.

---

[5] Muitos creem ainda hoje que é Motylinski o verdadeiro autor desse livro.

O ATRATIVO DE UMA PERSONALIDADE EXCEPCIONAL

Exploradores, filólogos, são pessoas que respeito muito, desnecessário dizer, mas conheci muitos deles; se De Foucauld tivesse sido apenas isso, as pessoas não sentiriam, ao dele se aproximar, o atrativo de uma personalidade excepcional. Devido a seus instintos profundos, monge é ou ele era, ou antes eremita. Ele nasceu assim. Apenas levou algum tempo para encontrar seu caminho. Os instintos profundos do eremita já apareciam no explorador. De Foucauld percorreu o Marrocos desconhecido sob o disfarce de judeu, e sabe-se da abjeção do judeu marroquino submetido ainda ao regime do gueto. De Foucauld colocou-se sob a proteção do desprezo público. Isso é engenhoso, produz resultados notáveis. Mas esse disfarce não atraiu ninguém; De Foucauld é o único que o usou no Marrocos, talvez até mesmo em todo o mundo muçulmano. Para escolhê-lo, naquela época, ao sair da adolescência, era preciso ter o gosto pela humildade, um modo de sentir que prenunciava o monge – uma resignação para a pobreza extrema e para a miserabilidade, uma busca da solidão protegida por uma máscara. Foram longos meses de vida judia e muçulmana, de contato íntimo com essas religiões do Oriente que tomam toda a alma, que conservaram toda a sua virulência. De Foucauld saiu disso impregnado de sentimentos islâmicos. Dizem que foi longe demais e que a certa altura pensou em se converter ao Islã. Note-se que esse não é um caso isolado [...] Sabe-se que, quando se vive em meio aos muçulmanos, o Islã tem seus atrativos [...] Em nossas vidas agitadas, de hipercivilizados, quando lançamos um breve olhar sobre a ataraxia infinita do Islã, imagino que sintamos todos uma nostalgia.

Esse sentimento não bastou para levar o jovem explorador ao uso do turbante. Ao menos foi o que me disseram, e eu acreditei. Disseram ainda o nome do padre que manteve De Foucauld no Cristianismo. Não é um desconhecido, embora esquecido. Lembre-se de Littré e que seu enterro religioso foi um escândalo. O corpo desse livre-pensador notório foi levado à Igreja sob a garantia de um Padre Huvelin. Esse Padre era um antigo normalista, da turma de 1858, uma espécie de professor de História. E ele interveio no caso de Littré, não como confessor no sentido próprio do termo, mas como amigo pessoal e antigo, para quem a ideia de que Littré fosse condenado era intolerável e também absurda. Foi esse Padre Huvelin quem fez De Foucauld retornar e, de catecúmeno muçulmano, o fez monge "em cinco segundos". O amigo que me contou essa história julgava que, em vista disso, o Padre Huvelin devia ser um homem temível, de personalidade forte. O padre de Foucauld, do fundo de seu eremitério, o considerava um caro amigo, muito caro. Fui em seu nome procurar o Padre Huvelin na rua Nollet, em Batignolles. Não ouvi da boca de nenhum dos dois a confirmação precisa das hesitações do catecúmeno entre as duas religiões. Mas a informação me foi passada de fonte segura e é extremamente plausível [...] A julgar pela aparência, nada indicava que ele fosse mais monge do que marabuto. Seu traje de algodão devia ser uma gandura; ele tinha na cabeça um sucedâneo do fez. Diante disso, os autóctones se confundiram. Atribuem a Mouça-Ag-Amastane, chefe dos Tuaregues de Hoggar, a seguinte exclamação: "Marabuto, tu és cristão! Nesse caso, tuas austeridades de nada te servirão no outro mundo!". De Foucauld nunca se esforçou para dissipar o equívoco. Em quinze anos de Saara, ele nunca fez uma única conversão.

Enfim, essa discrição de padre de Foucauld também foi testemunhada por nós, seus companheiros descrentes. Por longas semanas, na viagem que fizemos juntos numa pequena coluna militar, padre de Foucauld por certo rezou a missa diariamente, e sempre sozinho, sem ninguém além de Paul para testemunhar [...] Ao longo de várias semanas fazendo as refeições juntos, a conversa nunca tomou uma característica eclesiástica, nunca passou para a tentativa de conversão. Tudo isso está bem de acordo com o caráter de um eremita. Ninguém se retira para o deserto a fim de fazer pregações.

Gautier faz um resumo da vida de Charles de Foucauld com detalhes que só poderia ter obtido diretamente, em conversas particulares. Ele não deixou de salientar a anomalia da condição eclesiástica desse novo tipo de monge.

O ATRATIVO DE UMA PERSONALIDADE EXCEPCIONAL

Por vários meses ele permaneceu como irmão leigo nesse mosteiro [Akbès], completamente anônimo, sem nunca abrir a boca. Ele cortava lenha e buscava água. Era delicioso, disse ele muitos anos depois, recordando-se. Não se trata de saber se ficamos escandalizados ou entretidos. O que me impressiona é que nesse irmão leigo que corta lenha é possível ver o explorador disfarçado de judeu e o eremita do Saara. Por certo é o fundo da alma, os instintos profundos, que de Foucauld procurou satisfazer ao longo de toda a vida.

Ele reclamava para si a designação de monge, usava traje de monge, mas numa espécie de usurpação. Era apenas padre: tinha sido ordenado padre, muito tardiamente, pelo bispo de Viviers; e nunca teve uma situação eclesiástica regular, senão a de padre livre dessa diocese. É absurdo, isso não tem relação alguma com o Saara, mas é assim. [...] em suma, não era trapista. Se monge ele foi, seria de uma ordem sua, uma ordem que ele próprio tivesse fundado, uma subtrapa de sua invenção. Não se tratava absolutamente de uma brincadeira. Em seu traje havia uma faixa vermelha bem visível, que só ele usava e que exteriorizava sua vontade de pertencer a uma ordem nova e distinta. Só que essa ordem, embora ele tenha estado em quatro mosteiros,[6] nunca teve outro monge senão o próprio padre de

---

[6] Gautier fala dos lugares que conservam uma viva lembrança de Charles de Foucauld. 1) A casa de *Béni Abbès*, que ele chamava de "a fraternidade". 2) Em *In-Salah*, não resta nenhum vestígio de sua passagem. A casa que ele comprou em 1907 em Ksar el Arab foi inteiramente coberta pelas dunas de areia. 3) *Tamanrasset*, a pequena casa construída em 1905, ampliada em 1907 e em 1910, denominada *La Frégate*, é o lugar mais comovente de todos em que viveu Charles de Foucauld. Nenhum outro lugar no mundo pode reivindicar o privilégio de ter abrigado esse homem durante tanto tempo: onze anos. O *Bordj*, o fortim que ele mandou construir para a população do povoado ameaçado por bandos de saqueadores, e para onde transferiu sua casa e viveu durante seus últimos cinco meses de vida, encontra-se agora em pleno centro da cidade; é conservado como um monumento histórico. 4) *Asekrem* transformou-se no mais célebre dos lugares em que Charles de Foucauld viveu (ele passou lá apenas cinco meses) por causa da localização extraordinária e da vista que se tem do alto desse planalto vulcânico.

Foucauld. Era de se esperar um decreto de dissolução contra essa ordem de estranha categoria jurídica!

Ficou-me a lembrança viva da primeira conversa, um tanto espaçada, que tive a honra de manter com ele. Foi durante uma marcha noturna. Eu cochilava um pouco, montado em meu dromedário. Padre de Foucauld, meu vizinho, seguia a pé ao lado do seu, por mortificação, creio eu. Fui despertado por sua voz que dizia: "Que beleza!". E era mesmo. Sob uma lua estonteante, atravessávamos o velho vulcão de In-Ziza, absurdamente recortado.

É interessante, aliás, notar a frase de admiração, indicativa de que ele sabia reconhecer a beleza natural do lugar, já que, afora Asekrem, e excepcionalmente Béni Abbès, não se pode dizer que ele tenha feito muitos comentários desse tipo.

Ao fazer essas confidências, Gautier chega a uma conclusão que resume a vida de Charles de Foucauld com uma afirmação surpreendente:

Ele estava feliz com esse regime, não se pode negar, era visível. Chegara ao extremo de si, realizara-se inteiramente, era um ser humano completo, às raias do absurdo. Talvez seja esse o segredo da felicidade. Seus olhos irradiavam calma e alegria silenciosa.

Suponho que hão de erigir uma tumba para De Foucauld ao estilo do lugar. Uma *kuba*. Essa tumba prolongará a ação do homem. Os milagres vão começar a surgir. O que vai se produzir em torno dessa tumba? Os santos são particularmente perigosos depois da morte. E não há dinamômetro preciso para as forças morais. Enquanto vivo, não houve em torno de Charles de Foucauld exclusivamente respeito. Chegaram a dizer: "É um louco". Ouviram isso da boca de um jovem coronel muito inteligente [...]. E esse jovem coronel, em sua carreira, vivera situações difíceis, correra riscos, fizera gestos, tomara atitudes, empreendera esforços pertinazes, em tudo comparáveis aos de Foucauld. Só que ele tinha outro objetivo, também preciso, mais fácil de explicar em uma frase. Ele queria de modo absoluto colocar uma pluma branca em seu chapéu, e quanto a isso ele se julgava perfeitamente razoável e tinha plena convicção de que razoável de Foucauld não era. Talvez tivesse razão. É possível, afinal. Só que depois de 2 de agosto de 1914, tivemos experiências que fizeram diminuir nossa fé no racionalismo puro. Aprendemos que a abnegação cega, o autossacrifício absurdo, isso tudo pesava na vida dos povos. E aprendemos, aliás, a saudar tais coisas. Mesmo quando não as compreendemos muito bem.

Para concluir essa exposição e responder às perguntas de Gautier, basta citar o próprio Charles de Foucauld. O fogo que arde no coração do monge não é deste mundo. É aquele que começou a queimar no dia em que seus olhos se abriram para uma nova luz, "diferente da luz dos sentidos". Em 9 de novembro de 1897, ele escreveu em Nazaré, quando seu estilo de vida parecia ainda mais louco:

> Aquele que vive da fé tem a alma cheia de pensamentos novos, gostos novos, juízos novos; são novos os horizontes que se abrem diante dele [...] Ele começa necessariamente uma vida toda nova, oposta ao mundo ao qual seus atos parecem loucura [...] O caminho luminoso em que ele caminha não é visível aos olhos dos homens, ele lhes parece querer caminhar no vazio, como um louco.[7]

Outro escrito pode explicar como aquele que se pretende "monge" pode se deixar guiar por seus instintos mais profun-

---

7 FOUCAULD, Charles de. *La dernière place*. Paris: Nouvelle Cité, 1974, p. 120.

dos, a certo estado de purificação interior. No papel em que ele anotou sua agenda cotidiana a partir de 1911, lê-se na frente: "Levar o fogo pela terra"; e no verso, a seguinte sentença: "Pois cada coisa vive conforme a qualidade de seu ser", com o seguinte comentário de São João da Cruz:

> Portanto, o homem que conseguiu transformar sua natureza animal em natureza espiritual, em que todos os afetos, as tendências, os atos se inspiram no mesmo Espírito, comporta-se sem resistência diante de Deus. Para ele cada coisa se reveste de um caráter especial de doçura, força, pureza, castidade, alegria e amor.

Ele pode agir "por instinto" e seguir seu movimento interior", como lhe escrevia[8] o Padre Huvelin, que acrescentava: "Vá aonde o Espírito o levar", revelando-nos assim qual é o fogo que arde nesse coração e qual é a força que o impulsiona, torna-se irresistível, o faz escrever páginas e páginas,[9] e a ele se impõe como um movimento irresistível. Ela não o impede de discernir o que é apenas tentação e o que é obra do Espírito, tal como o reconhecia Dom Guérin em 1904: "O caro amigo Charles, assim como todos os dirigidos pelo Espírito de Deus, sabe maravilhosamente apreciar as circunstâncias".[10] É como a bola do canhão que, uma vez lançada, nada nem ninguém pode deter. Todas essas palavras são do Padre Huvelin e, assim como ele, precisamos reconhecer que a fé de seu discípulo transformou a religião em amor. Apenas esse amor fervoroso pode explicar cada momento de sua vida e unificar seus instintos mais profundos.

---

[8]   *LAH*, 2.9.1902 e 5.7.1903.
[9]   Cf. a carta do abade Huvelin, de 28.12.1904: "Mais do que sou capaz de dizer, (sua carta) me parece escrita sob a inspiração do Espírito Santo".
[10] Carta ao padre Voillard. In: FOUCAULD, Charles de. *Correspondances sahariennes*. Paris: Cerf, 1998, p. 1.015.

UMA MENSAGEM PARA TODOS

A vida e os escritos de Charles de Foucauld deram margem a variadas interpretações. Sua mensagem foi muitas vezes vista como um chamado ao silêncio, uma espiritualidade do deserto ou uma forma de eremitismo. Outros viram principalmente o convertido que passa de uma vida de prazeres à ascese mais heroica. Também não deixaram de usá-lo para defender valores tradicionais e ideais nacionalistas e para alimentar a nostalgia de um passado idealizado. Outros ainda, ao contrário, viram nele apenas o marginal contestador das instituições, o inovador adiante de seu tempo, o homem genial que teria sabido compreender tudo antes dos outros, um homem de vanguarda dentro da Igreja. Seu engajamento no processo colonial suscitou a admiração de uns e a desaprovação de outros. A ele atribuíram o modelo de uma estratégia missionária de recolhimento ou, ao contrário, a defesa de uma pregação urgente. Por certo não faltam em seus escritos frases que possam legitimar cada uma dessas percepções contraditórias. Raros são os que souberam situá-lo no contexto exato da época, sem desviá-lo da intenção original ou interpretá-lo em função de situações históricas mais recentes.

Ainda há muito o que descobrir nos detalhes de sua vida e na leitura de suas cartas para reconstituir a verdade concreta de suas relações com homens e mulheres de quem ele quis se tornar próximo. O mesmo se aplica a sua relação com Deus. Em grande parte, contentaram-se em ler sua vida valendo-se de clichês ou de imagens prontas que falam de pobreza, amizade, apostolado, contemplação, sem analisar seus comportamentos reais e as circunstâncias concretas de sua vida com os Tuaregues.

O que resta daquele que, até o fim da vida, quis imitar Jesus de Nazaré? Se há uma palavra que pode expressar essa mensagem é "Nazaré", com tudo o que ela contém de realismo histórico, de ensinamento teológico e de ideal místico. É ela um apelo a viver um amor fervoroso pela pessoa de Jesus, em meio às situações mais comuns da vida dos homens, assim como nas mais extraordinárias, a exemplo do próprio Jesus, que não escapou da submissão às relações humanas, assumindo ele próprio a condição de servidor para viver plenamente sua relação singular de intimidade com seu Pai, numa família humana, num ofício, num povoado ou pelos caminhos da Palestina. Esse realismo da encarnação Charles de Foucauld o viveu também de modo excepcional em suas relações muito pessoais com homens e mulheres, numa proximidade cada vez maior com eles, e isso depois de julgar que devia viver longe de todos, primeiramente no silêncio de um mosteiro e, depois, na solidão de um eremitério.

Não teria ele a missão de mostrar que "essa espiritualidade de Nazaré" podia ser vivida em todas as situações, no celibato ou na vida conjugal, na vida religiosa ou na vida em família, no sacerdócio ou na laicidade, sozinho ou na vida em comunidade? Essa espiritualidade se exprime numa linguagem de presença diante de Deus e de presença diante dos homens, de compartilhamento de vida, de amizade, de solidariedade. Não se trata de uma espiritualidade do deserto nem de eremitismo. Ao contrário, é uma espiritualidade da relação em suas duas dimensões, humana e divina: relação de amor com Deus, que se

UMA MENSAGEM PARA TODOS

fez um de nós em Jesus – cuja presença é buscada principalmente na Eucaristia –, relação com homens e mulheres, com quem se quer partilhar toda a vida, em vez da relação de "servo", a fim de amar como Jesus, sem excluir ninguém, e na solidariedade para com os mais pobres. Trata-se de uma imitação da vida de Jesus, Jesus de Nazaré, Jesus em Nazaré a viver nas relações humanas mais comuns uma relação singular com seu Pai.

Dois textos de Jacques Maritain podem nos fazer compreender o que é essa nova forma de vida contemplativa em que muitos puderam inspirar-se, mesmo levando uma vida no mundo e em meio às questões do mundo. O primeiro data de 1928:

> Uma vida integralmente contemplativa no mundo, não, não a vejo como sendo verdadeiramente possível. Uma vida contemplativa, sim, e que não tenha a preocupação direta com o apostolado, como entre os dominicanos ou ainda os carmelitas. Esta, no entanto, somente se justificaria no mundo pelo desejo de servir às almas e, portanto, de estar, de um modo ou de outro, entregue a elas e de suportar corajosamente, por elas, todas as dificuldades, amarguras e movimentações inúteis, inseparáveis do comércio com os homens, do convívio com os homens, ainda que só para dar testemunho entre eles da própria contemplação e do amor eucarístico de Nosso Senhor. *Se deveis permanecer no mundo, creio que é com a vontade de vos deixar devorar pelos outros*, preservando apenas a parte de solidão necessária a que Deus faça de vós algo de *utilmente devorável*. O que resta depois disso? Essa impressão, essa ideia, essa esperança de que o Espírito Santo prepare alguma coisa no mundo, uma obra de amor e de contemplação que queira as almas totalmente entregues e imoladas no próprio seio do mundo.

O segundo, de 1950, são simples anotações de aulas, comentando 1 Carta de João 4,7-8:

O amor ao próximo é o mesmo que o amor a Deus. O amor fraterno nos une, portanto, a Deus, tornando-nos mais semelhantes a ele. Quando tentamos amar os outros como Jesus os amou, vendo-os com os olhos de Jesus, o amor fraterno se torna, melhor do que qualquer ideia, um caminho para nos unirmos a Deus, obscura e experimentalmente, na amplitude sem limites desse Amor. Isso implica uma abordagem evangélica dos outros, uma atitude de autêntica gratuidade, que não espera retorno algum. Nós os ouvimos, prontificamo-nos a servi-los, antecipamo-nos atenciosamente àquilo que eles são, a seu valor infinito por serem amados por Deus. Essa é uma atitude contemplativa para com o próximo. Isso requer um desapossamento de si, um verdadeiro desapego, já não nos pertencemos propriamente. O amor fraterno é nesse caso tão exigente e implacável quanto o amor de Deus. Isso exige que existamos com os outros. Existir com. Eis aí uma verdadeira contemplação, mas de um tipo especial. É a contemplação dos caminhos por onde Jesus de Nazaré nos conduz, no seu rasto, em direção aos pequenos, para nos fazer com eles descobrir o rosto amado do Pai.

Tendo vivido em outros tempos e em outros lugares, quem poderia pretender seguir as pegadas de Charles de Foucauld? Muitos poderiam contentar-se em admirá-lo e amá-lo, como o Padre Huvelin. Outros, não levando em conta a distância e a diferença das situações, continuariam a julgá-lo e até mesmo condená-lo. Agora que foi reconhecido como "venerável", muitos o julgarão também imitável. As páginas precedentes haveriam de lhes tirar essa vontade?

Que cada qual possa reconhecer a Força que o levou ao deserto e lá o conduziu, não para fugir do mundo, mas para torná-lo mais próximo daqueles que esse deserto isolava do mundo. Esse era um caminho pelo qual ele devia avançar sem saber aonde chegaria. Ao nos determos em certas curvas desse trajeto, concluiremos tê-lo seguido pelo caminho que o conduziu a Tamanrasset, apesar das tentações e das hesitações.

Possa esta leitura nos ajudar a seguir nosso próprio caminho, diverso do dele, deixando-nos levar pela Força que move cada um até encontrarmos nosso lugar de realização nos desertos deste mundo.

ANEXO

Carta a Henri Duveyrier

Essa carta de 21 de fevereiro de 1892 foi a última que Charles de Foucauld escreveu a Henri Duveyrier. Não fazia parte do conjunto de cartas mantidas nos Arquivos da Sociedade de Geografia por ter sido considerada demasiado íntima por quem as tinha encaminhado. Trata-se de uma resposta a uma carta em que o descrente Duveyrier manifestava sua incompreensão total dos votos que acabara de professar o Irmão Marie-Albéric.

É interessante sob vários aspectos. Numa primeira parte, expõe ao erudito, que era seu amigo, o Creio da Igreja Católica. Numa segunda parte, para responder à pergunta de Duveyrier, retomada no último parágrafo da página 4: "Vós me criticais de modo muito cordial por pouco conhecer minha vida anterior...", ele se volta para aquilo que viveu.

Pela primeira vez ele relata sua conversão. Outro relato conhecido data do retiro[1] de novembro de 1897, em Nazaré, durante o qual ele conta a si mesmo, diante de Deus, todo seu trajeto. Um

---

[1] FOUCAULD, Charles de. *La dernière place*. Paris: Nouvelle Cité, 1974, pp. 92-109.

terceiro relato[2] data de 14 de agosto de 1901. Também é uma resposta a um amigo, Henry de Castries, que, permanecendo na Igreja Católica, fazia a si mesmo perguntas em relação ao Islã, sobre o qual ele escrevera um livro alguns anos antes. Temos então três relatos de conversão que se completam de modo bastante útil.

---

[2]   Id. *Lettres à Henry de Castries*. Paris: Grasset, 1938. Carta de 14.8.1901, pp. 92-101.

Carta a Henri Duveyrier

Jm7B

21 février 92

LA TRAPPE
DE N.D. DUS'CŒUR
PAR ALEXANDRETTE
(SYRIE)

Cher et excellent ami,

permettez-moi, puisque vous m'écrivez comme ferait un frère, de supprimer le «monsieur» entre nous; afin que l'intimité de cœur déborde jusqu'à l'extérieur.... Combien je vous remercie, combien je suis touché de votre excellente lettre du 28 décembre! Vous n'approuvez pas, vous redoutez les vœux de religion et vous me dites à ce sujet tout ce que suggère l'affection la plus tendre: l'affection m'est très-douce et me remplit d'émotion et de reconnaissance, la désapprobation ne peut m'étonner: il y a six ans j'étais aussi éloigné de la religion catholique que vous pouvez l'être, je n'avais aucune espèce de foi, je n'eusse pas pu alors, si j'avais eu un ami voulant se faire trappiste, lui mieux prouver mon attachement qu'en lui écrivant ce que vous m'écrivez.... loin de moi donc de me choquer en quoi que ce soit de vos objections! je n'y vois que votre affection et mon seul sentiment est la reconnaissance et l'émotion de voir combien vous êtes bon!.... Pourtant je ne puis vous dire que votre lettre ait modifié ma résolution: cette vie à laquelle je suis maintenant attaché, il y a 4 ans et demi que je la désire, 3 ans que je suis résolu à l'embrasser, deux ans que je la mène : y eut-il jamais, vous le voyez, décision plus longuement réfléchie, plus sérieusement mise à l'essai ? Pourquoi ai-je pris ce parti si pénible, si cruel pour moi et pour ceux qui m'aiment ! Loin de moi de l'avoir fait pour chercher égoïstement à vivre dans la paix ! Cette paix je vous en parle parce que, sans la chercher je l'ai trouvée, mais elle était bien loin d'être mon but. La cause qui m'a fait quitter tout ce que j'aime dans le monde, c'est à dire ce très petit nombre de proches parents et d'amis intimes dont la vue, la compagnie m'étaient une douceur, un bien infinis, et qui sont toujours et de plus en plus présents et chéris dans mon coeur, – de ceux-là vous en étiez, vous le savez –, cette cause donc il ne me paraît pas possible que vous la compreniez exactement éloigné comme vous l'êtes de la foi catholique, cette cause je ne l'eusse pas comprise il y a six ans, pourtant je vais vous la dire, votre fraternelle affection appelle cet épanchement fraternel et d'une nature bien intime vous le sentez. Nous catholiques nous croyons en un Dieu unique, immatériel, dont l'unité renferme trois personnes (mystère incompréhensible) ; nous croyons que l'une de ces trois personnes, sans cesser d'être éternellement unie aux deux autres s'est uni, dans le temps, à un corps et à une âme humains formés par Dieu sans la coopération d'un homme et a vécu sur la terre, travaillant, enseignant la vérité et les mystères de Dieu, prouvant Ses paroles par des miracles, donnant la règle et l'exemple de notre

Ce Dieu parfaitement uni à un homme est Jésus-Christ. — Que je doive amour & obéissance à Dieu, c'est évident. Sa volonté pour l'homme est qu'il travaille à se perfectionner & à perfectionner les autres : les vertus sont intérieures, et on peut, comme vous le dites, les pratiquer même sur un trône témoin St Louis. mais l'amour de N. S. Jésus Christ appelle ceux à qui cela est possible, ceux à qui la famille, la société n'imposent pas de charge impérieuse, à mener une vie ressemblant le plus possible à celle que mena Dieu sur la terre — pas d'amour sans désir d'imitation... et cette imitation, vous le savez, devient un besoin quand celui qu'on aime est pauvre, malheureux, souffrant; dédaigné.... qui oserait dire qu'il aime s'il consent à vivre dans les joies du cœur & le bien-être pendant que l'être aimé souffrirait de l'âme et du corps ? — Or la vie de Jésus-Christ en ce monde fut celle d'un pauvre artisan, vie dédaignée pauvre, laborieuse; Ses trois dernières années s'écoulèrent dans un apostolat qui Lui valut surtout des rebuts, des ingratitudes, et des persécutions; enfin Il fut mis à mort & quitta la ~~terre~~ dans des tourments inouïs .... Moi aussi, j'ai voulu, avec bien d'autres, tout indigne que je suis, aimer Dieu de tout mon cœur et L'imiter dans la faible mesure que permet ma lâcheté, plaise à Dieu que ce soit de mieux en mieux ! Jésus a été obéissant sur la terre, je suis entré dans un ordre religieux afin d'être obéissant comme Lui : j'ai choisi un Ordre pauvre, dédaigné, travaillant afin de partg

la pauvreté, l'abjection, le labeur de Jésus. Enfin puisque
la vie de Jésus a été tout sacrifiée et tout douleur j'ai
voulu sacrifier avec Lui & pour Lui tout ce qui faisait
le bonheur de la mienne, la présence de ceux que j'aime
Vous le voyez, c'est le sacrifice que j'ai été chercher si loin
non par une impulsion propre mais par une vocation qui
est commune à des milliers d'âmes .... Voilà l'histoire
de ma vocation ; selon votre désir je n'ai pas combattu
vos sentiments et je vous ai ouvert mon âme ... Je vous
le répète, il me parait difficile que vous compreniez, plus
difficile que vous admettiez ce que je viens de vous exprimer
il y a six ans j'eusse traité cela d'imaginations, de
rêves, et j'eusse regardé celui qui aurait écrit la page
précédente, passez moi le mot, comme un peu fou sinon
beaucoup ..... Comment ai-je tant changé ? Vous me
reprochez très amicalement de peu connaître ma vie
passée : elle est simple, la voici en quelques mots. À l'âge
de 5 ans ½, en 1864, j'ai perdu mon père et ma mère
j'ai été dès lors élevé par mon grand père maternel &
ma grand mère, ma mère était fille unique ; j'ai une
soeur qui a été élevée avec moi par ces excellents grands
parents : Mon grand père, M. de Morlet, ancien officier
du génie, avait pris sa retraite en Alsace où nous
restâmes jusqu'à la guerre : après 70 nous vînmes habiter
Nancy ; là j'achevai mes études & fus reçu à St Cyr.

CARTA A HENRI DUVEYRIER

> LA TRAPPE
> DE N.D. DES NEIGES
> PAR ALEXANDRETTE
> (SYRIE)

La ainsi j'eus l'immense douleur de perdre mon grand'père
dont j'admirais la belle intelligence, dont la tendresse infinie
entoura mon enfance et ma jeunesse d'une atmosphère d'amour
dont je sens toujours avec émotion la chaleur ; ce me fut
une très-grande douleur d'après 14 ans (3 février 78) elle vit
très-vive ; ma bonne grand'mère avait quelques années avant été
si malade qu'elle avait dû entrer dans une maison de santé où
elle est morte doucement. A la mort de mon grand'père ma
sœur fut recueillie par ma tante, Mme Moitessier, sœur de
mon père qui habite Paris ; ce foyer fut depuis lors notre
foyer et les bontés qu'on y eut pour nous sont infinies. Vous
le voyez, dans mon passé, je ne trouve que bontés pour moi
& reconnaissance à avoir. Je profitai peu alors du bienfait
de la vie de famille chez ma tante : de St Cyr j'allai à
Saumur, puis dans un régiment de Hussards, puis aux
Chasseurs d'Afrique : en un an je fis les garnisons de Bône
Sétif, Mascara et des expéditions dans le Sud Oranais :
en 1881-82 je passai sept à huit mois sous la tente
dans le Sahara oranais, cela me donna un goût très-vif
des voyages pour lesquels j'avais toujours senti de l'attrait.
Je donnai ma démission en 1882 pour satisfaire librement

ce désir d'aventures. Je me préparai pendant un an ½ à
Alger à mon voyage au Maroc, je le fis, je passai encore
un an ½ en Algérie à l'écrire. Au commencement
de 1886 je vins me fixer à Paris pour publier la relation
de mon voyage et avec la pensée d'en préparer un autre.
J'avais été élevé chrétiennement mais dès l'âge de 15
ou 16 ans toute foi avait disparu en moi, les lectures
dont j'étais avide avaient fait cette oeuvre ; je ne me
rangeai à aucune doctrine philosophique n'en trouvant
aucune assez solidement fondée, je restai dans le doute complet
éloigné surtout de la foi catholique dont plusieurs dogmes
à mon sens, choquaient profondément la raison ... au même
âge ma vie devint dissipée, elle le resta longtemps sans empê-
cher un penchant très-vif pour l'étude et au régiment je
fus très-dissipé, j'étais loin de mieux, je vis à peine ma
famille de 1878 à 1886 et le peu qu'ils surent de ma vie
surtout dans la première période de ce temps, ne put leur
faire que de la peine. — J'en étais là lorsque je revins à
Paris en 1886 ; ma soeur n'y était plus, elle était mariée
& habitait la Bourgogne. Mais je trouvai chez ma tante
le même accueil que si je n'avais jamais quitté le foyer
et jamais donné de souci à ceux qui m'aiment. Dans cet
intérieur qui devint aussitôt le mien bien que j'habitasse
une autre maison je trouvai l'exemple de toutes les vertus
joint à la vue de hautes intelligences et de convictions religieuses

profondes. Je m'épris d'abord de la vertu et dirigeai mes lectures dans ce sens, étudiant volontiers les pt moralistes de l'antiquité, j'étais fort éloigné de toute religion, et la vertu antique seule m'attirait... je trouvai moins chauds et moins nourris que je ne l'espérais ces anciens philosophes... par hasard je lus quelques pages d'un livre de Bossuet où je trouvai beaucoup plus que je n'avais fait chez mes moralistes antiques... je poursuivais la lecture de ce volume et peu à peu j'en vins à me dire que la foi d'un si grand esprit, celle que je voyais chaque jour si près de moi dans de si belles intelligences, dans une famille même, n'était pas peut-être aussi incompatible avec le bon sens qu'elle m'avait semblé jusqu'alors. C'était à la fin de 1886. Je sentis alors un besoin profond de recueillement. Je me demandai dans le plus profond de mon âme si vraiment la vérité était peut-être connue aux hommes... je fis alors cette étrange prière, je demandai à Dieu auquel je ne croyais pas encore, de se faire connaître à moi s'il existait.— Il me sembla que le plus sage était, dans le doute qui était né en moi d'étudier cette foi catholique; je la connaissais très-peu, je m'adressai pour la connaître à un prêtre instruit que je connaissais un peu pour l'avoir vu chez ma tante, ce prêtre est Mr. l'abbé Huvelin; il eut la bonté de répondre à mes questions, la patience de me recevoir autant que je voulus; je me convains de la vérité de la religion catholique; depuis lors Mr. Huvelin est devenu pour moi comme un père et j'ai vécu chrétiennement.

Peu de mois après ce grand changement je pensai à entrer au couvent mais Mr. Huvelin comme ma famille me poussait au mariage... je laissai le temps passer... il m'a amené ici & j'en rends grâce à Dieu — Je suis venu ici comme tant d'autres par le désir du sacrifice, et j'ai, avec le sacrifice très-réel, j'ai trouvé une paix d'âme (non pas seulement de conscience) que je ne cherchais pas. Maintenant tous les miens ont pris leur parti de me savoir ici, parcequ'ils croient que c'est la vocation de Dieu qui m'a appelé : prenez votre parti avec eux, cher ami à qui j'écris une lettre si fraternelle — moi, ce qui m'a aidé dans un sacrifice si cruel c'est la conviction où je suis que l'action bonne qui est contenue dans ce sacrifice rendra un surcroît de grâces divines à tous ceux que j'aime et qu'ils gagneront bien plus à mon absence pour ce motif qu'ils n'eussent eu de bien dans une présence que leur affection leur faisait aimer.

Me voilà tout ouvert devant vous, voyez dans cette lettre où je n'ai hélas ! pas eu le temps de parler de vous, de mon regret de vous savoir fatigué par les rhumatismes, voyez-y bien qu'elle ne parle que de moi la meilleure marque de mon attachement pour vous, de ma reconnaissance de votre affection, de ma volonté de le payer de retour comme un frère Je remercie vivement Mademoiselle Rose de son souvenir ; j'en suis très-touché, de pauvre moine que je suis, son frère en Dieu priera pour elle, qu'elle prie un peu pour moi. — Je suis à vous de tout cœur, vous le savez & vous le voyez, et je n'hésite pas en vous quittant, sûr que vous le permettez, à vous embrasser fraternellement. fr. Marie-Albéric

NOTAS BIOGRÁFICAS SOBRE ALGUMAS PESSOAS CITADAS

AUMALE, Henri Eugène Philippe Louis d'Orléans, duque (1822-1897), quarto filho de Louis-Philippe e de Marie-Amélie. No exército francês, participou da campanha da Argélia e teria conquistado a *smala* (isto é, o conjunto de tendas de um chefe árabe, com sua família, seus servidores, soldados, riquezas) de Abd el-Kader (1843). Depois de 1848, exilou-se na Inglaterra, voltou à França em 1871 e foi novamente exilado em 1886; em 1889, foi autorizado a voltar à França.

BASSET, René (1855-1924), diretor da Escola de Letras de Alger, tornou-se depois diretor da Faculdade de Letras. Especialista renomado em línguas berberes, Charles de Foucauld esteve em contato com ele a partir de 1907. Além das relações de trabalho, nasceria entre os dois uma verdadeira amizade.

CALASSANTI-MOTYLINSKI, Adolphe de (1854-1907), linguista experiente e especializado em línguas árabes e berberes. Encontrou Charles de Foucauld em 1881 em Sétif, onde era intérprete militar; depois, em Gardaïa, em 1885. Estudou a língua tamahaq com Charles de Foucauld durante sua permanência em Hoggar, de 3 de junho a 12 de setembro de 1906, e morreu pouco depois de retornar a Constantine.

CARON, Max, Padre, superior do Pequeno Seminário de Versailles, autor do livro *Jésus adolescent*, que encantou Charles de Foucauld. Escreveu um retrato de Irmão Charles num capítulo de livro intitulado *Au pays de Jésus adolescent*, de 1905. Em 1909, convidado por Irmão Charles a dirigir a associação de fiéis que queria criar, ele se limitaria a manter correspondência com Charles de Foucauld.

CASTRIES, Henry de (1850-1927), oficial encarregado de questões autóctones nos confins algero-marroquinos, colheu dados etnográficos, topográficos, geográficos e políticos que serviriam de base para a viagem de exploração que Charles de Foucauld empreenderia pelo Marrocos. A correspondência entre os dois começaria em junho de 1901; Charles de Foucauld então o consultou quanto à escolha de um lugar para se estabelecer na região que o amigo conhecia bem.

CROZIER, Antoine, Padre (1850-1916). Seu livro *Excelsior* criava o elo entre os membros da família espiritual que ele fundara, reunindo almas que se quisessem oferecer numa doação de amor total. Charles de Foucauld encontrou em *Excelsior* as diretrizes de sua própria busca espiritual. Quando da viagem à França, em 1911 e em 1913, os dois conversariam sobre a criação e o desenvolvimento da União dos Irmãos e Irmãs do Sagrado Coração de Jesus. Dos 40 primeiros membros inscritos, 25 o foram pelo Padre Crozier.

DAUTHEVILLE, Louis-François (nascido em 1879), médico militar. Esteve em contato com Charles de Foucauld em Béni

NOTAS BIOGRÁFICAS SOBRE ALGUMAS PESSOAS CITADAS

Abbès e o reencontrou em Tamanrasset, em 1908, onde passou alguns meses junto dele estudando a língua tuaregue.

DINAUX, Jean-Marie (nascido em 1868). Oficial que passou dezessete anos no Saara, viajou pelo Hoggar com Charles de Foucauld de junho a setembro de 1905. Depois, de março a julho de 1907, empreendeu nova viagem pelo Sul, na direção da fronteira do Mali.

DUVEYRIER, Remi (1840-1892), geógrafo, explorador. De maio de 1859 a setembro de 1861, empreendeu a exploração do Saara argelino até Fezzan, exploração que ele relatou em seu livro *Les Touareg du Nord*. Charles de Foucauld o tinha como um de seus raros amigos íntimos.

GAUTIER, Émile-Félix (1864-1940), explorador e geógrafo. Diretor de ensino em Madagascar, tornou-se depois professor da Faculdade de Alger e empreendeu a travessia do Saara de junho a setembro de 1905, realizando essa viagem de estudos com Charles de Foucauld. É autor de várias obras sobre a África do Norte e o Saara.

GOYAT, Michel, Irmão (1883-1963). Bretão, filho de pescador, foi zuavo durante três anos na África. Com o nome de Irmão Gilles, entrou para os padres brancos em Maison Carrée. Charles de Foucauld lá o encontrou em novembro de 1906 e o levou consigo. Em 7 de março de 1907, mandou-o a El Goléa, depois a In-Salah. Em 20 de janeiro de 1908, Irmão Michel deixou El Goléa para entrar para a cartuxa de Montrieux, em Var, onde morreu.

GUÉRIN Charles, Dom (1872-1910). Depois dos estudos no colégio Stanislas, em Paris, e de prestar serviço militar, entrou para St. Sulpice. Ordenado padre em 1896, juntou-se aos padres brancos na Maison Carrée. Lançou-se à missão do Saara com uma dedicação inabalável. Charles de Foucauld encontraria nele ouvidos atentos, conforme se verifica na correspondência entre os dois reunida em *Charles de Foucauld, Correspondances sahariennes*, Paris, Cerf, 1998.

HUVELIN, Henri, Padre (1838-1910). Professor de História, ordenado padre em 1867, professor no Pequeno Seminário de St. Nicolas du Chardonnet, vigário em Saint-Eugène (1870), depois em Saint-Augustin (1875), nomeado cônego em 19 de fevereiro de 1898. Grande diretor de almas, ilustre devido a suas conferências, foi o diretor espiritual de Charles de Foucauld ao longo de quase vinte e cinco anos.

LAPERRINE d'HAUTPOUL, Henri (1860-1920), conheceu Charles de Foucauld em Mascara, em janeiro de 1882, no 4º Regimento dos Caçadores da África. Nomeado comandante superior dos Oásis Saarianos em 6 de julho de 1901, reencontrou Charles de Foucauld em Benni Abbès, em fevereiro de 1903, e dele se tornaria "o amigo incomparável". Deixou o Saara em 1910 e para lá foi mandado de volta em 1917, depois da morte do amigo. Morreu em 5 de março de 1920 no extremo sul da Argélia, depois do acidente de um dos aviões que faziam a primeira travessia do Saara.

LYAUTEY, Hubert (1854-1934). Oficial do estado-maior em Tonkin e em Madagascar, exerceu depois o comando no sul de Oran (1903). General residente no Marrocos de 1912 a 1925, com um breve intervalo na França como ministro da guerra

■ NOTAS BIOGRÁFICAS SOBRE ALGUMAS PESSOAS CITADAS

(1916-1917), revelou-se um organizador notável. Deixou numerosos escritos.

MAC CARTHY, Oscar, conservador da Biblioteca Nacional de Alger, presidente da Sociedade de Geografia de Alger, junto a quem Charles de Foucauld preparou sua viagem de exploração no Marrocos.

MARITAIN, Jacques (1882-1973), filósofo, convertido ao catolicismo com sua mulher Raïssa. Humanista cristão, abordou os problemas da experiência e da filosofia religiosas, da estética e da política. Depois de viúvo, entrou para os Irmãozinhos de Jesus.

MARTIN, Dom (1856-1908), padre da abadia cisterciana de Nossa Senhora das Neves. Lá admitiu Charles de Foucauld em 16 de janeiro de 1890.

MASSIGNON, Louis (1883-1962), orientalista francês, especialista em Islã e em mística muçulmana. Charles de Foucauld o conheceu em 1909 e teria desejado que ele o fosse ver em Tamanrasset. Trocaram uma importante correspondência, mas Massignon tomaria outro rumo. Apesar de casado, foi ordenado padre da Igreja Melquita em 1950. Impressionado com a espiritualidade de Charles de Foucauld, não deixaria de trabalhar para torná-la conhecida.

MAUNOIR, Charles de, secretário-geral da Sociedade de Geografia de Paris. Apoiou a viagem de exploração que Charles de Foucauld empreendeu pelo Marrocos, embora essa missão não tivesse caráter oficial. Era amigo de Henri Duveyrier.

MOITESSIER, Inès, nascida Foucauld, irmã de Édouard de Foucauld, pai de Charles. Teve duas filhas: Catherine, casada com o conde de Flavigny, morreu em 1914. E Marie, casada, em 1873, com o conde Olivier de Bondy. Esta teve quatro filhos. Sua influência foi a mais importante das que marcaram a infância e a juventude do jovem primo, Charles de Foucauld. Seria para ele uma segunda mãe e continuaria sendo até a morte do eremita, conforme demonstra a abundante correspondência deste último.

MOUSA AGG AMASTAN (1867-1920), *amenokal* de Hoggar, aceitou fazer um tratado de paz com os franceses em 1904, em In-Salah. Concordou com a instalação de Charles de Foucauld em seu território, e uma verdadeira amizade nasceria entre os dois homens.

TOURDES, Gabriel (1857-1923), estudou no liceu de Nancy com Charles de Foucauld. Magistrado, terminou sua carreira como Conselheiro da Corte de Apelação de Nancy. As cartas que Charles de Foucauld escreveu para ele nos dão a conhecer a amizade existente entre os dois.

BIBLIOGRAFIA

Siglas e abreviaturas utilizadas

BACF   Bulletin Association Charles de Foucauld e Bulletin des Amitiés Charles de Foucauld

BCAF   Bulletin du Comité de l'Afrique Française

CCF   Cahiers Charles de Foucauld

LAH   Lettres à l'abbé Huvelin (Cartas ao Padre Huvelin)

LHC   Lettres à Henry de Castries (Cartas a Henry de Castries)

LMB   Lettres à Marie de Bondy (Cartas a Marie de Bondy)

Escritos espirituais de Charles de Foucauld

Edição integral dos escritos espirituais, Paris, Nouvelle Cité:

En vue de Dieu seul, tomo I, 1973; reedição, 1999.

Aux plus petits de mes frères, tomo II, 1974.

La Dernière Place, 1974.

Crier l'Évangile, 1975; reedição, 1982.

Seul avec Dieu, 1975.

Petit frère de Jésus, 1977.

L'Esprit de Jésus, 1978.

Voyageur dans la Nuit, 1979.

Qui peut résister à Dieu?, 1980.

Carnets de Tamanrasset, 1986.

Considérations sur les fêtes de l'année, 1987.

Commentaire de saint Matthieu, 1989.

Carnet de Béni-Abbès, 1993.

Règlements et Directoire, 1995.

La Bonté de Dieu, tomo I, 1996.

L'Imitation du Bien-aimé, tomo II, 1997.

Écrits spirituels de Charles de Foucauld, Ermite au Sahara, Apôtre des Touaregs, seleção e apresentação dos textos elaborada por: BAZIN, René. Paris: de Gigord, 1923; reedição em 1951.

OEuvres spirituelles Frère Charles de Jésus, Anthologie, publicação da Association Charles de Jésus, Père de Foucauld, textos reunidos por: BARRAT, Denise. Paris: Seuil, 1958.

Au Fil des Jours, Nouvelle anthologie des Écrits Spirituels, seleção e apresentação dos textos elaborada por: SOURISSEAU, Pierre. Paris: Nouvelle Cité, 1997.

BIBLIOGRAFIA

Obra científica de Charles de Foucauld

Reconnaissance au Maroc. Paris: Challamel, 1888. Reedição da 1ª parte da obra, Plan de la Tour (Var): Éditions d'Aujourd'hui, coleção "Les Introuvables", 1985.

Esquisses sahariennes — Trois carnets inédits de 1885. Paris: Jean Maisonneuve Éditeur, 1985.

Textes touaregs en prose (Dialecte de l'Ahaggar), com A. de Motylinski, publicados por R. Basset, Alger: Carbonel, 1922. Reedição crítica com tradução de S. Chaker, H. Claudot, M. Gast. Aix-en-Provence: Edisud, 1984.

Poésies touarègues (Dialecte de l'Ahaggar), publicadas por A. Basset. Paris: Leroux, t. I, 1925 e t. II, 1930. Reedição de 210 poemas (dos 575 da edição original) sob o título de *Chants Touaregs,* introdução de Dominique Casajus. Paris: Albin Michel, 1997.

Dictionnaire abrégé touareg-français (Dialecte de l'Ahaggar), publicado por R. Basset, Alger: Carbonel, t. I, 1919 e t. II, 1920.

Dictionnaire touareg-français (4 vol.). Paris: Imprimerie nationale, 1951-1952.

Dictionnaire abrégé touareg-français des noms propres (Dialecte de l'Ahaggar), publicado por A. Basset. Paris: Larose, 1940.

Notes pour servir à un essai de grammaire touarègue, publicadas por R. Basset. Alger: Carbonel, 1920.

Correspondências de Charles de Foucauld

FOUCAULD, Charles de. Correspondances sahariennes. Lettres inédites aux Pères blancs et aux Soeurs blanches, 1901-1916. Paris: Le Cerf, 1998.

"Cette chère dernière place". Lettres à mes frères de la Trappe. Paris: Le Cerf, 1991.

Lettres à un ami de lycée. Correspondance inédite avec Gabriel Tourdes — (1874-1915). Paris: Nouvelle Cité, 1982.

Lettres à Mme de Bondy. Paris: Desclée de Brouwer, 1966.

Lettres à Henry de Castries. Paris: Grasset, 1938.

Père de Foucauld - Abbé Huvelin. Tournai: Desclée, 1957.

Lettres inédites au général Laperrine. Paris: La Colombe, 1954.

XXV Lettres inédites du Père de Foucauld (ao cônego Caron). Paris: Bonne Presse, 1947.

Gorrée Georges. Les Amitiés sahariennes du Père de Foucauld (2 tomos), (cartas aos oficiais). Grenoble: Arthaud, 1946.

Six Jean-François. L'aventure de l'Amour de Dieu — 80 lettres inédites de Charles de Foucauld à Louis Massignon. Paris: Seuil, 1993.

Obras citadas

ANTOINE, Chatelard. *La mort de Charles de Foucauld*. Paris: Karthala, 2000.

GEORGES, Gorrée. *Sur les traces de Charles de Foucauld*. Paris: La Plus Grande France, 1936; reedição, Grenoble, Arthaud, 1947; reedição Paris: La Colombe, 1953.

HUBERT, Lyautey. *Paroles d'action*. Paris: Armand Colin, 1927.

GAUTIER, E.-F. *L'Algérie et la métropole*. Paris: Payot, 1920.

LÉON, Lehuraux. *Au Sahara avec le Père Charles de Foucauld*, 1ª edição, Alger: Baconnier, 1944; 2ª edição, Paris: St. Paul, 1946.

PAUL, Lesourd. *La vraie figure du Père de Foucauld*, Paris, Flammarion, 1933.

PHILIPPE, Thiriez. *Charles de Foucault à Nazareth*: 1897-1900, Monastère des Soeurs clarisses, Poste restante 16000, Nazareth.

RENÉ, Bazin. *Charles de Foucauld, explorateur au Maroc, ermite au Sahara*. Paris: Plon, 1921, reeditada em 1954 e 1959.

RENÉ, Pottier. *Un prince saharien méconnu Henri Duveyrier*. Paris: Plon, 1938.

ROGER, Quesnel. *Charles de Foucauld, Les étapes d'une recherche*. Mame, 1966.

SIX, Jean-François. *Itinéraire spirituel de Charles de Foucauld*. Paris: Seuil, 1958; reedição 1983.

SUMÁRIO

Introdução 7

Dados biográficos 11

O período abençoado da infância 15

Uma juventude tresloucada 17

O prazer da ação.. 23

O período da conversão 33

A hora da vocação 41

O dia do maior sacrifício 49

Sete anos na Trapa..61

O ato do abandono 73

Imitar Jesus de Nazeré 79

As tentações de Nazaré... 87

Mudanças de orientação 117

Do afastamento à aproximação 137

Béni Abbès e o tempo da fraternidade 147

O primeiro chamamento de Hoggar 167

Obediência e iniciativa...185

O segundo chamamento de Hoggar
e os primeiros passos fora do claustro.. 193

O terceiro chamamento de Hoggar -
de 24 de janeiro a 3 de março de 1905.......................................213

A caminho de Hoggar - de 3 de maio a 11 de agosto de 1905 225

Estabelecimento em Tamanrasset 235

O tempo vivido em Tamanrasset.. 239

A força na fraqueza.. 251

Um novo tipo de monge em missão especial............................... 269

O atrativo de uma personalidade excepcional............................. 287

Uma mensagem para todos 297

Anexo – Carta a Henri Duveyrier.. 303

Notas biográficas sobre algumas pessoas citadas........................313

Bibliografia 319

Impresso na gráfica da
Pia Sociedade Filhas de São Paulo
Via Raposo Tavares, km 19,145
05577-300 - São Paulo, SP - Brasil - 2009